"十三五"普通高等教育本科规划教材

U0655383

管理信息系统

（第五版）

编　著　常晋义　邹永林　周蓓
主　审　于丽娟

中国电力出版社
CHINA ELECTRIC POWER PRESS

内 容 提 要

本书为"十三五"普通高等教育本科规划教材。

本书主要包括 10 章，主要内容包括管理信息系统概论、管理信息系统理论基础、管理信息系统技术基础、管理信息系统建设基础、系统规划、系统分析、系统设计、系统实施、系统运行与维护、实验与课程设计。本书具有较强的综合性和实践性，秉承"实用、适用、先进"的编写原则和"简明、精练、可操作"的编写风格，其目的是培养学生具备管理信息系统分析、设计、实施和管理等工作的能力。

本书可作为应用型本科计算机科学与技术、信息管理与信息系统、管理工程等专业的教材，也可作为其他相关专业在职人员的参考书。

图书在版编目（CIP）数据

管理信息系统/常晋义，邹永林，周蓓编著．—5 版．—北京：中国电力出版社，2017.7
（2020.7 重印）

"十三五"普通高等教育本科规划教材

ISBN 978 - 7 - 5198 - 0757 - 3

Ⅰ.①管…　Ⅱ.①常…②邹…③周…　Ⅲ.①管理信息系统—高等学校—教材　Ⅳ.①C931.6

中国版本图书馆 CIP 数据核字（2017）第 124081 号

出版发行：中国电力出版社
地　　址：北京市东城区北京站西街 19 号（邮政编码 100005）
网　　址：http://www.cepp.sgcc.com.cn
责任编辑：冯宁宁（010-63412537　151718678@qq.com）
责任校对：常燕昆
装帧设计：王红柳　赵姗姗
责任印制：吴　迪

印　　刷：三河市航远印刷有限公司
版　　次：2003 年 2 月第一版　2017 年 7 月第五版
印　　次：2020 年 7 月北京第十三次印刷
开　　本：787 毫米×1092 毫米　16 开本
印　　张：14.25
字　　数：347 千字
定　　价：30.00 元

前　言

　　管理信息系统是一门综合性课程。其教学基本要求：掌握管理信息系统所涉及的基本知识，具有在信息化环境下收集信息、处理信息和有效利用信息于管理工作中的能力；掌握系统科学思想和管理信息系统的规划、分析、设计的技术方法，并能将信息管理及系统规划、分析、设计、实施、管理、评价和维护等方面知识应用于实际开发工作中；学会利用管理信息系统来提高组织的运营效率和为提升企业的竞争力服务，能够分析和解决企业及组织建设和应用管理信息系统中的相关问题。

　　本着管理信息系统课程的基本要求，本书在总结编者多年来管理信息系统课程教学和课程建设的基础上，结合管理信息系统的最新发展，面向教学的需要，对内容进行了全面的修订。增加了管理信息系统的新技术、新方法和业务关注的焦点问题；增加了每章的思维导图和本章提要，以引导读者学习与思考；修订了每章的思考与练习。为了引导读者更深入学习，增加了课外阅读（包括补充学习材料与案例分析）与每章的自测与作业，并用电子资料方式供读者下载学习参考。但即使没有这些材料，也不会影响教材的整体学习。

　　本书秉承"实用、适用、先进"的编写原则和"简明、精练、可操作"的编写风格，力争为读者提供有效帮助。

　　本书共分 10 章。第 1 章介绍管理信息系统的基本概念，第 2 章～第 4 章介绍管理信息系统理论基础、技术基础及建设基础；第 5 章～第 9 章介绍管理信息系统的建设与运行过程的技术与方法，包括系统规划、系统分析、系统设计、系统实施、系统运行与维护；第 10 章为实验与课程设计。

　　本书由常晋义、邹永林、周蓓编著，参加教材编写与资料整理工作的有刘永俊、何春霞、应文豪、沈健、唐晓阳、蔺世杰、赵彩云等。在编写过程中，参考了众多授课教师提供的教学方案，参阅了大量国内外的文献和资料，综合选编了大量业界最新应用的讨论话题及应用案例，在此一并致谢。

　　限于作者水平，难免有错漏和不妥之处，恳请读者批评指正。联系邮箱：jinyichang@sina.com。

编　者

2017 年 1 月

目　录

第1章 管理信息系统概论

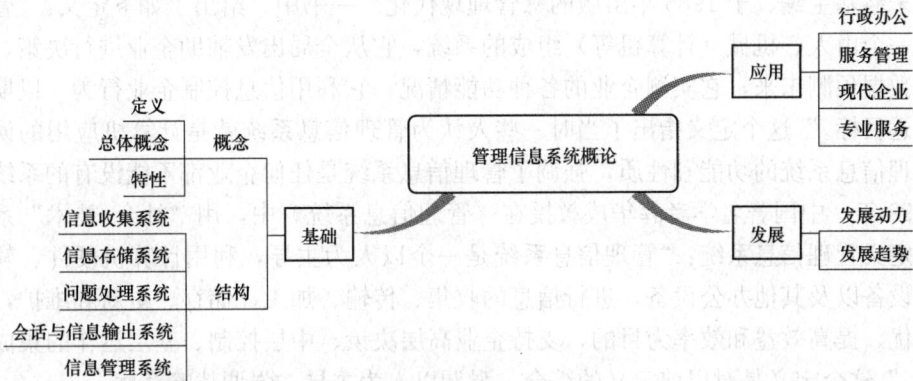

```
                                              行政办公
                                    应用      服务管理
          定义                              现代企业
  总体概念    概念                          专业服务
          特性      管理信息系统概论
  信息收集系统
  信息存储系统          基础        发展    发展动力
  问题处理系统    结构                      发展趋势
  会话与信息输出系统
  信息管理系统
```

1.1 管理信息系统基础

　　互联网的发展、经济全球化和信息经济的出现，使得以计算机科学、信息科学、管理科学和系统科学为基础建立的管理信息系统，在现代社会经济生活中，特别是企业经营管理决策中，发挥着日益重要的作用。

1.1.1 管理信息系统的概念

　　管理信息系统是一个不断发展和完善的概念。20世纪80年代以后，随着各种先进技术特别是信息技术的迅速发展，管理信息系统有了快速的发展，管理信息系统的概念逐步充实和完善。

1. 管理信息系统的定义

　　管理信息系统（Management Information System，MIS）的定义最早出现在1970年，美国学者瓦尔特·肯尼万（Walter T. Kennevan）给它下了一个定义：管理信息系统"以书面或口头的形式，在合适的时间向经理、职员以及外界人员提供过去的、现在的、预测未来的有关企业内部及其环境的信息，以帮助他们进行决策。"显然，这个定义出自管理和应用目的，强调了用信息支持决策。

　　20世纪80年代初，中国学者给管理信息系统下了一个定义，登载于《中国企业管理百科全书》。该定义为："管理信息系统是一个由人、计算机等组成的，能进行信息的收集、传递、储存、加工、维护和使用的系统。管理信息系统能实测企业的各种运行情况；利用过去的数据预测未来；从企业全局出发辅助企业进行决策；利用信息控制企业的行为；帮助企业实现其规划目标。"这个定义强调了管理信息系统的功能和性质，并强调了计算机是管理信息系统的一种工具。

　　1985年，美国明尼苏达大学卡尔森管理学院的著名教授戈登·戴维斯（Gordon B. Davis）给出管理信息系统的一个十分经典的定义：管理信息系统"是一个利用计算机硬件和软件、手工作业，分析、计划、控制和决策模型，以及数据库的用户-机器系统。它能提供信息支持企业或组织的运行、管理和决策功能。"这个定义最大的特点是指出计算机的存在，指出组成信息系统的各个部件，而且指出管理信息系统是一个用户-机器系统，即人机系统。定义还更深入地指出管理信息系统能支持企业或组织三个层次的工作，即运行、管理和决策。此定义较全面地说明了管理信息系统的目标、功能和组成。

由朱镕基主编、于1985年出版的《管理现代化》一书中，给出了如下定义："管理信息系统是一个由人、机械（计算机等）组成的系统，它从全局出发辅助企业进行决策，它利用过去的数据预测未来，它实测企业的各种功能情况，它利用信息控制企业行为，以期达到企业的长远目标。"这个定义指出了当时一些人认为管理信息系统就是计算机应用的误区，阐述了管理信息系统的功能和性质，强调了管理信息系统是任何企业都不能没有的系统。

1999年，中国著名学者薛华成教授在《管理信息系统》中，用"社会-技术"系统的观点重新定义管理信息系统："管理信息系统是一个以人为主导，利用计算机硬件、软件、网络通信设备以及其他办公设备，进行信息的收集、传输、加工、储存、更新和维护，以企业战略竞优、提高效益和效率为目的，支持企业高层决策、中层控制、基层运作的集成化的人机系统。"这个定义是对以前定义的综合，强调以人为主导，强调战略竞优。

经过多年的发展，管理信息系统的目标、环境、功能、组成、内涵等都发生了很大的变化。人们对管理信息系统的认识也逐步深入。一般认为，管理信息系统是一个以人为主导，以计算机系统、网络与通信系统为基本信息处理手段和传输工具，以企业竞优、提高效益和效率为目的，进行信息收集、传输、存储、加工、维护和利用，为企业或组织提供基层运作、中层控制、高层决策信息服务的人机系统和社会技术系统。

2. 管理信息系统的总体概念

管理信息系统的总体概念可用图1-1表示。由图1-1可知，管理信息系统是一个由业务信息系统、知识工作系统与办公自动化系统、决策支持系统、经理支持系统等不同层次系统集成化的系统。

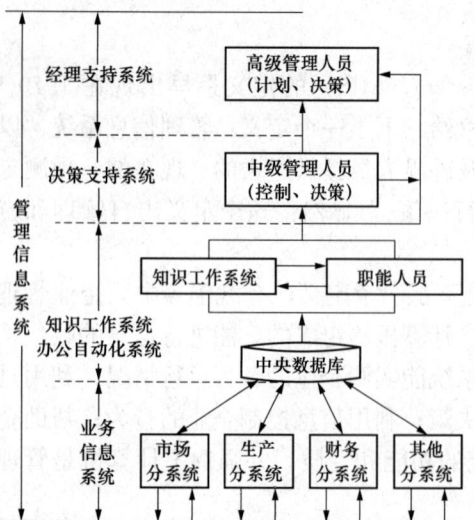

图1-1 管理信息系统的总体概念图

（1）业务信息系统。利用组织中实时的、准确的数据，解决一些日常问题以及对组织的事务进行跟踪。一般包括市场分系统、生产分系统、财务分系统以及其他分系统。

（2）知识工作系统与办公自动化系统。用于促进新知识的产生，确保新的专业技术知识能够真正地被运用到企业运作中。办公自动化系统通过支持办公室的协调和交流活动来提高信息工作人员的工作效率。

（3）决策支持系统。是一种以计算机为工具、应用决策科学及有关学科的理论与方法，以人机交互方式辅助决策者解决半结构化和非结构化决策问题的管理信息系统。决策支持系统是为中级管理人员服务的，其目的是针对不同的问题，组织与管理好所有能供决策使用的数据或信息、计算模型、分析方法与判断规则，引导决策者在与机器的交互过程中，通过各种数据、模型与方法的组合作用完成一系列的判断而获得问题的解。

（4）经理信息系统。面向高级管理人员，以提高效率和改善有效性。经理信息系统是为组织的战略层次服务的，解决的问题是非结构化的。与决策支持系统要解决的问题相比，分析与求解的难度更大。

以上各种系统都是管理信息系统的一部分而不是它的全部，管理信息系统是这些系统的集成。作为一个集成系统，管理信息系统进行企业与组织的信息管理是从总体出发，全面考虑，保证各种职能部门共享数据，减少数据的冗余度，保证数据的兼容性和一致性。

3. 管理信息系统的特性

管理信息系统是一个开放的复杂的人机系统，其特性体现在组成要素的整体性、管理决策的层次性、系统应用环境的开放性等方面。

（1）组成要素的整体性。管理信息系统是一个有机整体系统，组成管理信息系统的要素有硬件、软件、数据资源与数据库、相关人员以及管理制度与规范、管理思想与理论。其中，硬件包括计算机和必要的通信设施等，构成系统运行的硬件平台；软件包括系统软件、实用软件和应用软件；数据资源大量存放在数据库中，是实现信息技术辅助管理的基础；相关人员是指在管理信息系统开发中涉及的各方面人员，他们发挥着不同的作用，影响系统应用软件的构造；管理制度与规范是管理信息系统成功开发和运行的基础和保障，是构造管理信息系统模型的重要参考依据；而管理思想与理论给出指导思想和要求，为系统建立一个基本框架。

上述要素相互作用组成了管理信息系统，硬件、系统软件和应用软件为系统的实施提供了物理设施，影响系统的响应速度、传输范围等特性；数据资源与数据库是实用软件的基础，其结构好坏决定应用软件的生命周期；管理制度与规范、管理思想与理论影响系统的结构，制约着系统功能是否充分发挥。这些要素互相作用，互相制约，保障管理信息系统有条不紊地运行。

（2）管理决策的层次性。管理信息系统是多层次结构，按照管理活动的不同，可分为战略层、战术层和作业层。

战略层的管理活动属于高层管理，涉及组织的总体目标和长远发展规划，为组织制订战略计划服务。它的数据和信息来源是广泛的和高度概括性的，为组织制订战略计划提供参考价值。

战术层的管理活动属于中层管理，是为各个部门负责人提供信息服务，以保证他们在管理控制活动中正确地制订各项计划。它的信息来源有两个方面，一方面来自战略层，包括各种预算、标准和计划；另一方面来自作业层，包括各种计划的完成情况和经过作业层加工处理后的信息等。

作业层的管理活动属于基层管理，它是为有效利用现有资源和设备所展开的各项管理活动，主要包括作业控制和业务处理。由于这一层活动比较稳定，各项决策呈结构性，可按一定的数学模型或预先设计好的程序和规划进行相应的信息处理。

此外，根据管理信息系统的功能，可按照组织机构划分的若干部门及各个部门的业务功能对管理信息系统进行层次划分，这种层次结构与组织结构有很强的相关性。还可将层次结构和功能结构结合，分为横向多极结构、纵向多极结构和纵横综合的多极结构。横向多极结构是将同一管理层次的不同管理功能结合在一起；纵向多极结构是把同一管理功能的不同管理层次结合在一起；纵横综合的多极结构是将纵向多极结构和横向多极结构综合在一起，形成一个完全一体化的管理信息系统结构。

（3）应用环境的开放性。建设和完善管理信息系统是有环境要求的，这就需要管理信息系统具有开放性。它所面临的环境不仅指系统正常运作所需的硬件和软件环境，而且涉及社会、政治、经济、人文、科技等，任何一个环节出现问题，都会制约管理信息系统的生存和发展。

在社会与政治方面，要求建立廉政、高效、有序的政务，透明度的要求进一步提高，在这种背景下，建立和发展管理信息系统不仅为企业所需，也正在成为政府电子政务的组成部分，借助于管理信息系统的电子政务可以有效地改善监管工作，推进政府工作勤政、廉政，有利于改善政府对社会的服务，提高政府办公效率。

在经济方面，管理信息系统的建立与完善需要注入大量资金，并且进一步的维护、新软件的应用等也是一个不断追加投资的过程。管理信息系统既可以促进经济发展，同时，资金的投入与回笼也将成为发展管理信息系统的一个现实的制约因素。

在人文方面，人们的生活理念、思想意识、风俗习惯、知识水平等都对管理信息系统的应用和发展产生不同程度的影响。所建立的管理信息系统必须首先是人们愿意接受，并能认识到它对社会发展和信息传播处理的重要性，其次要有专业人才作为管理信息系统的技术支撑。

阅读 1-1　管理信息系统在企业管理中的作用

1.1.2　管理信息系统的结构

管理信息系统的结构是指管理信息系统各个组成部分（部件）所构成的框架。从信息处理过程和处理技术来看，其信息处理结构的一般形式如图1-2所示。由图1-2可知，管理信息系统的主要子系统包括信息收集系统、信息存储系统、问题处理系统、会话和信息输出系统以及信息管理机构，并与包括企业外部环境、管理决策系统、企业作业系统等外部系统进行信息交流。

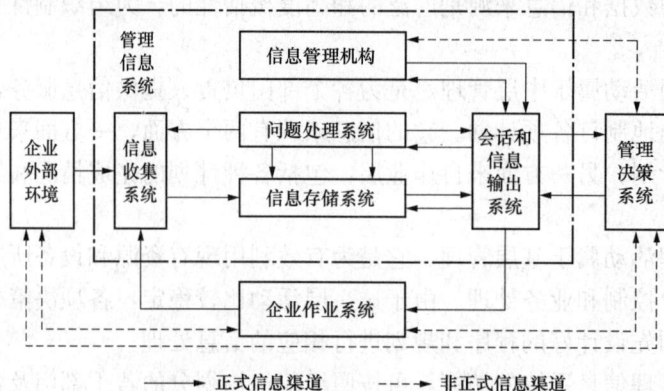

图 1-2　管理信息系统的信息处理结构

1. 信息收集系统

信息收集包括原始数据的收集、信息的分类、编码及向信息存储系统与问题处理系统传送信息等过程。在管理信息系统中,所收集的信息的准确性、完整性和及时性,直接关系到系统输出信息的质量和管理决策水平。

在信息收集工作中,必须按照统一的规范对各种原始数据进行科学的、合理的分类和编码,以保证信息处理和传输的准确性与效率,便于管理信息系统与其他系统之间实现资源共享。

信息收集特别是原始数据的采集,自动化程度不高,许多工作还要靠人来完成。在信息收集中,重视人的作用和人机的密切配合,重视非正式渠道的作用,具有重要的意义。

2. 信息存储系统

从逻辑上看,信息存储系统可以分成数据库系统、模型库系统和知识库系统三大部分。传统的管理信息系统是以数据库为基础来实现信息处理的系统。随着管理学科的发展和信息技术的进步,各种经济管理数学模型和方法逐步纳入到管理信息系统,为了使决策者可以灵活地调用、补充、修改和建立支持管理决策的各种模型与方法,有必要建立模型库及其管理系统,实现应用程序与模型的相对独立和模型资源共享。人工智能技术的发展为科学、合理地析取、总结与利用人们的知识与经验支持管理决策提供了方法与手段。知识库系统就是对这些知识进行收集、存储、管理的系统。

3. 问题处理系统

问题处理是针对各级各类管理问题的需要,所进行的信息查询、检索、分析、计算、综合、提炼、优化、预测、评价等工作。问题处理系统是管理信息系统的核心。管理信息系统的开发,从技术角度来说,是围绕问题处理展开的。除了如统计报表等日常事务处理可以完全实现自动化外,为了支持决策者在决策过程中各阶段的工作,必须根据决策者的需要,及时地综合利用所收集的数据、模型和方法以及有关知识、经验,为决策者提供与决策问题有关的环境信息和背景材料,协助决策者明确问题、探索方案,进行分析、推理,对各种可能方案进行评价和对所制定的决策的实施效果进行实施前的预测和实施后的分析。

4. 会话和信息输出系统

信息输出是管理信息系统管理者实施决策、驾驭整个企业业务活动的主要手段,输出的信息必须及时、准确、适用。输出信息的形式清晰、内容简练、明确、具体、易懂、便于执行、便于检查、安全保密性好,对于实施决策至关重要。

管理信息系统是一个人机系统。在信息处理上,人与机器必须合理分工与密切配合,才能完成信息处理,有效地支持决策。因此,管理信息系统应具有较强的人机交互功能。性能良好的会话系统有助于管理信息系统有效、高效地工作。

5. 信息管理机构

信息管理机构是管理信息系统管理者的组织机构,负责制订和实施管理信息系统工作的各项规章、制度、标准、规范,对整个系统的运行进行检查、监督,对各部分的工作进行协调,对管理信息系统的开发、扩充进行规划、设计并组织实施,对信息处理的软、硬件系统组织日常维护、修理与更新。

现代企业中,为了实现企业的整体目标,信息管理已成为企业管理的重要职能之一。它和财务、生产、供应、销售、人事等管理职能一样,是企业生存与发展的重要支柱。因此,

在企业中信息管理机构具有双重身份，它既是管理信息系统的组成部分，又是企业管理系统的一个子系统。

阅读 1-2 管理信息系统的分布结构

1.2　管理信息系统的应用

在管理信息系统的发展过程中，经济、管理与技术环境发生了很大的变化，系统的规模、信息处理功能和应用范围也有了显著的变化，管理信息系统应用已经深入到管理活动的各个层次和社会生活的各个领域。下面提到的应用领域与应用系统，只是管理信息系统应用的冰山一角，但足以看到管理信息系统应用的重要性与广泛性。

1.2.1　行政办公中的应用

管理信息系统在机关办公事务中的应用主要体现在办公自动化系统、工作流程的规范管理等方面，近年来兴起的电子政务系统，为政府机关的信息管理现代化提供了有力支持。

1. 办公信息系统

人们习惯将办公信息系统称为办公自动化，并简称为 OA（Office Automation）。早期的办公自动化其实是办公室自动化，约在 20 世纪中期，发达国家就已采用先进的、高效率的办公设备来辅助处理办公事务，如打字机、复印机、传真机，也包括先进的通信手段，如电话、电报等被应用于办公事务。20 世纪中期以后，由于电子数字计算机被应用于办公信息和管理信息的加工和存储，使办公自动化的内涵得到充实和扩展。随着网络和通信技术的发展和应用，办公信息的传输和交换能通过网络得以实现，因而将办公室的概念进一步扩充，使人们可以忽略办公的物理位置。当人们不仅使办公手段现代化得以实现，更强调在办公活动中所获得的内部和外部的信息有效利用后，就形成了当前的完整的办公自动化的概念，即所谓办公信息系统。

要构成一个为各种办公目标服务的人机信息系统，不仅应包括计算机和现代的通信设备等有形要素，还应包括其他一些无形要素。一个典型的办公信息系统一般由办公人员、办公机构、办公制度与规程、技术工具、办公信息等 6 个基本要素构成。

办公信息系统一般包括公文处理子系统、视频会议子系统、事务管理子系统、信息服务子系统以及决策支持子系统等。

2. 工作流管理系统

机关内的行政事务工作都是由一系列环节构成的业务流程组成的，所以这样的组织需要其软件系统不仅能够解决独立环节的业务问题，而且能够自动把这些环节串联起来，希望一个环节所做的工作能够自动被下一个环节利用，这就是最基本工作流的需求。同时每一个环节常常又需要数据库技术来解决，这样就提出了在工作流中应用数据库技术的要求。也就是，每个业务处理单位内部需要管理信息系统的功能进行数据的整理、检索、统计、输出等，但是各个业务处理单位之间必须用工作流的方式串联起来，将各个业务处理单位的工作结果在组织中按照一定的程序流转，并可以进行流程的监督、控制和优化等。

工作流技术可以将数据库技术和基于电子邮件的流程管理技术结合起来，既能在邮件中访问企业的业务数据，又能在数据库软件中生成相关的邮件。比如计划人员可以在企业管理信息系统软件中也可以在电子邮件软件中生成采购申请邮件，然后发给有关负责人，负责人收到邮件后，即可在邮件上答复申请，在答复时他还可以超级链接到管理信息系统中去察看有关细节。一旦申请邮件被答复，计划人员不仅能在管理信息系统中看到批准状况，也可以在邮件箱中看到答复意见。此外负责人在答复的同时还可以根据申请自动产生一些相关的协同工作，分派给其他的人。

由于信息技术的发展和日趋激烈的商业竞争，人们不再满足于独立、零散的办公自动化和计算机应用，而是需要综合的、集成化的解决方案。作为一种对常规性事务进行管理、集成的技术，工作流管理系统的出现是必然的。工作流管理系统（Workflow Management System）是一个软件系统，它完成工作量的定义和管理，并按照在系统中预先定义好的工作流逻辑进行工作流实例的执行。工作流管理系统的作用包括：改进和优化业务流程，提高业务工作效率；实现更好的业务过程控制，提高顾客服务质量；提高业务流程的柔性等。

3. 电子政务系统

电子政务（Electronic Government）是政府机构应用现代信息技术和通信技术，将管理和服务通过网络技术进行集成，在网络上实现政府组织结构和工作流程的优化重组，超越时间、空间与部门分隔的限制，全方位地向社会提供优质、规范、透明、符合国际水准的管理和服务。

根据政府机构的业务形态，电子政务系统的应用主要包括政务信息查询、公共政务办公，以及政府办公自动化三个应用领域。政务信息查询面向社会公众和企业组织，为其提供政策、法规、条例和流程的查询服务；公共政务办公借助互联网实现政府机构的对外服务，例如，申请、申报等，提高政府的运作效率，增加透明度；办公自动化以信息化手段提高政府机构内部办公效率，例如，公文报送、信息通知和信息查询等。其业务模型可以用图1-3表示。

在图1-3中，社会公众和企业通过政务信息查询以及公共政务办公与电子政务平台建立沟通，相关事务处理请求通过办

图1-3　电子政务业务模型

公自动化系统中转给政府工作人员，政府工作人员可以通过办公自动化系统进行政务处理及对政务信息查询系统的更新。

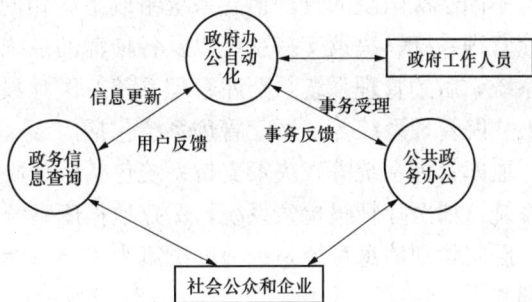

阅读1-3　某市电子政务系统的应用

1.2.2　服务管理中的应用

在社会服务管理与经济生活中，管理信息系统普遍地应用于各种日常文化、教育、社会保障等组织中。在这些组织中，管理信息系统的应用是各种各样的。在这些系统中，除包括一般通用的功能外，还包括这些组织的一些特殊功能。

1. 学校管理信息系统

学校管理信息系统能准确、及时地反映学校各项工作的状态，从全局出发辅助学校各职能部门开展工作。学校管理信息系统具有强大的数据处理功能，能大大提高学校管理人员的工作效率，减轻劳动强度，同时，系统采用管理数学模型，将仿真、优化结合起来，为学校管理者的管理行为提供有效信息。

根据学校管理各职能部门的性质及任务，学校管理信息系统可划分为教学管理系统、学生管理系统、教职工管理系统、资产管理系统、图书管理系统、教学辅助系统等。教学管理系统通常包括学籍管理、课程表编排、教学档案管理等子系统；学生管理系统包括招生管理信息、学生操行及奖惩管理信息、毕业去向信息等；教职工信息系统主要由教职工基本情况档案和教师业务信息等子系统组成；资产管理系统主要用来管理各种资产与设备，主要指仪器设备和学校固定资产管理子系统；图书管理系统应包括学校图书馆的采购、借阅等的管理，以及通过数字图书馆技术提供远程多媒体阅览等；教学辅助系统包括网络教室、专家答疑、网上讨论、网上作业批阅以及其他远程教育。

上述各类系统既是学校管理信息系统中的子系统，又是相对独立的职能管理信息系统。

2. 医院信息系统

医院信息系统（Hospital Information System，HIS）是医院现代化管理的重要工具和手段，对提高医疗质量、促进资源共享、扩展信息服务、支撑教学研究、提高医院竞争力等具有重要的意义。系统的功能主要体现在优化工作流程，提高运营质量，缩短诊疗周期，强化科学管理，节约诊治成本，改变决策方式等方面，使医疗服务过程更加高效、有序、规范，给医院和患者带来全新的诊疗环境和完善的医疗服务。

不同层次医院的管理信息系统组成不尽相同，但基本包括四类系统，即行政管理系统、医疗管理系统、决策支持系统以及各种辅助系统。行政管理系统包括人事管理系统，财务管理系统，后勤管理系统，药库管理系统，医疗设备管理系统，门诊、手术及住院预约系统，病人住院管理系统等。医疗管理系统包括门诊、急诊管理系统，病案管理系统，医疗统计系统，血库管理系统等。决策支持系统包括医疗质量评价系统，医疗质量控制系统等。各种辅助系统，如医疗情报检索系统，医疗数据库系统等。

医院管理信息系统是以辅助决策为主要目标，目的是为了提高医院管理和医疗工作的效率和水平。

3. 社会保障信息管理系统

社会保障信息管理系统是以就业服务与失业保险、养老保险、医疗保险、工伤保险和生育保险等业务为基础的计算机网络信息管理系统。系统除具有一般管理信息系统的基本特点外，还具有信息来源的分散性，信息量大且多样性，信息处理方法的多样性，信息的发生、加工和使用时间、空间上的不一致性，以及信息的非消耗性等特点。

一般来说，社会保障信息管理系统可以发挥三大功能。一是网上查询，包括社会保障政策法规及其他相关政策法规查询，社会保障业务、办事程序查询，社会保障统计资料及其他有关信息查询等；二是网上对话，通过社会保障网反映情况、意见和建议，开展网上咨询与投诉等业务；三是网上办事，通过联入业务管理网络的入口，为单位和个人办理社会保险登记、申报及网上缴费等事务。

社会保障信息管理系统的基本内容，包括业务管理应用系统、公共服务应用系统、基金监管应用系统、以及宏观决策应用系统等。

1.2.3 现代企业中的应用

现代企业的组织结构与管理信息系统存在着相互依赖和相互促进的关系，管理信息系统的发展和应用，对工商企业的管理结构产生了重要的影响，使企业成为管理信息系统应用的最重要的领域之一。

1. 企业资源计划

企业资源计划（Enterprise Resource Planning，ERP）也称企业资源规划，是整合了企业管理理念、业务流程、基础数据、人力物力、计算机硬件和软件于一体的企业资源管理系统。其主要宗旨是对企业所拥有的人、财、物、信息、时间和空间等综合资源进行综合平衡和优化管理，协调企业各管理部门，围绕市场导向开展业务活动，提高企业的核心竞争力，从而取得最好的经济效益。

ERP 强调对企业管理的事前控制能力，把设计、制造、销售、运输、仓储和人力资源、工作环境、决策支持等方面的作业，看作是一个动态的、可事前控制的有机整体。ERP 系统将上述各个环节整合在一起，管理企业现有资源，合理调配和准确利用现有资源，为企业提供一套能够对产品质量、市场变化、客户满意度等关键问题进行实时分析、判断的决策支持。

在企业中，ERP 主要包括三个方面的内容：生产控制（计划、制造）、物流管理（分销、采购、库存管理）和财务管理（会计核算、财务管理）。这三大系统本身就是集成体，它们互相之间有相应的接口，能够很好地整合在一起来对企业进行管理。随着企业对知识管理及人力资源管理的重视和加强，越来越多的 ERP 厂商将人力资源管理、知识管理等纳入了 ERP 系统。

2. 客户关系管理系统

客户关系管理（Customer Relationship Management，CRM）是一个不断加强与顾客交流，不断了解顾客需求，并不断对产品及服务进行改进和提高，以满足顾客需求的连续过程。其内含是企业利用信息技术和网络技术实现对客户的整合营销，是以客户为核心的企业营销的技术实现和管理实现。客户关系管理注重的是与客户的交流，企业的经营是以客户为中心，而不是传统的以产品或以市场为中心。

客户关系管理系统的功能可以归纳为，市场营销中的客户关系管理、销售过程中的客户关系管理、客户服务过程中的客户关系管理。

客户关系管理系统在市场营销过程中，可有效帮助市场人员分析现有的目标客户群体，如主要客户群体集中在哪个行业、哪个职业、哪个年龄层次、哪个地域等等，从而帮助市场人员进行精确的市场投放。客户关系管理也有效分析每一次市场活动的投入产出比，根据与市场活动相关联的回款记录及举行市场活动的报销单据做计算，就可以统计出所有市场活动的效果报表。

销售是客户关系管理系统中的主要组成部分，主要包括潜在客户、客户、联系人、业务机会、订单、回款单、报表统计图等模块。业务员通过记录沟通内容、建立日程安排、查询预约提醒、快速浏览客户数据，有效缩短工作时间。而大额业务提醒、销售漏斗分析、业绩指标统计、业务阶段划分等功能又可以有效帮助管理人员提高整个公司的成单率、缩短销售周期，从而实现最大效益的业务增长。

客户服务主要用于快速及时地获得问题客户的信息及客户历史问题记录等，这样可以高效且有针对性地为客户解决问题，提高客户满意度，提升企业形象。主要功能包括客户反馈、解决方案、满意度调查等功能。应用客户反馈中的自动升级功能，可让管理者第一时间得到超期未解决的客户请求，解决方案功能使全公司所有员工都可以立刻提交给客户最为满意的答案，而满意度调查功能又可以使最高层的管理者随时获知客户服务的真实水平。有些客户关系管理软件还会集成呼叫中心系统，这样可以缩短客户服务人员的响应时间，对提高客户服务水平也起到了很好的作用。

3. 供应链管理系统

供应链是围绕核心企业，通过对信息流、物流、资金流的控制，从采购原材料开始，制成中间产品以及最终产品，最后由销售网络把产品送到消费者手中的将供应商、制造商、分销商、零售商，直到最终用户连成一个整体的功能网链结构。它不仅是一条连接供应商到用户的物流链、信息链、资金链，而且是一条增值链。物料在供应链上因加工、包装、运输等过程而增加其价值，给相关企业带来收益。

供应链管理（Supply Chain Management，SCM）指对整个供应链系统进行计划、协调、操作、控制和优化的各种活动和过程，其目标是将顾客所需的正确产品，能够在正确的时间，按照正确的数量、质量和状态送到正确的地点，并使这一过程所耗费的总成本最小。显然，供应链管理是一种体现着整合与协调思想的管理模式，它要求组成供应链系统的成员企业协同运作，共同应对外部市场复杂多变的形势。

供应链管理系统是基于协同供应链管理的思想，配合供应链中各实体的业务需求，使操作流程和信息系统紧密配合，做到各环节无缝链接，形成物流、信息流、单证流、商流和资金流"五流合一"的领先模式。系统将企业管理与外围企业管理有机地结合在一起，解决了因供应商分散不集中、产品品种太多、订单过于频繁等情况而导致的品牌营运商与供应商之间存在的沟通问题、数据传输及时性问题、数据安全性问题、数据完整性问题等，整合品牌运营商与上游资源，实现效率的极大提升；通过供应链管理系统发布需求信息，从而使供应商能及时组织生产、发货等工作；了解货品从供应商到门店的整个物流过程；了解到自己所生产货品在门店的库存及销售情况，从而达到了供应商与营运商之间的互动；采用供应链管理系统可以解缩短业务洽谈时间、大幅度减少采购成本；通过改善与供应商的业务处理流程，与供应商进行协同办公，进行密切的信息交换，加强了对例外事件管理的能力和响应速度，与供应商建立稳固、长期的伙伴关系。

4. 现代集成制造系统

现代集成制造系统（Contemporary Integrated Manufacturing System，CIMS）是随着计算机辅助设计与制造的发展而产生的。它是在信息技术、自动化技术与制造的基础上，通过计算机技术把分散在产品设计、制造过程中各种孤立的自动化子系统有机地集成起来，形成适用于多品种、小批量生产，实现整体效益的集成化和智能化制造系统。其中，"现代"的含义是计算机化、信息化及智能化。"集成"包括信息集成、过程集成及企业间集成等集成优化，企业活动中组织、经营管理和技术及其信息流、物流和资金流的集成优化，相关技术的集成优化以及各类人员的集成优化等。

从功能层方面分析，现代集成制造系统大致可以分为六个层次，分别是生产/制造系统、硬事务处理系统、技术设计系统、软事务处理系统、信息服务系统和决策管理系统。

　　5.销售点实时处理系统

　　销售点实时处理系统（Point of Sales System，POS）最早应用于零售业，以后逐渐扩展至金融、旅馆等服务性行业。现代销售点实时处理系统已不仅仅局限于电子收款技术，它要考虑将计算机网络、电子数据交换技术、条形码技术、电子监控技术、电子收款技术、电子信息处理技术、远程通信、电子广告、自动仓储配送技术、自动售货、备货技术等一系列科技手段融为一体，从而形成一个综合性的信息资源管理系统。

　　应用销售点实时处理系统可以实现，单品管理、职工管理和顾客管理；自动读取销售时点的信息；信息的集中管理；有效连接供应链等功能。销售点实时处理系统的作用主要有：带动营业额及利润增长；节约大量人力、物力，并保持企业对市场的快速反应；增加有效库存，缩短资金流动周期；提高企业的经营管理水平；实现商品计划效率化等。

　　阅读 1-4 联想集团 ERP 应用

1.2.4 专业服务中的应用

　　专业服务管理信息系统指运行特定行业或领域的管理信息系统，在这些系统中，除包括一般通用的功能外，还包括一些特殊功能与服务。

　　1.电子商务系统

　　电子商务（Electronic Commerce，EC）通常是指在全球各地广泛的商业贸易活动中，在Internet 开放的网络环境下，基于浏览器/服务器应用方式，买卖双方互不谋面地进行各种商贸活动，实现消费者的网上购物、商户之间的网上交易和在线电子支付以及各种商务活动、交易活动、金融活动和相关的综合服务活动的一种新型的商业运营模式。电子商务的目标可以概括为：加强企业与供应商之间的联系；加快资金周转速度，降低企业的综合成本；减少产品流通时间；加快对消费者需求的响应速度；提高服务质量，实现信息系统的一体化；建立企业站点，树立企业形象，提高企业知名度，增强市场竞争力。

　　电子商务模式随着其应用领域的不断扩大和信息服务方式的不断创新，电子商务模式也层出不穷。按照交易对象，电子商务可以分为企业对企业的电子商务（B2B），企业对消费者的电子商务（B2C），消费者对消费者的电子商务（C2C），消费者对企业的电子商务（C2B），企业、消费者、代理商三者相互转化的电子商务（ABC），企业对政府的电子商务（B2G），消费者对政府的电子商务（C2G），线下商务与互联网之间的电子商务（O2O），供应方、采购方通过运营者达成的电子商务（BoB），引入第三方服务的电子商务（B2Q），等等。

　　电子商务系统是保证以电子商务为基础的网上交易实现的管理信息系统。市场交易是由参与交易双方在平等、自由、互利的基础上进行的基于价值的交换。网上交易同样遵循上述原则。作为交易中两个有机组成部分，一是交易双方信息沟通，二是双方进行等价交换。在网上交易，其信息沟通是通过数字化的信息沟通渠道而实现的，首要条件是交易双方必须拥有相应信息技术工具，同时要保证能通过 Internet 进行交易。在网上进行交易，交易双方在空间上是分离的，为保证交易双方进行等价交换，必须提供相应货物配送手段和支付结算手段。货物配送仍然依赖传统物流渠道，对于支付结算可以利用传统手段，也可以利用先进的网上支付手段。此外，为保证企业、组织和消费者能够利用数字化沟通渠道，保证交易顺利进行的配送和支付，需要由专门提供服务的中间商参与，即电子商务服务商。

电子商务系统借助于 Internet，在企业之间架起了金色的桥梁，实现了物流、信息流和资金流的协调统一。可以认为，电子商务系统的应用将成为由数字经济和网络经济所构造的虚拟价值增值链上最具特色的一个环节。

2. 地理信息系统

古往今来，几乎人类所有活动都与地球表面位置（即地理空间位置）息息相关。随着计算机技术的日益发展和普及，地理信息系统（Geography Information System，GIS）以及在此基础上发展起来的"数字地球"、"数字城市"在人们的生产和生活中起着越来越重要的作用。

地理信息系统是一种特定的十分重要的空间信息系统，它是在计算机系统支持下，对整个或部分地球表层（包括大气层）空间中的有关地理分布数据进行采集、储存、管理、运算、分析、显示和描述的技术系统。地理信息系统属于信息系统的一类，不同在于它能运作和处理地理参照数据。地理参照数据描述地球表面（包括大气层和较浅的地表下空间）空间要素的位置和属性，在地理信息系统中有空间数据、属性数据两种地理数据成分，前者与空间要素几何特性有关，后者提供空间要素的信息。

地理信息系统技术能够应用于科学调查、资源管理、财产管理、发展规划、绘图和路线规划。例如，地理信息系统能使应急计划者在自然灾害的情况下较易地计算出应急反应时间，或利用地理信息系统来发现那些需要保护不受污染的湿地。

汽车导航系统是地理信息系统的一个特例，它除了一般的地理信息系统的内容以外，还包括各条道路的行车及相关信息的数据库。这个数据库利用矢量表示行车的路线、方向、路段等信息，又利用网络拓扑的概念来决定最佳行走路线。

3. 专家系统

专家系统（Expert System，ES）是一个智能计算机信息系统，其内部含有大量的某个领域专家水平的知识与经验，能够利用人类专家的知识和解决问题的方法来处理该领域问题。它应用人工智能技术和计算机技术，根据某领域一个或多个专家提供的知识和经验，进行推理和判断，模拟人类专家的决策过程，以便解决那些需要人类专家处理的复杂问题。一般说来，一个专家系统应该具备三个要素，具备某个应用领域的专家级知识；能模拟专家的思维；能达到专家级的解题水平。

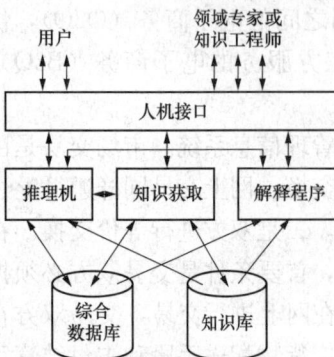

图 1-4　专家系统的一般结构

由于专家系统的应用领域不同，求解问题的类型不同，专家系统的结构也略有差别。但总的来说，专家系统的核心部分基本相同，其一般结构如图 1-4 所示。专家系统的结构与系统的适用性和有效性密切相关，选择什么样的系统结构，要根据系统的应用环境和所执行任务的特点而定。

知识库用来存放系统求解实际问题的领域知识，供推理机求解问题时使用。知识库具有知识存储、检索、排序、增删改等管理功能。综合数据库是专家系统在执行与推理过程中用以存放所需要和产生的各种信息的工作存储器，通常包括欲解问题的初始状态描述、中间结果、求解过程的记录、用户对系统提问的回答等信息。

推理机通常包括推理机制和控制策略，是一组用来控制系统的运行、执行各种任务、根据知识库进行各种搜索和推理的程序模块。知识获取模块包括知识的编辑和求精、知识自学习功能。通过解释程序，专家系统可以针对性地以一种用户易于理解的形式对用户的问题进行解释，回答推导结论的步骤，每个步骤的根据，所用的各种数据和知识等。

人机接口提供系统与用户的接口，可直接处理用户的操作命令和提出的问题，也可将系统对用户的提问以及对问题求解过程的跟踪解释传递给用户，使用户对专家系统的执行动态有所了解。

4. 知识管理系统

知识管理系统（Knowledge Management System，KMS）是一个以人的智能为主导，以信息技术为手段，以提高企业核心竞争力为目标的人机结合的管理信息系统，其总体目标是通过将企业中的各种知识资源，整合为动态的知识体系，以促进知识创新，通过知识创新能力的不断提高带动劳动生产率的提高，从而最终提高企业的核心竞争力。

知识管理系统一般具备对分散在企业内部业务流程、信息系统、数据库、纸质信息资源以及企业与合作伙伴、顾客之间的业务流程中的知识资源进行优化选择，以合理的结构形式集成、序化的功能，这实质上是一种含有人的创造性思维在内的动态过程。

知识管理系统作为知识交流的媒介，促进隐性知识与显性知识之间相互转化。在转化过程中使知识得以增值、创新，并且将转化中经过验证的、有价值的知识存储起来，一方面可以避免因为人员调离而造成的知识流失，另一方面可以在更大范围内实现知识共享。

知识管理系统实现知识与人的连接，即实现人向知识的连接、知识向人的连接及需求知识的人与拥有知识的人的连接。人向知识的连接可以基于智能搜索引擎技术的工具实现人向知识的连接。而利用"推"技术则可以实现知识向人的连接。利用"推"技术可以将知识主动推荐给用户，使知识被利用的机会大大提高并减少用户主动寻找挖掘知识的工作量，提高工作效率。人是最大的知识资源，良好的专家网络图可以有效地连接知识需求者与知识拥有者，以促进知识转移。

知识管理系统包括知识收集子系统、知识组织子系统、知识传播子系统。知识收集子系统是企业知识管理系统的输入系统，是知识管理工作的基础。知识组织子系统是知识管理的核心部分，是对企业中杂乱无章的知识进行序化的系统。知识传播子系统是知识管理系统的输出系统，其用户界面是用户最终可见的部分。将系统知识收集和知识组织子系统得到的结果综合起来，经过组织、整序后的相关信息、知识传播给具有不同使用权限的特定用户。

阅读 1-5　苏宁线上线下营销协同策略

1.3　管理信息系统的发展

信息技术的发展促进了信息资源的开发与利用，信息资源的充分利用，促进了信息经济范围的扩大与总量的增加，也促进了整个社会经济的发展。管理信息系统的应用与发展，使信息经济得以真正成为社会经济发展的重要增长点。

1.3.1　管理信息系统的发展动力

管理信息系统的应用离不开一定的环境和条件。环境是有关组织内部与外部各种因素的综合，这些因素对管理信息系统的应用有着相当大的影响，在一定程度上决定着管理信息系统应用的成败。信息技术与管理思想的发展、经营环境和经营理念的变化是管理信息系统应用不断深入的基础和发展的动力。

1. 信息技术与管理思想的发展

信息技术的进步与管理思想的发展，是管理信息系统应用发展的基础。

（1）信息技术的发展。随着信息化在全球的快速进展，世界对信息的需求快速增长，信息产品和信息服务对于各个国家、地区、企业、单位、家庭、个人都不可缺少，信息技术已成为支撑经济活动和社会生活的基石。信息技术的广泛应用使信息的重要生产要素和战略资源的作用得以发挥，使人们能更高效地进行资源优化配置，从而推动传统产业不断升级，提高社会劳动生产率和社会运行效率。信息技术的发展推进管理信息系统的应用，将信息技术嵌入到传统的机械、仪表产品中，促进产品"智能化"、"网络化"，是实现产品升级换代的重要方向；计算机辅助设计技术、网络设计技术显著提高企业的技术创新能力；利用计算机辅助制造技术或工业过程控制技术实现对产品制造过程的自动控制，明显提高生产效率、产品质量和成品率；利用信息系统实现企业经营管理的科学化，统一整合调配企业人力物力和资金等资源，实现整体优化；利用互联网开展电子商务，进行供应链和客户关系管理，促使企业经营思想和经营方式的升级，提高企业的市场竞争力和经济效益。

（2）管理思想的发展。随着以消费者为导向的市场机制的形成，诞生了许多新的管理思想。全面质量管理、计算机集成制造、精益生产、敏捷制造、供应链管理、客户化大生产、客户关系管理、电子商务等应运而生。这些管理思想的实现需要有网络和计算机作为其运行的支撑体系，需要公共数据库为基础的集成环境，即需要支持他们运作的信息体系。

2. 经营环境的变化

经济全球化的出现和不断发展，工业经济向基于知识和信息的服务型经济的转变，企业自身的组织结构和管理模式的变革，全球范围内的这三大变化，改变着企业的经营环境，也推动了管理信息系统的应用与普及。

（1）经济全球化的出现。经济全球化是指各国经济都在走向开放、走向市场化，世界经济趋向某种程度的一体化。经济全球化极大地提高了信息的价值，给企业带来了许多新的机遇。一方面，管理信息系统能为企业提供通信和分析能力，使其能够在全球范围内进行贸易和企业管理；另一方面，全球性企业要与分布在全球的分销商、供应商通信，要每天24小时在不同的国家中运作，要为全球范围内的需求提供服务，这些都离不开功能强大的管理信息系统的支持。

经济全球化和信息技术的发展也给企业带来了新的威胁。全球通信和管理系统的存在，使客户可以不受时间和地点的约束、方便地在全球市场上搜取有关商品的信息和购买商品。这样就加剧了竞争，迫使企业不得不在开放的世界市场上竞争。为了成为国际市场中竞争的胜利者，企业必须借助于管理信息系统。

（2）工业经济的转变。世界正经历着从工业经济向基于知识和信息的服务型经济转变，知识和信息正在成为许多新产品和服务的基础。在基于知识和信息的经济中，信息技术和管理信息系统起着很大作用。像信用卡、全球快递服务系统、订票系统等基于知识和信息的产品和服务都是建立在信息技术的基础上的。在金融、保险等服务产业中，信息技术的投资占企业总投资的70%以上。对所有的行业来说，信息和信息技术都已经成为关键的战略资源。组织必须利用管理信息系统来优化组织内部的信息流，帮助管理人员最大限度地发挥知识资源的价值。

（3）企业自身的组织结构和管理模式的变革。传统的组织是层次化的结构，权力集中，采用结构化的专业分工，按一套固定的操作程序标准批量生产产品或提供服务。而新型的组织结构趋于扁平化、网络化、虚拟化，权力相对分散，安排灵活，利用即时信息为特定的市场或顾客提供规模化定制产品等服务。很多新的管理模式，如精益生产、敏捷生产等在企业中逐步得到广泛应用，这些新型组织结构和管理模式必须在信息技术的支持下才能实现。

3.企业经营理念的变化

随着全球经济一体化和竞争的加剧，产品同质化的趋势越来越明显，产品的价格和质量的差别不再是企业获利的主要手段。企业认识到满足客户的个性化需求的重要性，甚至能超越客户的需要和期望。以客户为中心、倾听客户呼声和需求、对不断变化的客户期望迅速做出反映的能力是成功的关键。

图1-5描述了管理信息系统与组织之间的新型关系。一方面，组织的经营战略、规划和运作程序之间依赖性越来越强；另一方面，管理信息系统的硬件、软件、数据库和通信技术之间的依赖关系也不断增强。这些组成部分中任何一个的改变通常都需要另一个做出相应的变化。在企业的战略规划中，这种关系已变得非常重要，将来企业能够做什么往往取决于系统能够做什么，市场份额的增加、高质量和低成本的生产以及员工生产率的提高等越来越依赖于其所使用的管理信息系统的类型和质量。

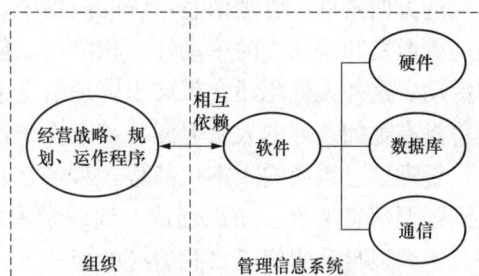

图1-5　管理信息系统与组织之间的关系

1.3.2　管理信息系统的发展趋势

随着社会的不断进步，人们对管理信息系统越来越重视。加之管理信息系统在管理方面所产生的巨大影响，也使得人们越来越关注管理信息系统的发展趋势。

1.管理信息系统的发展趋势

管理信息系统的发展体现在其智能化趋势、集成化趋势、人本化趋势、个性化趋势等方面。

（1）智能化趋势。随着人工智能技术的发展，数据仓库、数据挖掘技术在管理信息系统中的应用，会有许多决策支持系统、专家系统等智能化信息系统出现。智能化的管理信息系统具有思维模拟活动，具有自学习、自组织和进化性，并具有知识创新功能，可以解决非结构化事务，在决策中处于主导地位，是人的向导。

智能化一直是管理信息系统的目标，管理信息系统的发展将以主动性、自适应性、自组织性、柔性为特征，建立多样化的管理信息系统模型。智能决策支持系统的理论和框架，敏捷制造等都是该思想的体现。

　　智能化趋势也体现在对知识的利用。知识已经成为企业重要的战略资源，是企业获得成功的重要因素。创造知识、获取知识、管理知识和重用知识将成为企业重要的发展战略和日常管理工作的核心。管理信息系统不仅需要管理和利用信息，还会成为企业知识管理的工具，提供促进企业创造知识的环境，帮助企业快速获取知识，以及提供有效手段管理企业知识，提高企业的知识重用水平。

　　（2）集成化趋势。集成化将管理信息系统的各个子系统有机地结合起来，达到互通信息、共享数据资源的目的，其支持技术是数据库技术与计算机网络。集成管理则是一种全新的理念与方法，其核心是强调运用集成的思想和理念指导管理实践，而集成管理信息系统的本质是要素的事例和优势互补。在集成管理动作过程中，首先经历的是一个投入要素的聚集过程，当投入要素积累到一定能量时，集成能量便开始发生膨胀裂变，从而使各个单项要素优势催化出更大的整体优势，管理效果也因而急剧放大。

　　集成化是管理信息系统最显著的特征，在总体优化的前提下进行局部优化，达到 $1+1$ 大于 2。集成的内容丰富，可分为各应用子系统过程和功能的集成，包括人、技术、管理的集成，也包括企业间的相关集成。

　　（3）人本化趋势。基于管理科学"以人为本"的发展趋势，管理信息系统将向着更加人性化的方向发展。管理信息系统的应用中，将越来越注重人的因素，以人为出发点和中心，围绕着激发和调动人的主动性、积极性、创造性展开，以实现人与社会共同发展的一系列管理活动。这种人性化还会贯穿于管理信息系统的开发设计与研究中，具体表现为管理信息系统将具有更加友好的人机界面，易于操作，也会考虑到不同用户的不同需求。

　　管理信息系统的人本化趋势，带来企业信息系统管理变革，管理重点从评估管理现有信息到强调信息增值、知识创造，组织学习纳入信息管理范围，是企业成为更有活力的有机体，不断以自我组织、自我适应的形式进行持续的知识创新。

　　（4）个性化趋势。随着企业建模的成熟，必然在面向企业功能，面向企业过程以及面向产品生命周期等方面积累了大量的企业模型，在这些企业模型的基础上，对这些模型按照行业进行分类，然后再逐步按照行业大类、行业小类进行逐步细分，最后就可以建立面向行业、面向行业大类、面向行业小类的企业参考模型。

　　在企业参考模型的基础上，再对每种模型所蕴含的管理进行自上而下的分解，按照软件复用的对每部分程序化、构件化，并根据通用的目的进行参数化，这样随着各类模型库的丰富和面对特定对象的构件的完善以及管理思想的日益成熟，就可以构建平台式的管理信息系统，它能够对具体的企业，在参考模型的基础上，根据企业实际情况稍作修改，就能在大量的构件中快速组装出具有个性化的企业管理信息系统。

　　构件化是实现个性化的技术保障。在确定的体系结构中，采取自下而上的方法，首先，对底层的功能模块实现通用性，再进行构件化设计，按照软件构件具有的可移植性、互操作性、扩展性、可配置性和可维护性等特点，进行参数化设置；其次，对该功能的上一层进行构件化改造，减少模块间的重叠，这样层层改造之后，对于类似企业管理信息系统的建设，只需要针对该企业的个性，对某些局部的构件进行改造就可以完成。

　　2. 企业管理信息系统的发展

　　全球经济环境不断发展和变化，竞争环境复杂多变，企业的管理思想，管理方法不断创新，计算机网络技术快速发展，促使企业管理信息系统总是不断发展和变化。

（1）管理思想现代化。社会和科学技术总是不断发展的，适应知识经济的新的管理模式和管理方法不断涌现，敏捷制造、虚拟制造、精益生产、客户关系管理、供应商关系管理、大规模定制、基于约束理论的先进计划和自动排产系统、电子商务、商业智能，基于平衡记分卡的企业绩效管理，不一而足。管理信息系统必须不断增加这些新思想、新方法以适应企业的管理变革和发展要求。

（2）系统应用网络化。现在处在全球经济一体化和网络经济的时代，由于互联网络和通信技术的高速发展，彻底改变了企业的经营管理模式、生活方式和做事的方法。企业对互联网络的依赖像企业对电力的依赖一样重要。只有采用基于互联网络的系统才能方便地实现集团管理、异地管理、移动办公，实现环球供应链管理。

（3）开发平台标准化。计算机技术发展到今天，那种封闭的专有系统已经走向消亡。基于浏览器/服务器的体系结构，支持标准网络通信协议，支持标准的数据库访问，支持 XML 的异构系统互联；实现应用系统独立于硬件平台、操作系统和数据库；实现系统的开放性、集成性、可扩展性、互操作性；这些已成为应用系统必须遵守的标准，反之，不符合上述标准的系统是没有前途的系统。

（4）业务流程自动化。传统计算机系统是面向功能的事务处理系统。它为业务人员提供了丰富的业务处理功能，但是每个业务处理都不是孤立的，它一定与其他部门、其他人、其他事务有关，这就构成了一个业务流程。传统信息系统对这个业务流程缺乏有效的控制和管理。工作流管理技术是解决业务过程集成的重要手段，它与管理信息系统的集成将实现业务流程的管理、控制和过程等方面的自动化，使企业领导与业务系统真正集成，实现企业业务流程的重构。工作流管理技术受到人们的高度重视并得到快速的发展。

（5）应用系统集成化。企业信息化包括了很多内容，如技术系统信息化、管理信息化、生产制造过程自动化、自动化立体仓库以及自动化制造执行系统，等等。所有这些系统都是为企业经营战略服务的，它们之间存在着大量的共享信息和信息交换，在单元技术成功运行的基础上，它们之间要实现系统集成，使其应用效果最大化。

阅读 1-6　宝钢集团管理信息系统建设

本章提要

管理信息系统是一个不断发展和不断完善的概念。一般认为，管理信息系统（Management Information System，MIS）是一个由人、计算机等组成的能进行信息收集、传输、储存、加工、维护和使用的社会技术系统。它综合运用计算机技术、信息技术、管理和决策技术，与现代化的管理思想、方法和手段结合起来，辅助管理人员进行管理和决策。

从信息处理过程和处理技术来看，管理信息系统的主要包括信息收集系统、信息存储系统、问题处理系统、会话和信息输出系统以及信息管理机构，并与外部系统进行信息交流。

管理信息系统已经深入到管理活动的各个层次和社会生活的各个领域，应用越来越广泛。在行政办公、服务管理、现代企业及专业服务等领域有着广泛应用。

科学技术与管理思想的发展、经营环境的变化、企业经营理念的变化等，推动管理信息系统的发展。管理信息系统的发展体现在其智能化趋势、集成化趋势、人本化趋势、个性化趋势等方面。

思考与练习

1. 什么是管理信息系统？它与一般的计算机应用有什么不同？
2. 如何理解管理信息系统是不同层次的系统集成？
3. 管理信息系统有哪些特点？
4. 信息处理角度看管理信息系统，其包含哪些子系统？
5. 管理信息系统的应用有哪些主要类型？
6. 管理信息系统的发展呈现哪些趋势？

自测与作业（1）

第 2 章　管理信息系统理论基础

2.1　信息与信息管理

信息是管理信息系统最重要的成分。管理信息系统能起多大作用，对管理能做出多大贡献，都取决于有没有足够的和高质量的信息，而能否得到高质量的信息又取决于工作人员对信息的认识。

2.1.1　信息的基本概念

信息的概念是十分广泛的。世间万物的运动，人间万象的更迭，都离不开信息的作用。随着社会的进步和经济的发展，人们社会活动的深度与广度不断增加，信息的重要性就更为突出，信息的概念也在各个领域得到广泛的应用。

1. 信息的概念

人们进行有目的的活动，总是要了解有关事物的情况，收集信息，利用信息。通俗地讲，信息是人们关心的事物的情况。例如某产品的市场需求和销售利润的变化，对生产或经销此产品的企业来说，是很重要的信息。气象的变化、股市的涨落、竞争对手的行踪，对于与这些情况有关的个人或群体，都是信息。

不难理解，同一事物的情况对于不同的个人或群体具有不同的意义。某个事物的情况只有对了解情况者的行为或思维活动产生影响时，才能称为信息。

以上只是从人类社会活动的范围内来理解信息。但是信息不仅与人类的活动有关，而且自然界生物的活动，无机物和有机物的运动，都伴随着信息的运动。生物通过遗传基因的特殊结构把它的某些固有特性遗传给下一代，警犬能够追踪侦缉对象，许多动物具有辨别天敌和食物的本领，均与信息有关。气象气候变化的征兆，地震的先兆，都存在着信息的活动。因此信息这个概念对于自然界和人类社会具有普遍的意义。

宇宙间一切事物都处于相互联系、相互作用之中。在这种联系和相互作用中，存在着物质的运动和能量的转换。但是，许多事物之间的关系，却难以简单地从物质运动与能量的转换去解释。一则新闻可导致一个企业倒闭，一纸传单可能引起全城骚乱，生长条件完全相同下各种生物，甚至同一种生物生长结果不一样，等等。这都说明，决定事物之间的相互联系、相互作用效果的往往不是事物之间物质和能量直接的量的交换和积累，而是借以传递相互联系与作用的媒介的各种运动与变化形式所表示的意义。

事物之间相互联系、相互作用的状态的描述，称为信息（Information）。

由此定义可知，只有当事物之间相互联系、相互作用时，才有信息。换言之，只在考察两个或两个以上事物之间的相互联系、相互作用时，才使用信息这一概念。一个事物由于另一事物的影响而使前者的某种属性起了变化，从信息的观点来看，是因为前者得到了后者的某种信息。由此可见，人类的活动离不开信息，自然界也充满着信息的运动。

在日常使用中，人们往往对数据和信息是不加区分的。但在管理信息系统中，信息和数据的概念是不同的。

数据（Data）是指那些未经加工的事实或是着重对一种特定现象的描述，也就是人们为了反映客观世界而记录下来的可以鉴别的符号。它既可以是字母、数字或其他符号，也可以是图像、声音或者味道。例如，当前的温度，一个零件的成本，某企业的员工姓名、工资、企业存货数量、销售订单等。数据通常由 3 个方面表示，即数据名称、数据类型和数据长度。

信息是经过加工后的数据，它对接收者的行为能产生影响，它对接收者的决策具有价值。

信息概念至少包括以下一些含义：信息具有"新鲜"和使人"震惊"的感觉；信息可以减少不确定性；信息能改变决策期望收益的概率；信息可以坚定或校正未来的估计等。

2. 信息的特性

信息之所以区别于物质与能量，并具有与物质、能量同等重要的作用，是源于信息所拥有的特性。物质在使用中是消耗的；能量就其个体而言在使用中也是消耗的，就其整体而言则是永恒的；而信息在其传递和使用过程中，可以重复使用，并可通过信息的加工处理而产生信息增值。信息具有以下特性：

（1）客观性。信息的存在是客观的，它来源于客观存在的物质及其运动两大特性。从有人类存在以来，乃至今天，人类以外的各种生物就利用着大自然无穷无尽的信息资源。信息的客观性还表现为它是以物质的客观存在为前提的，即使是主观信息，如决策、判断、指令、计划等，也有它的客观实际背景，并以客观信息为"原料"，受客观实践的检验。

（2）依附性。信息总是依附于一定的物质载体而存在，需要某种物质承担者。如果不依附各种适当的载体，信息的含义和价值则不能传递和发挥。信息可以通过不同的载体来传递，虽然载体不同，但是他们传递的信息是相同的。

（3）时效性。现代社会中，信息的使用周期迅速缩短，信息的价值实现取决于及时地把握和运用信息。信息是活跃的，不断变化的，及时地获取有效的信息将获得信息的最佳价值，如时效性很强的天气预报、经济信息、交易信息、科学信息等。不能及时地使用最新信息，信息的价值就会随其滞后使用的时差而减值或贬值。

信息是有生命周期的，在生命周期之内，信息是有效的；超出生命周期，信息将失效；但有时有些失效的信息在某些时刻也会复苏，供决策使用。信息的时效性要求尽快地得到所需要的信息，并在其生命周期内最有效地使用它。为了保证信息的有效性，人们需要连续收集信息，利用先进的设备与技术，存储数据并检索出有用信息。

（4）共享性。信息的共享性主要表现在同一内容的信息可以在同一时间由两个或两个以上的使用者使用，而信息的提供者并不失去所提供的信息内容和信息量，它是信息资源的广泛提供与利用的基础。信息不同于物质，信息是可以共享的，如果我把一个消息告诉你，我并没有失去信息，而你也得到了信息。信息的共享性可以使人们共同拥有同样的信息。为了保证信息的共享性，需要利用先进的网络技术和通信设备来实现。

（5）不完全性。客观世界的信息是不可能全部得到的，如果一个决策者可以掌握决策需要的全部信息，他的决策肯定会成功。决策的艺术就在于决策者要根据自身的经验去收集信息，正确地舍弃冗余的、不重要的或失真的信息，并根据收集到的有限的信息快速地做出正确的决策。个人经验是一种重要的"软信息"，专家系统（ES）就是为了充分挖掘和利用个人（即专家）经验的一种信息系统。

（6）滞后性。数据经过加工后转变成为信息，信息的使用才能影响决策，有决策才会有结果。每种转换均需要时间，因而不可避免地会产生时间的延迟，即信息的滞后性。

（7）增值性。用于某种目的信息，可能随着时间的推移价值耗尽。但对于另一目的又可能显示出用途。例如天气预报的信息，预报期一过就对指导生产不再有用。但和各年同期天气比较总结出变化规律还是有用的。信息的增值在量变的基础上可能产生飞跃。假如有一个人把全国每天报纸上登的生产某种产品的广告和消息集中起来，积累到一定时间，再对这些信息进行一些提炼，就能对这个产品的全貌有个估计；甚至能对全国工业有个估计，原来不是保密的东西，集中起来就成为保密的了。原来不重要的变成重要的了。信息的增值性、再生性使我们能在信息废品中提炼有用的信息，在司空见惯的信息中分析出重要的趋势。这已是各国用于信息收集的重要手段。

（8）可转换性。物质、能源和信息是人类发展的重要资源，三者紧密地联系在一起。在市场经济环境下，主要有信息流、物流和资金流，其中物流实现物质和能源的转换；而信息流则实现从一种模式向另一种模式的转换，物质和能源的转换必须有相应的知识、计划、调节和控制信息；信息的生产、处理与流通又离不开材料和能源。物流反映一个组织的主体，而信息流如同组织的神经脉络。信息在管理中起着主导性的作用，是管理和决策的依据。在如今的经济社会中，信息是一种比能源和物质更重要的资源。企业依靠信息开发新的产品，依靠信息进行决策。信息可以转换为能源、物质，是社会发展的生产力。

3. 信息资源

信息资源是指人通过一系列的认识和创造过程，采用符号形式储存在一定载体（包括人的大脑）之上的可供利用的全部信息。信息资源与企业和组织的人力、财力、物力和自然资源一样同为企业的重要资源，且为企业发展的战略资源。同时，它又不同于其他资源（如材料、能源资源），是可再生的、无限的、可共享的，是人类活动的最高级财富。

信息资源是企业与组织生产及管理过程中所涉及到的一切文件、资料、图表和数据等信息的总称。它涉及企业与组织生产、管理和经营活动过程中所产生、获取、处理、存储、传输和使用的一切信息，贯穿于企业和组织活动的全过程。信息同能源、材料并列为当今世界三大资源。随着社会的不断发展，信息资源对国家和民族的发展，对人们工作、生活至关重要，成为国民经济和社会发展的重要战略资源。它的开发和利用是整个信息化体系的核心内容。

　　一般认为，信息资源由信息生产者、信息、信息技术三大要素组成。信息生产者是为了某种目的而生产信息的劳动者，包括原始信息生产者、信息加工者或信息再生产者。信息既是信息生产的原料，也是产品。它是信息生产者的劳动成果，对社会各种活动直接产生效用，是信息资源的目标要素。信息技术是能够延长或扩展人的信息能力的各种技术的总称，是对声音、图像、文字等数据和各种传感信号的信息进行收集、加工、存储、传递和利用的技术。信息技术作为生产工具，对信息收集、加工、存储和传递提供支持与保障。

　　信息资源与自然资源、物质资源相比，具有许多特点。信息资源能够重复使用，其价值在使用中得到体现；信息资源的利用具有很强的目标导向，不同的信息在不同的用户中体现不同的价值；信息资源具有整合性．人们对其检索和利用，不受时间、空间、语言、地域和行业的制约；信息资源是社会财富，任何人无权全部或永久买下信息的使用权；信息资源是商品，可以被销售、贸易和交换；信息资源具有流动性。

　　信息资源通常包括，信息（消息、知识、技术）及其载体；信息采集、传输、加工、存储的各类设施和软件；制造上述硬、软件的关键设施；有关信息采集、加工、传输、存储、利用的各种标准、规范、规章、制度、方法、技术等。信息资源的占有与利用水平，是一个国家或企业的综合实力与竞争能力的重要标志。

阅读 2-1　信息价值及判断

2.1.2　信息管理

　　为了实现组织目标，满足组织的要求，解决组织的环境问题，就必须对信息资源进行开发、规划、控制、集成、利用的战略管理，这就是信息管理。

　　1. 信息管理的概念

　　现代信息技术的发展和普及运用已经把人类社会推进到信息社会，一方面，社会交往的频繁，经济竞争的加剧，科技创新的加速，促进了信息的大量生产和广泛传播；另外一方面，信息工具的普及运用也推动着信息的生产和传播。每个人、组织和国家都希望从信息中获得发展的先机和动力。

　　和任何其他资源一样，信息只有经过加工转化后才能利用。但是，这个问题在信息爆炸的时代正变得日趋严峻。和历史上其他时代相比，今天虽然拥有了海量且不断增长的信息，但是相对而言可为人们利用的信息却在不断减少，失去控制和无组织的信息不仅不构成资源，相反，它会阻碍人们对信息的吸收和利用。当人们面对着鱼龙混杂的信息海洋时，就会陷入望洋兴叹的困境。因此，加强对信息资源的管理、开发和利用将是这个时代的主要任务，而完成这个任务的理论、技术、社会、经济等条件已经具备，于是信息管理便应运而生。

　　信息管理（Information Management，IM）是人类为了有效地开发和利用信息资源，以现代信息技术为手段，对信息资源和信息活动进行计划组织、领导和控制的社会活动。信息管理的过程包括信息收集、信息传输、信息加工和信息储存等活动。

　　信息管理的主要任务是，识别信息需求，对数据进行收集、加工、存储和检索，对信息进行传递，将数据转换为信息，并将这些信息及时、准确、适用和经济地提供给组织决策人员、各级管理人员及其他相关人员。管理信息系统的建立，为完成这一任务提供了强有力的手段。

2. 信息管理的作用

信息管理的作用主要表现在 3 个方面，即信息管理可以改善个人和组织的生存与发展状况，提高现有资源的利用效果，提升组织的工作效率和企业经营管理效益。

（1）改善个人和组织的生存与发展状况。在现代社会实践中，有效的信息管理可以使个人和组织合理有效地管理时间，了解自身的长处和不足，帮助人们反思取得良好业绩或遭受失败和损失的原因，提升沟通能力和管理效率，支持更有效地进行决策。

时间是一种独特的资源。任何人和组织都应当十分重视对时间的有效管理和使用。管理大师德鲁克认为，时间管理的关键"流程"之一就是"对时间的去处进行记录"，即信息收集。在多数情况下，如果把一段时间内对时间的使用情况记录下来，并做分析，就会发现其实人们是花费了大量的时间在"并不重要的事情上"。有效的信息管理可以使个人，尤其是组织的管理者充分认识到自己时间的使用情况，消除浪费时间的因素，整合"可酌情支配"的时间，并做出及时调整，提高对时间的使用效率。

了解自己的长处和不足，是个人和组织生存和发展的必要条件。有效的信息管理可以使人们及时获得这方面的信息。譬如，可以利用反馈信息分析的方法来比较分析事前的预期信息和事情的结果信息，从而找出在进行事前决策和制定计划方面存在的缺失及优势所在。这种有效的信息管理行为，对个人和组织的生存和发展都会带来益处。

有效的信息管理可以帮助决策者明确决策的基本方向，提供必要的数据和信息支持，对不同工作方案的实际价值和可执行性等做出合理判断。通过有效的信息管理，可以为决策者（个人或组织的管理者）提供信息"佐证"，并帮助决策者对"可选方案"做出明智的判断。

（2）提高现有资源的利用效果。人类社会的信息管理实践表明，合理的信息管理可以有效地节约企业和组织的管理成本，降低能耗，增加产品的附加值。同时，信息管理也可以使信息本身增值。

信息管理的宗旨就是要保证人类已知信息得到充分的开发和利用，并通过这种社会管理活动，使作为信息管理主要对象的信息价值得以实现。信息管理的所有活动都是为了实现信息的价值增加，信息管理的效率由信息增值的量作为其衡量标准。

信息管理实现的信息增值目标包括信息集成增值、信息有序化增值、信息开发增值等 3 个方面。信息集成增值，首先是把零散的个别信息收集起来形成的信息集合，不但增加了集合中个别信息的价值，而且增加了信息集合的整体价值；其次是孤立的信息系统的集成，即把相互隔绝的信息系统联系起来，实现信息资源的有限网络分布和在联网范围内的资源分享，不但增加了联网范围内信息资源的数量，更重要的是增加了一定范围内的信息服务质量，提高信息的存取效率与利用效率，节约存取成本；第三是社会整体的信息资源集成，即把各个学科、各个地区、各个信息系统组成一个统一、协调的信息资源体系，实现社会水平的信息资源管理，并协调和优化社会的信息收集、组织、传播和利用体系。信息序化将克服混乱的信息流带来的信息查询和利用困难，提高查找效率，节约查询成本。有序的信息资源不仅能够保证信息的可查询性，而且能够根据信息内容的关联开发新的信息与知识资源。例如，通过传播一个组织中的信息资源，生产新的知识和信息，提高组织中的人力资源的质量。还可以从已有的信息资源和知识集合中寻找新的信息、知识和智慧资源；利用发达的交流网络捕捉周边环境的信息，并及时从中开发出解决问题的知识；开发人力资源，从潜在的信息资源中寻求知识与智慧等。

（3）提升工作效率和经营管理效益。有效的信息管理往往是推动组织工作效率提升的"发动机"。组织可以在有效的信息管理推动下，让组织的各项管理职能（如决策、计划、指挥、协调、控制、服务等）都得到及时、准确、系统、持续的信息支持，从而使组织的活动得到动态性的信息保证。

对于企业来说，信息管理可以在很大程度上提升企业的经营管理活动效益。信息管理是企业经济活动的一个有机组成部分，尤其是在现代社会中求生存和发展的企业中，信息管理更是必不可少的重要活动。信息管理可以为企业带来经济效益，如提升市场占有率，提升资本使用效率，提高产品服务品质，使获得更多利润回报。

信息管理是一种服务性的管理行为，它本身既可以直接创造价值，又可以有效地帮助组织提升工作效率，增强组织的生存和发展能力。通过信息管理所获得的信息或信息资源，可以物化在工作产品和服务产品中，也可以内化为人的智力中，从而会极大地提升组织的办事能力，增强企业的市场竞争能力和生存能力，也会使组织获得更多的优秀人才，提高组织的人力资源管理水平。

卓有成效的信息管理可带来的直接和间接的效益，如节省成本、节约时间、减少能耗、节省物料、减少资本闲置、提升资本收益、提高设备使用率、缩短研发周期、提高产品合格率、减少产品缺陷、避免服务瑕疵、促进信息共享和经验交流、改善业务流程、增强风险决策能力、提升计划的周密性、及时发现工作中存在的问题、防止矛盾激化、明确当事人的责任、促进员工成长、提升创新能力，等等。总之，不断提升一个组织的信息管理水平和管理能力，是组织提高工作效率和绩效水平的必由之路。

阅读 2-2　信息管理原理

2.2　管　理　与　决　策

管理是指在特定的环境条件下，以人为中心，通过计划、组织、指挥、协调、控制及创新等手段，对组织所拥有的人力、物力、财力、信息等资源进行有效的决策、计划、组织、领导、控制，以期高效地达到既定组织目标的过程。管理与决策的意义在于更有效地开展活动，改善工作，更有效的满足客户需求，提高效果、效率和效益。

2.2.1　管理及其职能

管理是社会组织中，为了实现预期的目标，以人为中心进行的协调活动。管理的主要任务是利用已有的和可以争取到的各种资源，以最少的投入获得最大的产出。

1. 管理的概念

管理是指一个组织为了实现组织的目标，通过计划、组织、领导、控制和创新等工作，对组织所拥有的资源进行合理配置和有效使用，以实现组织预定目标的过程。管理的含义可以从以下方面理解：管理是一项有目标的活动，管理的核心就是实现组织的目标；管理是一个过程，是实施决策、计划、组织、领导、控制和创新职能的过程；管理实现目标的手段是通过合理配置和使用资源。

人类的任何活动都需要管理，这是由人类的共同劳动的社会化性质决定的。管理是人类社会活动的客观需要，如果没有管理，社会的生产、交换、分配活动都不可能正常进行，社会劳动过程就会发生混乱。管理也是生产力，任何社会、任何企业，其生产力水平的高低取决于各种经济资源是否得到有效利用以及社会劳动者的积极性是否得到充分发挥，而这两者都依赖于管理。具有同样资源和劳动力的社会和企业，之所以表现出不同的生产力水平和经营效果，原因主要在于管理水平不同。

2. 管理的职能

管理职能就是管理者在管理过程中从事的活动或发挥的作用。从职能的角度出发，可以将管理活动视为由计划、组织、领导和控制这四大职能所构成的一个过程。

(1) 计划 (Planning)。计划职能是指管理者对将要实现的目标和应采取的行动方案做出选择及具体安排的活动过程，即预测未来并制订行动方案。其主要内容涉及分析内外环境、确定组织目标、制订组织发展战略、提出实现既定目标和战略的策略与作业计划、规定组织的决策程序等。任何组织的管理活动都是从计划出发的，因此，计划职能是管理的首要职能。

(2) 组织 (Organizing)。组织职能是指管理者根据既定目标，对组织中的各种要素及人们之间的相互关系进行合理安排的过程，即建立组织的物质结构和社会结构。其主要内容包括设计组织结构、建立管理体制、分配权力、明确责任、配置资源、构建有效的信息沟通网络等。

(3) 领导 (Leading)。领导职能是指管理者为了实现组织目标而对被管理者施加影响的过程。管理者在执行领导职能时，一方面要调动组织成员的潜能，使之在实现组织目标过程中发挥应有作用；另一方面要促进组织成员之间的团结协作，使组织中的所有活动和努力统一和谐。其具体途径包括激励下属、对他们的活动进行指导、选择最有效的沟通渠道解决组织成员之间以及组织与其他组织之间的冲突等。

(4) 控制 (Controlling)。在执行计划的过程中，由于环境的变化及其影响，可能导致人们的活动或行为与组织的要求或期望不一致，出现偏差。为了保证组织工作能够按照既定的计划进行，管理者必须对组织绩效进行监控，并将实际工作绩效与预先设定的标准进行比较。如果出现了超出一定限度的偏差，则需及时采取纠正措施，以保证组织工作在正确的轨道上运行，确保组织目标的实现。管理者运用事先确定的标准，衡量实际工作绩效，寻找偏差及其产生的原因，并采取措施予以纠正的过程，就是执行管理的控制职能的过程。简而言之，控制就是保证组织的一切活动符合预先制订的计划。

管理的计划、组织、领导、控制四项基本职能之间相互联系、相互制约，它们共同构成一个有机的整体，其中任何一项职能出现问题，都会影响其他职能的发挥乃至组织目标的实现。

从理论上讲，这些职能是按一定顺序发生的。计划职能是首要职能，因为管理活动首先从计划开始，而且计划职能渗透在其他各种职能之中，或者说，其他职能都是为执行计划职能即实现组织目标服务的。为了实现组织目标和保证计划方案的实施，必须建立合理的组织机构、权力体系和信息沟通渠道，因此产生了组织职能；在组织保证的基础上，管理者必须选择适当的领导方式，有效地指挥、调动和协调各方面的力量，解决组织内外的冲突，最大限度地提升组织效率，于是产生了领导职能；为了确保组织目标的实现，管理者还必须根据预先制订的计划和标准对组织成员的各项工作进行监控，并纠正偏差，即实施控制职能。可见，管理过程是先有计划职能，之后才依次产生了组织职能、领导职能和控制职能，体现出管理过程的连续性。

从管理实践来考察，管理过程又是一个各种职能活动周而复始地循环进行的动态过程。例如，在执行控制职能的过程中，往往为了纠正偏差而需要重新编制计划或对原有计划进行修改完善，从而启动新一轮管理活动。

3. 管理者

企业或组织中的工作是多种多样的，所有这些工作大致可以分为三类，即作业、管理和辅助工作。作业工作是组织达成其目标的直接手段，管理工作、辅助工作则是为作业工作服务的，以确保作业工作的顺利和有效进行。与三类工作相对应，企业或组织中的人员也可分为作业人员、管理人员和辅助人员。其中，管理人员就是组织中那些指挥和协调别人工作的人，他们有一个共同的特征，就是通过协调他人的努力来使组织活动更加有效并实现组织目标。

管理人员的类型可以按不同的标准进行划分。按其所处的管理层次可以分为高层管理人员、中层管理人员和基层管理人员。

（1）高层管理人员。高层管理人员是站在组织整体的立场上，对组织的管理负有全面责任、对整个组织进行综合指挥和统一管理的人员。高层管理人员所考虑的管理问题和所从事的管理活动，都是与组织的总体发展和长远发展密切相关的。其主要职责是制定组织的总目标、总战略，掌握组织的大政方针，评价整个组织的绩效，等等。在组织的重大对外交往活动中，往往由高层管理人员作为组织的代表。

（2）中层管理人员。处于高层管理人员和基层管理人员之间的都是中层管理人员，如地区经理、部门经理、车间主任、科室主管等。中层管理人员的职责主要是贯彻执行高层管理人员所做出的决策和所制定的重大方针政策，使高层管理人员确定的目标、战略付诸实施。具体地说，中层管理人员要为他们所负责的单位或部门制订旨在实现组织目标的次一级的管理目标；筹划和选择达成目标的实施方案；分配资源协调各子单位或部门的活动，制定对偏离目标的行动的纠正方案等等。他们向最高管理层直接报告工作，同时负责监督和协调基层管理人员的工作。

（3）基层管理人员。基层管理人员也称一线管理人员，也就是在组织中处于最低管理层次的管理者。他们所管辖的仅仅是作业人员而不涉及其他管理者。其职责是，按中层管理人员的安排去组织、指挥和从事具体的管理活动，如给下层人员分派具体工作、直接指挥和监督现场作业活动等。

管理人员也可以按其所从事管理工作的领域宽度及专业性质的不同进行划分为综合管理人员和专业管理人员。综合管理人员是指负责管理企业或组织中若干类乃至全部活动的管理人员，他们不是只负责一项活动（或职能），而是统管包括生产、营销、人事、财务、计划等在内的全部活动或至少是其中的几类活动。专业管理人员是指组织中那些仅仅负责某一类活动（或职能）的管理人员，根据他们所管理的具体专业领域的不同，又可细分为生产管理人员、财务管理人员、人事管理人员、营销管理人员、研究开发管理人员、后勤供应管理人员等。随着现代组织规模的不断扩大和环境的日益复杂多变，对专业管理人员的需求越来越多，专业管理人员的选拔与培养也将变得越来越重要。

4. 管理对象

管理对象是管理者为实现管理目标，通过管理行为作用其上的客体。

管理，总是对一个群体或组织实施的，所以，管理对象首先可以理解为不同功能、不同种类的社会组织。而任何社会组织为发挥其功能、实现其目标，必须拥有一定的资源或要素。管理，正是对这些资源或要素进行配置、调度、组织，促使管理的目标得以实现。所以，这些资源或要素就成为管理的直接对象。同时，任何组织要实现其功能或目标，就必须开展一些职能活动，形成一系列活动或工作环节，只有对这些职能活动或工作环节进行有效的组织与协调，才能保证目标的实现。这样，这些职能活动或工作环节也就成为管理的对象。因此，管理的对象应包括各类社会组织及其构成资源与职能活动。

组织、资源与职能活动作为管理对象是一体的。资源或要素是构成组织的细胞，其动态组合与运行构成了职能活动；资源与活动又共同构成了完整的组织及其行为。资源、活动、组织是管理对象的不同形态，它们都受管理行为的作用，共同影响管理的成效和组织目标的实现。

阅读 2-3　管理现代化

2.2.2　决策的概念

决策贯穿于管理的全过程，管理工作的成败，首先取决于决策的正确。决策的质量则取决于信息的质和量。正确、及时、适量的信息是减少不确定因素的根本所在。管理信息系统则是提供、处理和传播信息的载体。因此，管理信息系统对管理职能的支持，归根到底是对决策的支持。

1. 决策和决策过程

决策是管理中经常发生的一种活动。决策是决定的意思，它是为了实现特定的目标，根据客观的可能性，在占有一定信息和经验的基础上，借助一定的工具、技巧和方法，对影响目标实现的诸因素进行分析、计算和判断选优后，对未来行动做出决定。

在一定的制约条件下，人们为了实现特定目标，可从多种可供选择的策略中做出决断，以求得最优或较好效果的过程就是决策过程。以决策者为主体的决策过程包括情报活动、设计活动、抉择活动和实施活动四个阶段。

（1）情报活动阶段。情报活动阶段的内容是调查环境，并定义要决策的事件和条件，获取决策所需要的有关信息。

（2）设计活动阶段。在一般情况下，实现目标的方案不应该只有一个，而是两个或更多的可供选择的方案。为了探索可供选择的方案，有时需要研究与实现目标有关的限制性因素。在制定方案的过程中，寻求和辨认限制性因素是没有终结的。对于复杂的决策问题，有时需要依靠有关业务部门或决策机构，汇集各方面的专家一起制订方案。

（3）选择活动阶段。此阶段包括方案论证和决策形成两个步骤。方案论证是对备选方案进行定量和定性的分析、比较和择优研究，为决策者最后选择进行初选，并把经过优化选择的可行方案提供给决策者。决策形成是决策者对经过论证的方案进行最后的抉择。

（4）实施活动阶段。选定方案后，即可付诸实施。在实施过程中还要收集实施过程中的情报。根据这些情报来进一步作继续执行、停止实施或修改后继续实施的决定。

2. 决策的科学化

传统的决策依靠决策者个人的经验，凭直觉判断，因而决策被认为是一种艺术和技巧。随着生产规模的扩大和自动化技术的应用，管理的性质和环境发生了巨大的变化，管理决策问题不仅数量多，而且复杂程度高，难度大。在此情况下，以领导者的艺术、洞察力、理智和经验为基础的传统决策方法就远远不能满足日益复杂的管理决策的需要，决策科学化被提上了日程。决策的科学化，一方面是现实管理提出的要求，另一方面是计算机和近代数学的发展，为它提供了实现的可能性。决策科学化的发展有如下特征：

(1) 用信息系统支持和辅助决策。随着计算机企业管理应用的重点逐渐由事务性处理转向企业的管理、控制、计划和分析等高层次决策制定方面，相继出现了多种高功能的通用和专用决策支持系统。决策支持系统与人工智能的结合，产生了智能决策支持系统；决策支持系统与计算机网络相结合，出现了群体决策支持系统。

现在决策支持系统已逐步推广应用于大、中、小企业中的预算与分析、预测与计划、生产与销售、研究与开发等职能部门，并开始用于军事决策、工程决策、区域规划等方面。

(2) 定性决策向定量与定性相结合的决策发展。定性决策向定量与定性相结合的决策发展是当代决策活动发展的必然趋势。现代科学中的系统工程学、仿真技术、计算机理论、科学学、预测学，特别是运筹学、布尔代数、模糊数学、泛函分析等引进决策活动，为决策的定量化奠定了基础。

但是，决策的本质是人的主观认识能力，因此它就不能不受人的主观认识能力的限制。近代决策活动的实践表明，尽管定量的数学方法与信息技术相结合，能够进行比人脑更精密更高速的逻辑推理、分析、归纳、综合与论证，但它不能代替人的创造性思维。

(3) 单目标决策向多目标综合决策发展。决策活动的目标本身也构成一个难以确定的庞大系统。现代决策活动的目标不是单一的，这不仅指以经济利益为核心的目标是多目标，而且还包括更广阔的社会的和非经济领域的目标。

(4) 战略决策向更远的未来决策发展。决策是对未来实践的方向、原则、目标和方法等所做的决定，所以决策从本质上说是对应于未来的。为了避免远期可能出现的破坏造成的亏损抵消甚至超过近期的利益，要求战略决策在时域上向更遥远的未来延伸。

3. 管理决策的类型

决策问题的范围很广，计划、调度命令、政策、法规、发展战略、体制结构、系统目标等都属于决策范畴，但它们的结构化程度不同。按问题的结构化程度不同可将决策划分为以下 3 种类型：

(1) 结构化管理决策。一般是指决策方法和决策过程有固定的规律可遵循，可用形式化的方法描述和求解的一类管理决策问题，如可用解析的方法、运筹学的方法、经验方法、程式化的方法等来解决的决策问题。

(2) 非结构化的管理决策。一般是指决策方法和决策过程没有什么规律可遵循并难以用确定的方法和程式表达的，即只能根据当时的情况和决策者手中所掌握的数据，临时做出决定的一类决策问题。

(3) 半结构化的管理决策。是指介于前两者之间的一种情况，即决策方法和决策过程有一定的规律可循，但又不完全确定的情况。通常在经济和管理讨论活动中所遇到的决策绝大部分属于这种情况，决策科学中常讨论的多目标、多准则问题和决策支持系统等问题也属于这种情况。

决策问题的结构化程度并不是一成不变的，当人们掌握了足够的信息和知识时，非结构化问题有可能转化为半结构化问题，半结构化问题也有可能向结构化转化，因此，决策问题的转化过程是人们对客观事物不断提高认识的过程。通常认为，管理信息系统主要解决结构化的决策问题，而决策支持系统则以支持半结构化和非结构化问题为目的。

阅读 2-4　攀钢集团构建品种效益决策系统提升效益

2.3　系统与系统方法

系统一词频繁地出现在社会生活与学术领域中，系统的思想与方法已渗入到社会生产与生活的一切领域。正确地理解系统对理解管理信息系统有重要的意义。

2.3.1　系统

"系统"是在人类的长期实践中形成的概念。自然界和人类社会所见到的任何事物都可看成是一个系统，研究的问题对象也可看成一个系统，人们处理问题都采用系统的方法。

1. 系统的概念

系统（System）是指由一系列彼此相关、相互联系的若干部件为实现某种特定目的而建立起来的一个整体。日常生活中经常接触到系统的概念，如经济领域的工业系统、商业系统，自然界的气象系统、生态系统，军事领域的作战系统、后勤保障系统，日常生活中的交通系统、通信系统，等等。

组成系统的最基本成分称为元素（Element），系统的部件是指系统中的某些元素为达到一定的功能、以一定形式构筑起来的系统部分。

可以从以下 3 个方面理解系统的概念：

（1）系统由若干元素组成。一个系统是其构成元素的集合，这些元素可能是一些个体、元件、零件，也可能其本身就是一个系统（或称之为子系统）。如运算器、控制器、存储器、输入/输出设备组成了计算机的硬件系统，而硬件系统又是计算机系统的一个子系统。

（2）系统有一定的结构。系统的元素相互联系、相互制约。系统内部各元素之间相对稳定的联系方式、组织秩序及失控关系的内在表现形式，就是系统的结构。例如钟表是由齿轮、发条、指针等零部件按一定的方式装配而成的，但一堆齿轮、发条、指针随意放在一起却不能构成钟表；人体由各个器官组成，单个各器官简单拼凑在一起不能称其为一个有行为能力的人。

（3）系统有一定的功能。系统的功能是指系统与外部环境相互联系和相互作用中表现出来的性质、能力和功能。例如信息系统的功能是进行信息的收集、传递、储存、加工、维护和使用，辅助决策者进行决策，帮助企业实现目标。

2. 系统的组成

由于系统与环境之间有相互作用，同时，系统为达到某种目标需对外部施加的某些影响加以控制。当系统行为与目标存在偏差时，还需要按照一定规则产生反馈信号，利用反馈信号来改变对系统施加的影响，以达到控制系统行为的目的。一般系统模型包括 6 个组成部分，即输入（Input）、处理（Process）、输出（Output）、控制（Control）、反馈（Reaction）和边界（Boundary），如图 2-1 所示。

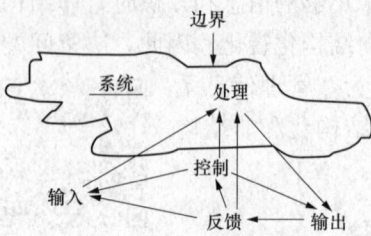

图 2-1　系统模型的组成部分

系统的边界是系统与环境（Environment）分割开来的一种假想线，也可看作系统的范围，即系统包含什么要素、性能和选项等。系统的输入是外部环境对系统的影响和作用。如企业作为一个系统，则外界对企业的投资可视为系统的输入。系统的输出是系统对外部环境的影响和作用，企业的产出可视为企业系统的输出。控制是根据给定目标和检测信号，按照一定的规则或经验做出控制决策，向系统发出控制指令的装置。在经济系统中，工厂里的总调度、国民经济系统中各级管理机构等起控制的作用。系统根据预先设定的控制接收从边界来的输入，经过处理后形成输出，并提供反馈机制进行必要的修正。

从系统的角度来看，几乎所有的系统都属于更大的称为超系统（Super System）的系统，如图 2-2 所示。例如，飞机、轮船和自行车本身是系统，但它们属于一个更大的称为交通系统的超系统。同样，从系统的角度看，几乎所有系统都可分解为更小的称为子系统（Subsystem）的系统，如飞机系统包括机翼子系统、机轮子系统、机身子系统、电子线路子系统、发动机子系统和燃料子系统等。

3. 系统的特性

系统具有整体性、层次性、目标性、关联性、动态性、开放性、独立性和对环境的适应性等特性。

（1）整体性。整体性是指系统元素之间相互关系及元素与系统之间的关系以整体为主进行协调，局部服从整体，使整体效果为最优。整体性是系统的最基本属性。

图 2-2　系统模型的层次

系统的整体性通常简单地表述为：整体功能大于构成它的各部分功能之总和。系统之所以存在，寻求的就是整体功能。并且从整体结构的功能相对于部分结构的功能之总和来讲，整体功能有放大和创新的作用。

（2）层次性。一个系统可以由若干个子系统组成，子系统也具有系统的一切特征，并可以进一步划分成更小的子系统。因此系统是可分的，具有结构层次的。人类对物质的认识，是从一个物质层次向另一个物质层次的过渡及不断深化、不断发展的过程。坚持层次性观点，就是要求人们注意整体与层次、层次与层次之间的相互依存和制约的关系。

（3）目标性。系统活动的目的是为了达到某种预定目标，没有目标的系统是不存在的。人类任何一项实践活动都具有目的性，由人类建造的系统更具有强烈的目的或目标。人们首先必须确定系统应达到的目标，然后在尊重客观现实规律的前提下，通过信息的反馈作用来调节和控制系统，使系统的发展向着系统的目标前进。系统思想将有序性与目的性紧紧地结合在一起。系统之所以向有序的方向运动，原因是有序的方向正是系统所追求的目标方向，是系统运动的目的。

（4）关联性。系统中的每一个元素的存在都依赖于其他元素的存在，同时也依赖于环境

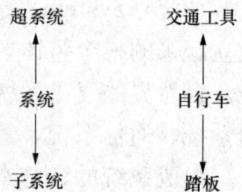

的存在。系统中的某一个元素发生了变化或环境发生了变化，系统中的其他元素也会随之发生变化，并且会逐步引起系统整体发生变化。例如企业的生产经营依赖于企业各个组成部分生产、销售、研究与开发、财务、人力资源等子系统的协调运作。研究与开发部门开发出的新产品，要求生产部门运用新的技术实现这个产品，新产品的出现要求营销部门实施一个新的营销方案促销产品。

（5）动态性。系统作为一个运动着的有机整体，其稳定状态是相对的，运动状态则是绝对的。所有的系统都有一个从孕育、产生、发展到衰退、消亡的过程。这就要求大家用发展变化的思路来看待问题，要善于掌握系统的运动规律，预见系统的发展趋势，掌握主动，使系统向期望的目标顺利发展。

（6）开放性。完全封闭的系统是不能存在的，系统与外界不断交换物质、信息、能量，才能维持其生命。任何试图把系统封闭起来与外界隔绝的做法，都只会导致失败。明智的做法是从开放性原理出发，充分估计到外部对本系统的种种影响，努力从开放中扩大本系统从外部吸入的物质、能量和信息。

（7）独立性。每个系统都是一个相对独立的部分，它与周围环境具有明确的边界。系统是由元素组成的，组成系统的各元素也具有相对独立性，具有可识别的界限。例如：作为社会系统的最基本元素的人，具有明确的可识别性和可区分性。

（8）对环境的适应性。系统不是孤立存在的，它要与周围事物发生各种联系。这些与系统发生联系的周围事物的全体，就是系统的环境。环境是一种更高层次的系统。系统与其环境相互交流，相互影响，进行物质、能量或信息交换。不能适应环境变化的系统是没有生命力的。

阅读 2-5　系统的分类

2.3.2　系统方法论

系统方法是以对系统的基本认识为依据，应用系统科学、系统思维、系统理论、系统工程与系统分析等方法，用以指导人们研究和处理科学技术问题的一种科学方法。

1. 系统方法

系统方法的根本特征在于从系统的整体性出发，把分析与综合、分解与协调、定性与定量研究结合起来，精确处理部分与整体的辩证关系，科学地把握系统，达到整体优化。系统方法主要包括以下几个方面。

（1）系统的分析和综合。首先，要识别某一领域是全称集合 U，了解系统 S 是 U 的子集。明确 S 的补集是环境 E；其次，把 S 从 U 中分离出来，定出 S 与 E 的界面，再分离出 S 的主要成分，从中研究系统结构与功能的特性，找出成分之间以及成分与环境之间的相关性，描述系统中物质、能量和信息三者的相互关系；最后，综合分析它们如何组合成有机的整体。

（2）建立系统的模型。它要求把系统的各个要素或子系统加以适当的筛选，用一定的表现规则变换成简明的映像。系统的模型可以用说明系统的构成和行为的数学方程和图像，甚至用物理形式表达。通过模型可以有效地求得系统的设计参数和确定各种制约条件。模型建立以后，还要采用一定的仿真方法或物理方法测试和计算模型，并根据测试和计算结果，进而改进模型。在一定程度上做到确切反映和符合系统的客观实际，消除定性分析中的主观臆测成分，以便确切掌握系统的各个功能及功能之间的关系，了解并确定系统存在的价值以及价值之间的关系。

（3）系统的择优化。即选择一个优化的系统，使之有效工作，功能优良。从数学上讲，优化是指在若干约束条件下选择目标函数并使它们得到极大值或极小值。就大系统而言，要想求得总体优化是相当困难的。因为大系统结构复杂、因素众多、功能综合，不仅评价目标有很多，甚至彼此还有矛盾，所以不可能选择一个对所有指标都是最优的系统。如果采用局部优化的办法，一般不能使总体优化，甚至某一局部的改进反而使总体性能恶化。因此，需要采用分解和协调方法，以便在系统的总目标下，使各个子系统相互配合，实现系统的总体优化。所谓分解，就是把一个大系统分解为许多子系统；而子系统再将信息反馈给大系统，并在大系统的总目标下加以权衡，然后大系统再将指示下达给各个子系统，即协调。在大系统与子系统之间如此反复交换若干次信息，即可求出系统的优化解。

2. 系统工程

系统工程代表的是一种组织行为，一种系统工作的方法和思想，是一门组织领导的技术，是用管理的方法、工程技术的方法去治理、调节、运作系统的一门学科。系统工程将自然科学、社会科学结合在一起，利用它们的思想、理论和方法、策略、手段、技术等，根据系统整体协调的需要，有机地将生产、科研、经济活动等有效地组织起来，加以统一管理和协调，以寻求系统发展的长期最优化。即系统工程与系统的不同之处在于系统工程是在系统的基础上加强了管理和协调的职能。

系统工程的主要任务是根据系统总体协调的需要，将系统中的各元素从纵横两个方面联系起来，并充分利用现实中所拥有的所有资源，对系统的构成要素、组织结构、信息交换、协调控制等功能进行分析研究，并借助电子计算机、网络通信等技术，来对系统进行规划、研究、设计、制造、试验，并最终达到实施。

系统工程的基本特点可以归纳为如下几个方面：

（1）研究的对象是"系统"。系统工程不仅把各种工程技术的物质对象包括在研究的范围内，更重要的是它把社会系统、经济系统、管理系统等非物质对象也包括在研究的范围内。这样，系统工程的研究对象就是一个表现为普遍联系、相互影响、规模和层次都极其复杂的庞大的综合系统。

（2）一门组织管理的综合技术。由于系统工程研究的对象在规模、结构、层次、相互关系等方面具有高度的复杂性和综合性，因此仅凭传统的经营管理理念，很难达到理想的效果。要搞好系统的组织管理，必须要求系统在管理的整体性上做到科学化，管理的综合手段上要力求现代化。科学的管理理论加现代的管理手段，才能达到整体的最优，才能发挥系统的功能。

（3）以系统的整体化思想为指导。系统工程将研究对象的运动过程看作一个整体。一方面，对于任何一个研究对象，即使它是由各个不同的元素构成的，也必须要将它们看作是一个为了完成某一特定目标而有机结合起来的整体来处理，并且还应把这个整体看作是它所从属的更大系统的组织部分来考察、研究；另一方面，对于研究对象的运动过程也应作为一个整体来看待，即将系统的规划、研究、设计、制造、试验、使用作为一个整体的有机联系过程，从整体的角度来掌握各个工作环节之间的信息及信息传递的方式，分析它们之间的协调、控制和反馈的关系，从而建立起系统运动的整体模型，以实现整体运动的最优化。

（4）要求系统的参与者具有共同的思想方法。系统工程要求系统的参与者要有整体最优的观点，并要求参与者要以全局的发展为指向，要具有大范围的价值判断准则，因此在思想上、行动上必须要有共同的观念，以便统一协调，共同地、有节奏地完成工作。

（5）要求对各种资源进行有效的组织管理。系统工程强调资源分析的合理性和一致性，要求工程的参与者（包括资金、技术、人才、时间等）必须服从统一协调的资源安排，充分利用有限的资源更多、更好地完成实施任务，使有限资源充分得到有效使用。

（6）包含深刻的社会性。系统工程涉及到体制、组织、政策、管理、技术、教育等因素，其原理和方法大量应用于社会的、经济的、教育的策略制定。例如中国的"西部大开发工程"，教育系统的"希望工程"等。系统工程的思想也大量用于工程技术的开发与实施，如 20 世纪 60 年代最著名的"阿波罗登月计划"。系统工程的思想已渗透到各个领域，如应用较为普遍的价格体系和资源利用等宏观经济系统工程；研究生态系统和环境保护的生态环境工程；研究农业发展战略及发展规划、农业技术、农作物合理分布的农业系统工程；21世纪最为时髦的人类基因、遗传技术、纳米技术、超微技术等系统工程等。

由于系统工程是一门可以应用于各种领域中的科学管理技术，因此，系统工程本身也要求利用各门不同学科和技术的知识内容。就此而言，一个系统若要进行系统工程的分析、管理和实施，就必须发挥各个领域专家、学者们的群体智慧，系统工程也因此被称为群体科学技术。

3. 系统集成

系统集成是为了达到系统目标将可利用的资源有效地组织起来的过程和结果。系统集成的结果是将部件或小系统联成大系统。系统集成绝不只是连通，而是有效组织，这意味着系统中每个部件都得到有效的利用。反过来说，系统集成要使得实现系统目标所耗的资源最少，包括开始的设备最少和以后的运行消耗最少，系统的总体效益大于各部件效益的总和，即 $1+1>2$。

系统集成可分为概念集成、逻辑集成和物理集成，它们一个比一个更具体，但概念集成是最重要的，它确定了解决问题的总体思路，构成概念集成的依据是经验和知识。在概念集成的基础上，再利用深入的知识（包括规则和公式），将其集成深化成为逻辑模型，利用逻辑模型和状况表达比较，以确定集成方案是否能很好地解决问题，最后进行物理集成和实现。由概念集成到逻辑集成再到物理集成，才能真正做到最优集成。

阅读 2-6　系统工程的应用

本章提要

信息（Information）是管理信息系统中最重要的成分，是系统实现各种具体管理和决策功能的基础和依据。信息具有"新鲜"和使人"震惊"的感觉，可以减少不确定性，能改变决策期望收益的概率，可以坚定或校正未来的估计。

信息管理（Information Management，IM）是人类为了有效地开发和利用信息资源，以现代信息技术为手段，对信息资源和信息活动进行计划组织、领导和控制的社会活动。信息管理的过程包括信息收集、信息传输、信息加工和信息储存等活动。

　　管理（Management）是指一个组织为了实现组织的目标，通过计划、组织、领导、控制和创新等工作，对组织所拥有的资源进行合理配置和有效使用，以实现组织预定目标的过程。

　　系统（System）是指由一系列彼此相关、相互联系的若干部件为实现某种特定目的而建立起来的一个整体。系统由若干元素组成，有一定的结构和一定的功能。

思考与练习

1. 什么是数据？什么是信息？二者有何区别？
2. 信息包括有哪些方面的特性？
3. 信息管理的作用是什么？
4. 如何理解管理？管理的职能主要包括哪些方面？
5. 如何理解系统？系统有哪些特点？
6. 系统思想对管理信息系统建设有什么意义？

自测与作业（2）

第3章　管理信息系统技术基础

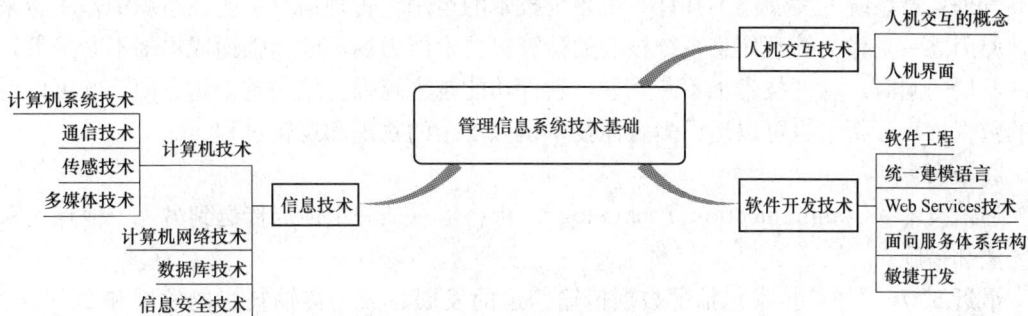

3.1　信　息　技　术

信息技术（Information Technology，IT）代表着当今先进生产力的发展方向，信息技术的广泛应用使信息的重要生产要素和战略资源的作用得以发挥，使人们能更高效地进行资源优化配置，从而推动传统产业不断升级，提高社会劳动生产率和社会运行效率。

管理信息系统是基于信息的系统，与管理信息系统建设密切相关的信息技术主要包括计算机技术、计算机网络技术、数据库技术、信息安全技术等。

3.1.1　计算机技术

计算机技术包括计算机系统技术、通信技术、传感技术、多媒体技术等，是信息技术中最基础的技术，是管理信息系统的最主要的基础技术。

1．计算机系统技术

计算机系统技术（Computer System Technology）的内容非常广泛。计算机作为一个完整系统所运用的技术，主要有系统结构技术、系统管理技术、系统维护技术和系统应用技术等。

（1）系统结构技术。系统结构技术的作用是使计算机系统获得良好的解题效率和合理的性能价格比。电子器件的进步，微程序设计和固体工程技术的进步，虚拟存储器技术以及操作系统和程序语言等方面的发展，均对计算机系统结构技术产生重大影响。它已成为计算机硬件、固件、软件紧密结合，并涉及电气工程、微电子工程和计算机科学理论等多学科的技术。

（2）系统管理技术。计算机系统管理自动化是由操作系统实现的。操作系统的基本目的在于最有效地利用计算机的软件、硬件资源，以提高机器的吞吐能力、解题时效，便利操作使用，改善系统的可靠性，降低算题费用等。

（3）系统维护技术。计算机系统实现自动维护和诊断的技术。实施维护诊断自动化的主要软件为功能检查程序和自动诊断程序。功能检查程序针对计算机系统各种部件各自的全部微观功能，以严格的数据图形或动作重试进行考查测试并比较其结果的正误，确定部件工作是否正常。

（4）系统应用技术。计算机系统的应用十分广泛。由于计算机具有高速、自动的处理能力，具有存储大量信息的能力以及很强的推理和判断的能力，因此计算机已经被广泛应用于各个领域，目前计算机应用于科学计算、过程检测与控制、信息管理、计算机辅助系统、人工智能等方面。

管理信息系统的发展离不开计算机系统技术的运用。管理信息系统在组织中作用越来越大，原因之一是作为管理信息系统核心的计算机技术能力的不断增强而成本却不断降低，在硬件发展的同时，软件技术也不断发展，软件功能越来越强，使用越来越方便，既可以对大量的数据进行分析，也可以运用多媒体技术模拟复杂的物理和逻辑过程。

2. 通信技术

通信技术（Communication Technology）指将信息从一个地点传送到另一个地点所采取的方法和措施。

最近 50 年，通信技术包括了数据传输信道的发展、数据传输技术的发展和 20 世纪 80 年代后的多方向发展。数据传输信道的发展包括同轴电缆、双绞线、光纤、越洋海底电缆、微波信道、短波信道、无线通信和卫星通信等。数据传输技术的发展包括基带传输、频带传输及调制技术、同步技术、多路复用技术、数据交换技术、编码、加密、差错控制技术和数据通信网、设备、协议等。20 世纪 80 年代后，电报发展为用户电报和智能电报。电话发展为自动电话、程控电话、可视图文电话和 IP 电话。同时还出现了移动无线通信、多媒体技术和数字电视等多种通信技术。

计算机技术的发展促进了通信技术的发展，借助于强大的通信网络，组织可以有效地利用来自世界各地的海量信息，跨越时空协调活动。数据通信是 20 世纪 50 年代后期随着电子计算机的广泛应用而发展起来的。数据通信系统是以计算机为中心，结合分散在远程的终端装置或其他计算机，通过通信线路彼此连接起来，进行数据的传输、交换、存储和处理的设备总称。数据通信系统主要由中央处理装置、终端设备、通信线路及相关设备（如调制解调器、集线器、交换机）等部分组成。

通信是国家和现代社会的神经系统，通信产业本身又是国民经济的基础结构和先行产业。通信技术是随社会的发展和人类的需要而发展起来的；反过来，通信技术的发展又对社会的发展起着巨大的推动作用。通信作为信息社会的生命线将成为现代社会的"神经系统"。日新月异的通信技术和各种各样的通信手段与每一个人息息相关。因此，了解通信技术的形成与发展，熟悉通信方式的简单原理和主要应用，认识现代通信工具的特点与功能，将会对提高人们的学习、工作和生活质量产生极为积极的作用，也是人们步入信息时代，适应人类进步和社会发展的必要准备。

3. 传感技术

传感技术（Transduction Technology）同计算机系统技术与通信技术一起被称为信息技术的三大重要支柱。从仿生学观点，如果把计算机系统看成处理和识别信息的"大脑"，把通信系统看成传递信息的"神经系统"的话，那么传感器就是"感觉器官"。

传感技术是关于从自然信源获取信息，并对之进行处理（变换）和识别的多学科交叉的现代科学与工程技术，它涉及传感器、信息处理和识别的规划设计、开发、制造与建造、测试、应用及评价改进等活动。获取信息靠各类传感器，它们有各种物理量、化学量或生物量的传感器。按照信息论的凸性定理，传感器的功能与品质决定了传感系统获取自然信息的信息量和信息质量，是高品质传感技术系统的构造第一个关键。信息处理包括信号的预处理、后置处理、特征提取与选择等。识别的主要任务是对经过处理信息进行辨识与分类。它利用被识别（或诊断）对象与特征信息间的关联关系模型对输入的特征信息集进行辨识、比较、分类和判断。因此，传感技术是遵循信息论和系统论的。它包含了众多的高新技术、被众多的产业广泛采用。它也是现代科学技术发展的基础条件，应该受到足够地重视。

为了提高制造企业的生产率（或降低运行时间）和产品质量、降低产品成本，工业界对传感技术的基本要求，是能可靠地应用于现场，完成规定的功能。

4. 多媒体技术

多媒体（Multimedia）技术是当今最引人注目的信息技术之一，它不仅极大地改变了计算机使用的方式，促进信息技术的发展，而且使计算机的应用深入到前所未有的广阔领域，开创了计算机技术的新时代。

多媒体技术是指以数字化为基础，能够对多种媒体信息进行采集、加工处理、存储、和传递，并能使各种媒体信息之间建立起有机的逻辑联系，集成为一个具有良好交互性的系统技术。多媒体技术使计算机可以处理人类生活中最直接、最普遍的信息，从而使得计算机应用领域及功能得到了极大的扩展；使计算机系统的人机交互界面和手段更加友好和方便，非专业人员可以方便地使用和操作计算机；多媒体技术将音像技术、计算机技术和通信技术紧密地结合起来，为信息处理技术的发展奠定了新的基石。

多媒体技术具有集成性、交互性、协同性、实时性等特征。多媒体技术是多种媒体的有机集成，它集文字、文本、图形、图像、视频、语音等多种媒体信息于一体。交互就是通过各种媒体信息，使参与的各方（不论是发送方还是接收方）都可以进行编辑、控制和传递。交互性将向用户提供更加有效的控制和使用信息的手段和方法，同时也为应用开辟了更加广阔的领域。每一种媒体都有其自身规律，各种媒体之间必须有机地配合才能协调一致，多种媒体之间的协调以及时间、空间的协调是多媒体的关键技术之一。实时多媒体分布系统是把计算机的交互性、通信的分布性和电视的真实性有机地结合在一起。实时就是在人的感官系统允许的情况下，进行多媒体交互，就好像面对面（Face To Face）一样，图像和声音都是连续的。

多媒体技术涉及面相当广泛，主要包括音频技术、视频技术、图像技术、图像压缩技术、通信技术、智能技术、标准化技术等（参见表 3-1）。多媒体技术的发展改变了计算机的应用领域，使计算机由办公室、实验室中的专用品变成了信息社会的普通工具，广泛应用于工业生产管理、学校教育、公共信息咨询、商业广告、军事指挥与训练，甚至家庭生活与娱乐等领域。

表 3-1　　　　　　　　　　　　　多 媒 体 技 术 的 类 型

类别	主要涉及方向	类别	主要涉及方向
音频技术	音频采样、压缩、合成及处理，语音识别	通信技术	语音、视频、图像的传输
视频技术	视频数字化及处理	智能技术	虚拟现实技术，模式识别
图像技术	图像处理，图像、图形动态生成	标准化技术	多媒体标准化
图像压缩技术	图像压缩，动态视频压缩		

3.1.2 计算机网络技术

计算机网络技术是指采取一定的通信协议，将分布在不同地点上的多个独立计算机系统，通过互联通道（即通信线路）连接在一起，从而实现数据和服务共享的现代技术，是现代计算机技术与通信技术相结合的产物。

1. 计算机网络

计算机网络（Computer Networks）是指将地理位置不同的具有独立功能的多台计算机及其外部设备，通过通信线路连接起来，在网络操作系统、网络管理软件及网络通信协议的管理和协调下，实现资源共享和信息传递的计算机系统。

计算机网络也称计算机通信网。从逻辑功能上看，计算机网络是以传输信息为基础目的，用通信线路将多个计算机连接起来的计算机系统的集合，一个计算机网络组成包括传输介质和通信设备。从用户角度看，计算机网络像一个大的计算机系统，存在着一个能为用户自动管理的网络操作系统，由它调用完成用户所调用的资源。

计算机网络比较通用的定义是：利用通信线路将地理上分散的、具有独立功能的计算机系统和通信设备按不同的形式连接起来，以功能完善的网络软件及协议实现资源共享和信息传递的系统。

从整体上来说计算机网络就是把分布在不同地理区域的计算机与专门的外部设备用通信线路互联成一个规模大、功能强的系统，从而使众多的计算机可以方便地互相传递信息，共享硬件、软件、数据信息等资源。简单来说，计算机网络就是由通信线路互相连接的许多自主工作的计算机构成的集合体。

2. 计算机网络结构

计算机的网络结构可以从网络组织、网络配置和网络体系结构3个方面来描述。网络组织是从网络的物理结构和网络的实现两方面来描述计算机网络；网络配置是从网络应用方面来描述计算机网络的布局，即从硬件、软件和通信线路来描述计算机网络；网络体系结构是从功能上来描述计算机网络结构。

网络协议是计算机网络必不可少的，一个完整的计算机网络需要有一套复杂的协议集合，组织复杂的计算机网络协议的最好方式就是层次模型。而将计算机网络层次模型和各层协议的集合定义为计算机网络体系结构（Network Architecture）。

计算机网络由多个互连的结点组成，结点之间要不断地交换数据和控制信息，要做到有条不紊地交换数据，每个结点就必须遵守一整套合理而严谨的结构化管理体系。计算机网络就是按照高度结构化设计方法采用功能分层原理来实现的，即计算机网络体系结构的内容。

通常所说的计算机网络体系结构，即在世界范围内统一协议，制定软件标准和硬件标准，并将计算机网络及其部件所应完成的功能精确定义，从而使不同的计算机能够在相同功能中进行信息对接。

3. 计算机网络的分类

计算机网络的分类方式很多，不同的分类原则，可以得到各种不同类型的计算机网络。例如，按通信的距离可分为局域网、城域网和广域网；按信息交换方式可分为电路交换网、分组交换网和综合交换网；按网络拓扑结构可分为星型网、树型网、环型网和总线网；按通信介质可分为双绞线网、同轴电缆网、光纤网和卫星网等；按速率可分为高速网、中速网和低速网；按通信传输方式可分为广播式和点到点式。

虽然计算机网络分类型方式各种各样，但是按通信距离划分是一种普遍认可的网络分类方式。按此方式可以把各种网络类型划分为局域网、城域网和广域网 3 种。各类网络的特征参数如表 3-2 所示。

表 3-2　　　　　　　　　　　　　各类网络的特征参数

网络分类	缩写	分布距离/m	计算机分布距离	传输速率范围
局域网	LAN	约 10	房间	4Mbit/s～1Gbit/m
		约 100	楼寓	
		约 1 000	校园	
城域网	MAN	10 000	城市	50kbit/s～100Mbit/m
广域网	WAN	100 000 以上	国家或全球	9.6kbit/s～45Mbit/m

（1）局域网。局域网（Local Area Network，LAN）是最常见、应用最广的一种网络。局域网随着整个计算机网络技术的发展和提高得到充分的应用和普及，几乎每个单位都有局域网，甚至有的家庭中也有小型局域网。所谓局域网，就是在局部范围内的网络，它所覆盖的范围较小，所涉及的地理距离一般来说可以是几米至几千米。局域网一般位于一个建筑物或一个单位内，不存在寻径问题，不包括网络层的应用。

局域网的特点连接范围窄、用户数少、配置容易、连接速率高。IEEE 的 802 标准委员会定义了多种主要的 LAN 网，如以太网（Ethernet）、令牌环网（Token Ring）、光纤分布式接口网络（FDDI）、异步传输模式网（ATM）以及无线局域网（WLAN）。

（2）城域网。城域网（Metropolitan Area Network，MAN）一般来说是在一个城市，但不在同一地理小区范围内的计算机互联。这种网络的连接距离可以在 10 到几十千米，它采用的是 IEEE802.6 标准。MAN 与 LAN 相比扩展的距离更长，连接的计算机数量更多，在地理范围上可以说是 LAN 网络的延伸。在一个大型城市或都市地区，一个 MAN 网络通常连接着多个 LAN 网。如连接政府机构的 LAN、医院的 LAN、电信的 LAN、公司企业的 LAN 等等。由于光纤连接的引入，使 MAN 中高速的 LAN 互连成为可能。

城域网多采用 ATM 技术做骨干网。ATM 是一个用于数据、语音、视频以及多媒体应用程序的高速网络传输方法。ATM 包括一个接口和一个协议，该协议能够在一个常规的传输信道上，在比特率不变及变化的通信量之间进行切换。ATM 也包括硬件、软件以及与 ATM 协议标准一致的介质。ATM 提供一个可伸缩的主干基础设施，以便能够适应不同规模、速度以及寻址技术的网络。ATM 的最大缺点就是成本太高，所以一般在政府城域网中应用，如邮政、银行、医院等。

（3）广域网。广域网（Wide Area Network，WAN）也称为远程网，所覆盖的范围比城域网（MAN）更广，它一般是在不同城市之间的 LAN 或者 MAN 网络互联，地理范围可从几百公里到几千千米，甚至更远。因为距离较远，信息衰减比较严重，一般要租用专线，通过 IMP（接口信息处理）协议和线路连接起来，构成网状结构，解决循径问题。因为所连接的用户多，总出口带宽有限，用户的终端连接速率一般较低。

4. Internet 与 Intranet 技术

Internet 的中文正式译名为因特网，又叫做国际互联网。它是由那些使用公用语言互相通信的计算机连接而成的全球网络，Internet 的用户遍及全球。Internet 上有丰富的信息资源，我们可以通过 Internet 方便地寻求各种信息。

Internet 存储的信息汇成了信息资源的巨大海洋，信息内容无所不包。信息的载体涉及几乎所有媒体，如文档、表格、图形、影像、声音以及它们的合成。信息容量小到几行字符，大到一个图书馆。信息分布在世界各地的计算机上，以各种可能的形式存在，如文件、数据库、公告牌、目录文档和超文本文档等，而且这些信息还在不断的更新和变化中。

Internet 的另一种资源是计算机系统资源，包括连接在 Internet 的各种网络上的计算机的处理能力、存储空间（硬件资源）以及软件工具和软件环境（软件资源）。当你进入 Internet 后，就可以利用其中各个网络和各种计算机上无穷无尽的资源，同世界各地的人们自由通信和交换信息，以及去做通过计算机能做的各种各样的事情，享受 Internet 为人们提供的各种服务。

Intranet 是 Internet 的延伸和发展，正是由于利用了 Internet 的先进技术，特别是 TCP/IP 协议，保留了 Internet 允许不同计算平台互通及易于上网的特性，使 Intranet 得以迅速发展。Intranet 所提供的是一个相对封闭的网络环境。这个网络在企业内部是分层次开放的，内部有使用权限的人员访问 Intranet 可以不加限制，但对于外来人员进入网络，则有着严格的授权。因此，网络完全是根据企业的需要来控制的。在网络内部，所有信息和人员实行分类管理，通过设定访问权限来保证安全。同时，Intranet 又不是完全自我封闭的，它一方面要帮助企业内部人员有效地获取交流信息，另一方面也要对某些必要的外部人员，如合伙人、重要客户等部分开放，通过设立安全网关，允许某些类型的信息在 Intranet 与外界之间往来，而对于企业不希望公开的信息，则建立安全地带，避免此类信息被侵害。

与 Internet 相比，Intranet 不仅是内部信息发布系统，而且是该机构内部业务运转系统。Intranet 的解决方案应当具有严格的网络资源管理机制、网络安全保障机制，同时具有良好的开放性；它和数据库技术、多媒体技术以及开放式群件系统相互融合连接，形成一个能有效地解决管理信息系统内部信息的采集、共享、发布和交流的，易于维护管理的信息运作平台。

Intranet 带来了企业信息化新的发展契机。它革命性地解决了传统企业信息网络开发中所不可避免的缺陷，打破了信息共享的障碍，实现了大范围的协作。同时以其易开发、省投资、图文并茂、应用简便、安全开放的特点，形成了新一代企业信息化的基本模式。

阅读 3-1　虚拟专用网络

3.1.3　数据库技术

计算机与人类相比的最大优势就是能够迅速准确地处理大量数据。因此，自从计算机发明以来，数据处理就是它的基本功能和关键技术。数据处理的中心问题是数据管理，数据管理是指对数据的分类、组织、编码、存储、检索和维护。而数据库技术正是数据处理技术发展到比较成熟后的产物。可以说，数据库技术是管理信息系统的一项支撑技术，在管理信息系统的建设中占有重要的地位。

1. 数据库系统

数据库系统是为适应数据处理的需要而发展起来的一种较为理想的数据处理的核心机

构。数据库系统是一个存储、维护和为应用系统提供数据的人机系统，是存储介质、处理对象和管理系统的集合体。

数据库系统的主要组成部分有计算机系统、数据库、数据库管理系统及数据库系统相关人员等。

（1）计算机系统。计算机系统指用于数据库管理的计算机硬件系统与软件系统。其中，软件系统主要包括支持数据库管理系统运行的操作系统，具有与数据库接口的高级语言及其编译系统，以及其他一些应用开发工具软件。

（2）数据库。数据库（Data Base，DB）是长期存储在计算机内、有组织的、可共享的、统一管理的数据集合。数据库中的数据按一定的数学模型组织、描述和存储，具有较小的冗余、较高的数据独立性和易扩展性，并可为各种用户共享。

（3）数据库管理系统。数据库管理系统（Database Management System，DBMS）是指在数据库系统中实现对数据进行管理的软件系统，它是数据库系统的重要组成部分和核心。数据库管理系统接收应用程序的数据请求和处理请求，对数据库中的数据进行操作，将操作结果返回给应用程序，参见图 3-1。

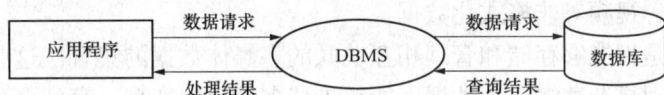

图 3-1　DBMS 工作模式

一个设计优良的 DBMS，应该具有友好的用户界面、比较完备的功能、较高的运行效率、清晰的系统结构和开放性。

（4）数据库系统相关人员。数据库系统的相关人员主要有 4 类。第一类为系统分析员和数据库设计人员。系统分析员负责应用系统的需求分析和规范说明，他们和用户及数据库管理员一起确定系统的硬件配置，并参与数据库系统的概要设计。数据库设计人员负责数据库中数据的确定、数据库各级模式的设计。第二类为应用程序员，负责编写使用数据库的应用程序。这些应用程序可对数据进行检索、建立、删除或修改。第三类为最终用户，他们利用系统的接口或查询语言访问数据库。第四类是数据库管理员（Data Base Administrator，DBA），其职责包括：确定数据库中的信息内容和结构，决定数据库的存储结构和存取策略，定义数据库的安全性要求和完整性约束，监控数据库的使用和运行，负责数据库的性能改进、数据库的重组和重构等。

2. 数据库技术与其他技术的渗透

随着计算机应用领域的不断扩展，各种新技术的发展，数据库技术与网络通信技术、人工智能技术、并行计算技术等互相渗透，互相结合，成为数据库技术发展的主要特征，涌现出多种新型数据库系统。

（1）分布式数据库系统。随着网络的应用，集中式数据库系统技术已不能满足那些地理上分散的公司和企业。分布式数据库是数据库技术与分布式技术相结合的产物，已成为数据库领域重要的应用之一。

分布式数据库是一组数据集，逻辑上它们属于同一个系统，而物理上它们分散在用计算机网络连接的多个场地上，并统一由一个分布式数据库管理系统进行管理。分布式定义强调数据的分布性与逻辑协调性。数据不是存放在单一场地的单个计算机配置的存储设备上，而是按全局需要将数据划分成一定结构的数据子集，分散地存储在各个场地上；分散的数据子集逻辑上是相互联系的，如同集中存储的数据库一样。

分布式数据库系统是地理上分散而逻辑上集中的数据库系统，数据分布在不同的结点上，并由计算机网络连接起来。在网络的各个结点可以执行局部应用，也可执行全局应用。

（2）并行数据库系统。随着计算机的大量使用，企业的事务需求不断增长，数据量也随之迅速增长。许多公司都产生了巨大的数据库。单处理器系统无法胜任按需要速度处理如此大量的数据。并行系统通过并行地使用多个 CPU 和存储器来提高处理速度和 I/O 速度。并行计算机正变得越来越普及，相应的并行数据库系统的研究也变得更加重要。

有些应用需要查询非常大的数据库，有些应用需要在每秒钟里处理很大数量的事务，这些应用的需求推动了并行数据库系统的发展。并行数据库以高性能、高可用性、高扩充性为指标，充分利用多处理器平台的能力。通过多种并行性，在联机事务处理与决策支持应用等环境中提供优化的响应时间和事务吞吐量。

（3）多媒体数据库系统。数据库从传统的企业管理扩展到计算机辅助设计与制造等多种非传统的应用领域。在这些领域中，除了要处理字符、数字等格式化数据，还要处理大量的声音、图形、图像、视频等非格式化数据。

多媒体数据库是指能够存储和管理相互关联的多媒体数据的集合。这些数据集合语义丰富、信息量大、管理复杂。多媒体数据库能够支持多种数据类型、存储多种类型的多媒体数据，而且针对多媒体数据的特点采用数据压缩和解压缩等存储技术。

多媒体数据存储在数据库中，必须解决如下问题。一是支持大对象，因为像视频这样的多媒体数据可能会占据较大存储空间；二是基于相似性的检索，例如，在存储指纹图像的数据库中要查询一个指纹图像，这时数据库中与该指纹相似的指纹都必须被检索出来，需要创建特殊索引结构；三是等时数据传输。某些数据类型的检索，如声频和视频，要求数据的传输必须在一个可以保证的平稳速率上。这种数据有时称为等时数据，或连续介质数据。例如，如果音频数据没有及时提供，声音中就会有间断。如果数据提供得太快，系统缓冲区就可能溢出，造成数据的丢失。

（4）空间数据库系统。空间数据库是指地理信息系统在计算机物理存储介质上存储的与应用相关的地理空间数据的总和，一般以一系列特定结构的文件的形式组织在存储介质之上。空间数据库的研究始于 20 世纪 70 年代的地图制图与遥感图像处理领域，其目的是为了有效地利用卫星遥感资源迅速绘制出各种经济专题地图。由于传统的关系数据库在空间数据的表示、存储、管理、检索上存在许多缺陷，从而形成空间数据库这一数据库研究领域。

空间数据库面向的是地理学及其相关对象，而在客观世界中它们所涉及的往往都是地球表面信息、地质信息、大气信息等极其复杂的现象和信息，所以描述这些信息的数据容量很大。空间信息系统要求具有强大的信息检索和分析能力，这是建立在空间数据库基础上的，需要高效访问大量数据。

地理数据库是用于存储地理信息（如地图）的空间数据库。地理数据库常称为地理信息系统（GIS）。大多数地理信息系统都将数据按逻辑类型分成不同的数据层进行组织。数据层是地理信息系统中的一个重要概念。地理信息系统的数据可以按照空间数据的逻辑关系或专业属性分为各种逻辑数据层或专业数据层，原理上类似于图片的叠置。例如，地形图数据可分为地貌、水系、道路、植被、控制点、居民地等诸层分别存贮。将各层叠加起来就合成了地形图的数据。在进行空间分析、数据处理、图形显示时，往往只需要若干相应图层的数据。

3. 大数据

大数据（Big Data）是规模非常巨大和复杂的数据集。大数据技术是指从各种各样类型的巨量数据中，快速获得有价值信息的技术。目前所说的"大数据"不仅指数据本身的规模，也包括采集数据的工具、平台和数据分析系统。大数据时代带来的挑战不仅体现在如何处理巨量数据从中获取有价值的信息，也体现在如何加强大数据技术研发，抢占时代发展的前沿。大数据的价值体现在，对大量消费者提供产品或服务的企业可以利用大数据进行精准营销；做小而美模式的中小企业可以利用大数据做服务转型；面临互联网压力之下必须转型的传统企业需要充分利用大数据的价值。

大数据的出现，正在引发全球范围内深刻的技术变革与商业变革。在技术上，大数据使从数据中提取信息的常规方式发生了变化。在商业模式上，大数据意味着激动人心的业务与服务创新机会。大数据的重要作用体现在如下方面：

（1）改变经济社会管理方式。大数据作为一种重要的战略资产，已经不同程度地渗透到每个行业领域和部门，其深度应用不仅有助于企业经营活动，还有利于推动国民经济发展。大数据使经济决策部门可以更敏锐地把握经济走向，制定并实施科学的经济政策。大数据可以提高企业经营决策水平和效率，推动创新，给企业、行业领域带来价值。

大数据技术作为一种重要的信息技术，对于提高安全保障能力、应急能力、优化公共事业服务，提高社会管理水平的作用正在日益凸显。增强安全保障能力。在国防、反恐、安全等领域应用大数据技术，能够对来自于多种渠道的信息快速进行自动分类、整理、分析和反馈，有效解决情报、监视和侦察系统不足等问题，提高国家安全保障能力。

（2）促进行业融合发展。网络环境、移动终端随影而行，网上购物、社交网站、电子邮件、微信等不可或缺，社会主体的日常活动在虚拟的环境下得到承载和体现。正如工业化时代商品和交易的快速流通催生大规模制造业发展，信息的大量、快速流通将伴随着行业的融合发展，经济形态的大范围变化。虚拟环境下，遵循类似摩尔定律原则增长的海量数据，在技术和业务的促进下，跨领域、跨系统、跨地域的数据共享成为可能，大数据支持着机构业务决策和管理决策的精准性与科学性，社会整体层面的业务协同效率提高。

（3）推动产业转型升级。基于传统架构的信息系统很难应付爆发式增长的海量数据，同时传统的商业智能、搜索引擎、分析软件，在面对时空多维度、快速变化的海量数据时，也缺少有效的分析工具、方法和产品。大数据环境下，信息产业面临着有效存储、实时分析、高性能计算等挑战，将对软件产业、芯片以及存储产业产生重要影响。

信息消费作为一种以信息产品和服务为消费对象的活动，覆盖多种服务形态、多种信息产品、多种服务模式。当围绕数据的业务在数据规模、类型和变化速度达到一定程度时，大数据对于产业发展的影响随之显现。同时，大数据将促进网络通信技术与传统产业更为密切的融合，对于传统产业的转型发展，创造更多价值影响重大。未来，大数据发展将不仅催生软硬件及服务等市场产生大量价值，也将对有关的传统行业转型升级产生重要影响。

（4）助力智慧城市建设。信息资源开发利用水平，在某种程度上讲代表着信息时代下社会的整体发展水平和运转效率。大数据与智慧城市是信息化建设的内容与平台，两者互为推动力量。智慧城市是大数据的源头，大数据是智慧城市的内核。仅以智慧交通为例，智慧交通领域的海量数据融合了各类数据，并以城市交通为主题，在海量变化数据中建立关联关系，找到所需数据的准确信息，并被及时推送到对象手中，提高了城市管理的精确性，提升了城市居民的幸福感受。

阅读 3-2　农夫山泉用大数据卖矿泉水

3.1.4　信息安全技术

信息安全技术是一门综合的学科，它涉及信息论、计算机科学和密码学等多方面知识，它的主要任务是研究计算机系统和通信网络内信息的保护方法以实现系统内信息的安全、保密、真实和完整。

1. 信息安全的内容

根据保护目标的要求和环境的状况，信息安全是信息网络和信息系统的硬件、软件、设备、数据受到可靠的保护，通信、访问等操作得到有效保障和合理控制，不受偶然的或者恶意攻击等原因而遭受到破坏、更改、泄漏，系统连续正常运行，网络服务不被中断。信息系统安全涉及到以下方面的内容。

（1）系统运行的安全。系统运行的安全主要侧重于保证信息处理和通信传输系统的安全。其安全要求是保证系统正常运行，避免因为系统的崩溃和损坏而对系统存储、处理和传输的信息造成破坏和损失，避免物理的不安全导致运行的不正常或瘫痪，避免由于电磁泄漏而产生信息泄漏，干扰他人或受他人干扰。

（2）访问权限和系统信息资源保护。对网络中的各种软硬件资源（主机、硬盘、文件、数据库、子网等）进行访问控制，防止未授权的用户进行非法访问，访问权限控制技术包括口令设置、身份识别、路由设置、端口控制等。系统信息资源保护包括身份认证、用户口令鉴别、用户存取权限控制、数据库存取权限控制、安全审计、计算机病毒防治、数据保密、数据备份、灾难恢复等。

（3）信息内容安全。信息内容安全侧重于信息内容的保密性、真实性和完整性。避免攻击者利用系统的漏洞进行窃听、冒充、修改、诈骗等有损合法用户的行为。信息内容安全还包括信息传播产生后果的安全、信息过滤等，防止和控制非法、有害的信息进行传播后的后果。

（4）作业和交易的安全。网络中的两个实体之间的信息交流不被非法窃取、篡改和冒充，保证信息在通信过程中的真实性、完整性、保密性和不可否认性。作业和交易安全的技术包括数据加密、身份认证、数字签名等，其核心是加密技术的应用。

（5）人员和规章制度安全保障。重大的信息安全事故通常来自组织的内部，所以对于人员的管理以及确定信息系统安全的基本方针和相应的规章管理制度，是信息系统安全不可缺少的一个部分。在人员角色、流程、职责、考察、审计、聘任、解聘、辞职、培训、责任分散等方面，建立可操作的管理安全防范体系。

（6）安全体系整体的防范和应急反应功能。对于信息系统涉及到的安全问题，建立系统的防范体系，对可能出现的安全威胁和破坏进行预演，对出现的灾难、意外的破坏能够及时的恢复。

2. 信息安全技术

流行的信息安全技术主要有加密技术、防火墙技术、身份验证技术、反病毒技术、安全检测技术、安全审计与监控技术、系统备份技术等。

（1）加密技术。网络信息加密的目的是保护网内的数据、文件、口令和控制信息，保护网上传输的数据。网络加密常用的方法有链路加密、端点加密和节点加密三种。链路加密的目的是保护网路节点之间的链路信息安全；端点加密是对源端用户到目的端用户的数据提供加密保护；节点加密是对源节点到目的节点之间的传输链路提供加密保护。

（2）防火墙技术。在内外部网络之间，设置防火墙（包括分组过滤和应用代理）实现内外网的隔离与访问控制是保护内部网络安全的主要措施之一。防火墙可以监控进出网络的数据信息，从而完成仅让安全、核准的数据信息进入，同时又抵制对内部网络构成威胁的数据进入任务。通常，防火墙服务的主要目的是：限制他人进入内部网络、过滤掉不安全服务和非法用户、限定访问的特殊站点等等。防火墙的主要技术类型包括网络级数据包过滤器和应用级代理服务器。

（3）身份验证技术。身份验证是用户向系统出示自己身份证明的过程。身份识别是系统查核用户身份证明的过程。这两个过程是判明和确认通信双方真实身份的两个重要环节。在拨号上网、主机登录、远程访问等都涉及到身份验证技术的应用。口令认证、数字证书认证是比较常用的身份验证方式。

（4）反病毒技术。计算机病毒具有不可估量的威胁性和破坏力。如果不重视管理信息系统防病毒，那可能造成灾难性的后果。信息系统中反病毒技术包括预防病毒、检测病毒和消除病毒三种。

（5）安全检测技术。管理信息系统的安全取决于管理信息系统中最薄弱的环节。检测系统中最薄弱环节的方法是定期对管理信息系统进行安全性分析，及时发现并修正存在的漏洞。管理信息系统安全检测工具通常是一个安全性评估分析软件，其功能是用实践性的方法扫描分析管理信息系统，检查报告系统中存在的弱点和漏洞，建议补救措施和安全策略，达到增强管理信息系统安全性的目的。

（6）安全审计与监控技术。审计是记录用户使用管理信息系统进行所有活动的过程，它是提高安全性的重要工具，不仅能够识别谁访问了系统，还能指出系统正被怎样地使用。同时，系统事件的记录能够更迅速和全面地识别问题，并且它是后面阶段事故处理的重要依据，为网络犯罪行为及泄密行为提供取证基础。另外，通过对安全事件的不断收集与积累并且加以分析，有选择性地对其中的某些站点或用户进行审计跟踪，以便对发现或可能产生的破坏性行为提供有力的证据。

（7）系统备份技术。备份技术的目的在于：当系统运行出现故障时，尽可能地恢复计算机系统运行所需的数据和系统信息。备份不仅在管理信息系统硬件故障或人为失误时起到保护作用，也在入侵者非授权访问或对管理信息系统攻击及破坏数据完整性时起到保护作用，同时也是系统灾难恢复的前提之一。

阅读 3-3　　信息安全等级保护

3.2　人机交互技术

人机交互系统作为管理信息系统的重要组成部分，它的可用性直接影响着系统的可用性，影响着系统的工作质量和效率。计算机性能和处理速度的大幅度提高并没有相应提高用户使用计算机的交互能力，其中一个重要原因就是缺少一个与之适应的、高效的、自然的人机界面。人机交互技术是计算机用户界面设计中的重要支撑技术之一。

3.2.1　人机交互

人机交互技术是指通过计算机输入、输出设备，以有效的方式实现人与计算机对话的技术。它包括机器通过输出或显示设备给人提供大量有关信息及提示请示等，人通过输入设备给机器输入有关信息，回答问题及提示请示等。

1. 人机交互的发展

人机交互作为计算机科学研究领域中一个重要组成部分，其发展历程已经经历了半个多世纪，并且取得了很大的进步和提高。

早期的人机交互以手工作业为标志，当时交互的特点是由设计者本人（或本部门同事）来使用计算机，他们采用手工操作和依赖机器（二进制机器代码）的方法去适应现在看来是十分笨拙的计算机。随着计算机技术的发展，计算机的主要使用者——程序员采用批处理作业语言或交互命令语言的方式和计算机打交道，虽然这样要记忆许多命令和熟练地敲键盘，但已可用较方便的手段来调试程序、了解计算机执行情况。图形用户界面（GUI）的出现，使人机交互进入新阶段。图形用户界面的主要特点是桌面隐喻、WIMP 技术、直接操纵和"所见即所得（WYSIWYG）"。由于 GUI 简明易学、减少了敲键盘、实现了"事实上的标准化"，因而使不懂计算机的普通用户也可以熟练地使用，开拓了用户人群。它的出现使信息产业得到空前的发展。

以超文本标记语言 HTML 及超文本传输协议 HTTP 为主要基础的网络浏览器是网络用户界面的代表。由它形成的 WWW 网已经成为当今 Internet 的支柱。这类人机交互技术的特点是发展快，新的技术不断出现，如搜索引擎、网络加速、多媒体动画、聊天工具等。

以虚拟现实为代表的计算机系统的拟人化和以手持计算机、智能手机为代表的计算机的微型化、随身化、嵌入化，是当前人机交互的两个重要的发展趋势。而以鼠标和键盘为代表的图形用户界面技术是影响它们发展的瓶颈。利用人的多种感觉通道和动作通道（如语音、手写、姿势、视线、表情等输入），以并行、非精确的方式与（可见或不可见的）计算机环境进行交互，可以提高人机交互的自然性和高效性。多通道、多媒体的智能人机交互对人们既是一个挑战，也是一个极好的机遇。

2. 人机交互技术

人机交互技术（Human-Computer Interaction Techniques）是指通过计算机输入、输出设备，以有效的方式实现人与计算机对话的技术。它包括机器通过输出或显示设备给人提供大量有关信息及提示请示等，人通过输入设备给机器输入有关信息，回答问题及提示请示等。人机交互技术是计算机用户界面设计中的重要内容之一。

交互的启动者是主动发起交互的一方，一个交互过程总是由启动者和响应者双方组成，如果只有启动者一方，另一方没有响应则不会形成交互。作为人机交互的参与者，人（用户）和计算机都可以作为交互的启动者和响应者。人机交互方式是指导人与计算机之间交换信息的组织形式、语言方式或对话方式。常用的人机交互有如下方式：

（1）问答式交互。问答式交互是最简单的人机交互方式，通常由计算机启动一次对话，系统给出问题并提示用户进行回答，最简单的回答是"YES/NO"，复杂的回答需要用户输入文字字符串，系统根据用户的回答去执行相应的操作。

（2）菜单选择。菜单选择是使用较早、最广泛的人机交互方式，其特点是让用户在一组多个可能对象中进行选择，各种可能的选择项以菜单项的形式显示在屏幕上。在组织基于菜单的交互时可以把菜单项按线性系列或圆圈顺序排列，一般这种方式只适用于较少数量的选择项。如果选择项过多，一个屏幕显示不下，而且如果选择项对应功能本身又是逻辑上的层次结构，那么可通过对应层次来组织安排菜单系统，菜单的层数称为菜单系统深度，同一层中菜单项的项数称为菜单的宽度。菜单深度、宽度的组织安排将影响到用户对菜单的记忆和操作，以及搜索、选择菜单项的速度，应该综合地加以考虑。

（3）填表技术。在一次对话中，首先提供用户的输入界面是一个待填充的表格，用户可以按照提示填入合适的数据。例如，注册信息的填写即采用表格技术。

（4）命令语言。命令语言是人机交互中最早使用的方式，其特点是采用人和计算机双方都能理解的评议进行交互式对话，可以直接对设备或信息进行操作。例如，UNIX 操作系统的交互方式就是采用命令语言。

（5）直接操纵。直接操纵以视觉方式呈现任务概念（如点击桌面的图标），由于只需要类似鼠标的指点操作即可启动一次对话，因而具有易学易用的优点。例如，目前流行的图形用户界面就是直接操纵的交互方式。

（6）语音交互。语音是最自然、最流畅、最方便的信息交流方式，在日常生活中，语音是人类沟通主要方式，人机之间的语音交互需要基于语音识别、语音合成和语音理解等技术。

（7）图像交互。图像交互就是计算机根据人的行为去理解图像，然后做出反应，其中让计算机具备视觉感知能力是首先要解决的问题。目前图像交互在人脸图像识别、指纹识别、虹膜识别等方面取得重大进展。

（8）行为交互。行为交互是指计算机通过定位和识别技术，跟踪人类的肢体运动和表情特征，从而理解人类的动作和行为，并做出响应的过程。行为交互使计算机通过用户行为能够预测用户想要做什么，因此将带来全新的交互方式。

人机交互方式很多都沿用了人与人交互所采用的技术。但是，作为人机交互的计算机一方，由于其内部结构以及能力、表达能力等方面的限制，人机交互还不能像人与人之间的交互那样丰富、生动。

3.2.2　人机界面

人机界面是计算机科学和认知心理学两大学科相结合的产物，同时也吸收了语言学、人机工程学和社会学等学科的研究成果。人机交互与人机界面是两个有着紧密联系而又不尽相同的概念。

1. 人机界面的概念

人机界面（Human Machine Interaction，HMI）是人与计算机之间传递、交换信息的媒介和对话接口，是计算机系统的重要组成部分。人机界面是指人和机器在信息交换、功能接触或互相影响的人机结合面，不仅包括点线面的直接接触，还包括远距离的信息传递与控制。人机结合面是人机系统的中心环节，实现信息的内部形式与人类可以接受形式之间的转换。凡参与人机信息交流的领域都存在着人机界面。人机界面的接口简单的区分为"输入"（Input）与"输出"（Output）两种，输入指的是由人来进行设备的操作，如开关、指令（命令）的下达或保养维护等，而输出指的是由设备发出来的通知，如故障、警告、操作说明提示等。好的人机界面会帮助使用者更简单、更正确、更迅速地操作设备，也能使设备发挥最大的效能并延长使用寿命。目前市面上所指的人机界面接口大多指的是软件人性化的操作接口。

人机交互是指人与机器的交互，本质上是人与计算机的交互。或者从更广泛的角度理解：人机交互是指人与含有计算机的机器的交互。具体来说，人机交互用户与含有计算机机器之间的双向通信，以一定的符号和动作来实现，如击键、移动鼠标、显示屏幕上的符号/图形等。这个过程包括几个子过程：识别交互对象，理解交互对象，把握对象情态，信息适应与反馈等；而人机界面是指用户与含有计算机的机器系统之间的通信媒体或手段，是人机双向信息交互的支持软件和硬件。这里界面定义为通信的媒体或手段，它的物化体现是有关的支持软件和硬件，如带有鼠标的图形显示终端等。

交互是人与机（环境）作用关系/状况的一种描述。界面是人与机（环境）发生交互关系的具体表达形式。交互是实现信息传达的情境刻画，而界面是实现交互的手段。在交互设计子系统中，交互是内容，界面是形式；然而在大的产品设计系统中，交互和界面，都只是解决人机关系的一种手段，不是最终目的，其最终目的是解决和满足人的需求。

2. 人机界面设计

人机界面设计是指通过一定的手段对用户界面有目标和计划的一种创作活动。人机界面设计主要包括三个方面：设计软件构件之间的接口、设计模块和其他非人的信息生产者和消费者的界面、设计人（如用户）和计算机间的界面。近年来，人机界面的设计理论已经更广泛地发展和应用到人-机（环境）系统工程等领域，使工程技术设计与使用者的身心行为特点相适应，从而使人能够高效、舒适地工作与生活。

计算机按照机器的特性去行为，人按照自己的方式去思维和行为。要把人的思维和行为转换成机器可以接受的方式，把机器的行为方式转换成人可以接受的方式，这个转换就依靠人机界面。使计算机在人机界面上适应人的思维特性和行动特性，这就是"以人为本"的人机界面设计思想。一个友好美观的界面会给人带来舒适的视觉享受，拉近人与计算机的距离，为商家创造卖点。界面设计不是单纯的美术绘画，需要定位使用者、使用环境、使用方式并且为最终用户而设计，是一个不断为最终用户设计满意视觉效果的过程。

人机界面设计应该考虑以下原则：

（1）以用户为中心的基本原则。在系统的设计过程中，设计人员要抓住用户的特征，发现用户的需求。在系统整个开发过程中要不断征求用户的意见，向用户咨询。系统的设计决策要结合用户的工作和应用环境，必须理解用户对系统的要求。最好的方法就是让真实的用户参与开发，这样开发人员就能正确地了解用户的需求和目标，系统就会更加成功。

（2）顺序原则。即按照处理事件顺序、访问查看顺序（如由整体到单项，由大到小，由上层到下层等）与控制工艺流程等设计监控管理和人机对话主界面及其二级界面。

（3）功能原则。即按照应用环境及场合具体使用功能要求，各种子系统控制类型、不同管理对象的同一界面并行处理要求和多项对话交互的同时性要求等，设计分功能区分多级菜单、分层提示信息和多项对话栏并举的窗口等的人机交互界面，从而使用户易于分辨和掌握交互界面的使用规律和特点，提高其友好性和易操作性。

（4）一致性原则。一致性原则包括色彩的一致、操作区域一致、文字的一致。即一方面界面颜色、形状、字体与国家、国际或行业通用标准相一致。另一方面界面颜色、形状、字体自成一体，不同设备及其相同设计状态的颜色应保持一致。界面细节美工设计的一致性使运行人员看界面时感到舒适，从而不分散他的注意力。对于新运行人员，或紧急情况下处理问题的运行人员来说，一致性还能减少他们的操作失误。

（5）频率原则。即按照管理对象的对话交互频率高低设计人机界面的层次顺序和对话窗口菜单的显示位置等，提高监控和访问对话频率。

（6）重要性原则。即按照管理对象在控制系统中的重要性和全局性水平，设计人机界面的主次菜单和对话窗口的位置和突显性，从而有助于管理人员把握好控制系统的主次，实施好控制决策的顺序，实现最优调度和管理。

（7）面向对象原则。即按照操作人员的身份特征和工作性质，设计与之相适应和友好的人机界面。根据其工作需要，宜以弹出式窗口显示提示、引导和帮助信息，从而提高用户的交互水平和效率。

阅读 3-4　人机交互的研究

3.3 软件开发技术

管理信息系统的发展，是与管理思想和开发技术的进步密不可分的。随着计算机应用的日益普及和深入，软件的需求量急剧增长，软件开发技术已经成为支持管理信息系统建设成败的关键因素。

3.3.1 软件及软件工程

软件（Software）是管理信息系统的重要组成部分。一般来说，软件是信息的载体，并且提供了对信息的处理能力，例如对信息的收集、归纳、计算、传播等等。虽然计算机硬件设备提供了物理上的数据存储、传播以及计算能力，但是对于用户来讲，仍然需要软件来反映用户特定的信息处理逻辑，从而由对信息的增值来取得用户自身效益的增值。

1. 软件的与软件危机

软件是计算机软件工程师设计与建造的一种特殊的产品，是包括计算机程序（Program）、支持程序运行的数据（Data）及其相关文档（Document）资料的完整集合。计算机程序是按事先设计的功能和性能要求执行的指令序列；或者说，是用程序设计语言描述的、适合于计算机处理的语句序列。数据是使程序能正常操纵信息的数据结构。文档是描述程序的操作、维护和使用的图文材料。

软件危机（Software Crisis）是指在软件开发、使用与维护过程中遇到的一系列严重问题。软件危机并不只是"不能正常运行的软件"才具有的，实际上几乎所有软件都不同程度地存在这些问题。软件危机主要表现在：对软件开发成本和进度的估计不准确；软件产品不能完全满足用户的需求；没有确保软件质量的体系和措施，开发的软件可靠性差；软件可维护性差；开发过程无完整、规范的文档资料；软件开发生产率提高的速度，跟不上计算机应用的普及和发展趋势；软件成本在计算机总成本中所占比例逐年上升。

在软件的长期发展中，人们针对软件危机的表现和原因，经过不断的实践和总结，越来越清楚地认识到，按照工程化的原则和方法组织软件开发工作，是摆脱软件危机的一个主要出路。

2. 软件工程的提出

软件工程（Software Engineering）是一个动态的概念，不同的时期对其有不同的内涵。随着人们对软件系统的研制开发和生产的理解，软件工程所包含的内容也一直处于发展变化之中。

1968年秋季，在北大西洋公约组织的一次会议上首次提出软件工程的概念。会议给出了软件工程的一个早期定义："软件工程就是为了经济地获得可靠的且能在实际机器上有效地运行的软件，而建立和使用完善的工程原理。"这个定义不仅指出了软件工程的目标是经济地开发出高质量的软件，而且强调了软件工程是一门工程学科，它应该建立并使用完善的工程原理。

1993年IEEE进一步给出了一个更全面更具体的定义：软件工程是将系统化的、规范的、可度量的方法应用于软件的开发、运行和维护的过程，即将工程化应用于软件中的方法的研究。

2001年，Roger S. Pressman对软件工程的定义是：软件工程是一个过程、一组方法和一系列工具。过程、方法和工具构成了软件工程的三个要素。软件工程方法是研究软件开发"如何作"的技术；软件工具为软件工程方法提供了自动或半自动的软件支撑环境；软件工程过程则是指将软件工程方法与工具相结合实现合理、及时的进行软件开发的目的。

软件工程是应用计算机科学理论和技术以及工程管理原则和方法，按照预算和进度，实现满足用户要求的软件产品的定义、开发、发布和维护的工程或以之为研究对象的学科。

例如，开发一个"图书管理信息系统"，这是一项软件工程，为了完成这项任务，首先要选择软件开发模型，确定开发方法，准备开发工具，设计开发环境和运行环境，然后进行需求分析、概要设计、详细设计、编程、测试、试运行、正式运行、验收和交付，最后是系统维护或系统升级换代。这样，就按照所选择的开发模型，走完了软件的一个生存周期。这一系列的软件开发过程和管理过程，就是软件工程。

3. 软件工程基本原理

从1968年提出"软件工程"这一术语以来，研究软件工程的专家学者们陆续提出了100多条关于软件工程的准则或信条。著名的软件工程专家巴利·玻姆（Barry W. Boehm）综合这些学者们的意见并结合多年开发软件的经验，于1983年提出了软件工程的七条基本原理。他认为这七条基本原理是确保软件产品质量和开发效率的原理的最小集合，又是相当完备的。

（1）用分阶段的生命周期计划严格管理开发过程。在软件开发与维护的漫长的生命周期中，需要完成许多性质各异的工作。应该把软件生命周期划分成若干个阶段，并相应地制定出切实可行的计划，然后严格按照计划对软件的开发与维护工作进行管理。不同层次的管理人员都必须严格按照计划各尽其职地管理软件开发与维护工作，绝不能受客户或上级人员的影响而擅自背离预定计划。

（2）坚持进行阶段评审。软件的质量保证工作不能等到编程结束之后再进行。错误发现与改正得越晚，所需付出的代价也越高。因此，在每个阶段都进行严格的评审，以便尽早发现在软件开发过程中所犯的错误。

（3）实行严格的产品控制。在软件开发过程中不应随意改变需求，因为改变一项需求往往需要付出较高的代价。但是，在软件开发过程中改变需求又是难免的，只能依靠科学的产品控制技术来顺应这种要求。当改变需求时，为了保持软件各个配置成分的一致性，必须实行严格的产品控制，一切有关修改软件的建议，都必须按照严格的规程进行评审，获得批准以后才能实施修改。

（4）采用现代程序设计技术。从提出软件工程的概念开始，人们一直把主要精力用于研究各种新的程序设计技术，并进一步研究各种先进的软件开发与维护技术。实践表明，采用先进的技术不仅可以提高软件开发和维护的效率，而且可以提高软件产品的质量。

（5）应能清楚地审查结果。软件产品是看不见摸不着的逻辑产品。软件开发人员的工作进展情况可见性差，难以准确度量，从而使得软件产品的开发过程比一般产品的开发过程更难于评价和管理。为了提高软件开发过程的可见性，更好地进行管理，应该根据软件开发项目的总目标及完成期限，规定开发组织的责任和产品标准，从而使得所得到的结果能够清楚地审查。

（6）合理安排软件开发小组的人员。软件开发小组的组成人员的素质要好，人数则不宜过多。开发小组人员的素质和数量是影响软件产品质量和开发效率的重要因素。素质高的人员的开发效率比素质低的人员的开发效率可能高几倍至几十倍，而且素质高的人员所开发的软件中的错误明显少于素质低的人员所开发的软件中的错误。此外，随着开发小组人员数目的增加，因为交流情况和讨论问题而造成的通信开销也急剧增加。因此，组成少而精的开发小组是很重要的。

（7）必须不断灵活地改进软件工程实践。仅有上述六条原理并不能保证软件开发与维护的过程能赶上时代前进的步伐，能跟上技术的不断进步。因此，不仅要积极主动地采纳新的软件技术，而且要注意不断总结经验，例如，收集进度和资源耗费数据、收集出错类型和问题报告数据等。这些数据不仅可以用来评价新的软件技术的效果，而且可以用来指明必须着重开发的软件工具和应该优先研究的技术。

4. 软件复用

随着计算机应用领域的不断扩展，以及人们对利用计算机来解决各种问题的日益依赖，软件开发所需要解决问题的复杂程度急剧膨胀，系统的规模和复杂度也随之空前地扩大。软件的复杂性和其中包含的错误已经达到开发人员无法控制的程度。为了解决此问题，人们提出了软件复用的方法。

所谓软件复用是指在软件开发活动中，利用已有的、可复用的软件成分来构造和生成新的软件系统。该软件成分可能是已有的软件成分，也可能是为复用而专门设计开发的可复用软件成分。

实现系统化软件复用的关键技术主要包括软件组件技术、软件架构、领域工程软件再工程、开放系统技术、软件过程、CASE 技术以及各种非技术因素等。

（1）软件组件技术。软件组件有狭义和广义两种定义。狭义的软件组件是一种二进制形式的可复用软件块，它封装了一定的数据、属性和方法，遵循二进制外部接口标准，内部实现细节对用户透明，具有即插即用的特性，组件之间通过使用接口来进行交互。广义的软件组件是指可复用的软件单元，可以被用来构造其他软件，它可以是被封装的对象类、功能模块、软件框架、软件系统模型、软件的文档，如可复用的分析件、设计件等。组件具有平台和语言的无关性、接口和实现分离以及支持即插即用等特点，是支持软件复用的核心技术，是近几年来迅速发展并受到高度重视的一个学科分支。

（2）软件构架。软件构架是对软件系统进行的总体规划，包括对整体结构的设计、构件之间的联系、数据访问的协议、以及各元素之间的物理分布的规划、功能的设计与设计元素的集成等。研究软件的构架有非常重要的作用：研究软件的架构可以发现不同系统间的共性；设计合理的软件架构有利于促进系统的设计；研究各种软件架构可以给软件工程师提供更多的选择；在基于复用的软件开发中，软件构架可以作为一种高效的软件构件进行复用，还可以为组装构件提供基础，有利于促进软件的复用。

（3）领域工程。领域工程是针对一个应用领域中的若干系统进行分析，建立基本能力和必备基础，并识别这些系统共享的领域需求，设计出能够满足这些需求的构架，并在此基础上开发和组织该领域的可复用构件的过程，它覆盖了建立可复用软件构件的所有活动。可复用软件构件的含义比较广泛，它包括了领域内所有可复用的软件成分。

领域工程包括领域分析、领域设计以及领域实现等主要步骤，其中，领域分析是实施领域工程的关键步骤，也是研究的重点。领域分析输出的产品为领域模型。领域模型用于收集、组织和表示领域中所有可复用的信息，其目的是帮助用户了解问题域，并明确领域中可以复用的软件资产。

（4）软件再工程。由于软件技术的发展，一些软件系统开始逐渐落伍，这就需要从这些落后软件中找到有用的软件构件，充分发挥其价值；一些软件构件随着时间的推移也会出现一些问题，就需要对其进行维护；对现有软件系统需要进行技术创新，以适应新的需要。软件再工程通过结合正向和逆向工程以及重构工程建立一个全新的系统形式，可以很好地解决这些问题。软件再工程的基础就是对包括系统的源代码、系统的运行、系统的设计分析以及文档在内的系统整体进行理解。

（5）开放系统技术。开放系统技术由最初的工业标准演变成系统软件的可移植性，再转变为应用软件的可移植性，直到现在的互操作性。开放系统技术能够在不降低系统效率的基础上降低软件开发成本、缩短开发周期，为软件复用提供了良好的技术支持，如果构件符合接口标准，就可以独立地开发构件。

（6）软件过程。软件过程是为了建造高质量软件所需要完成任务的框架，也就是形成软件产品的一系列过程。软件过程是软件的整个生命周期，包括需求的获取、需求分析、设计、实现、测试、发布和维护。软件过程良好的设计可以很好地提高软件开发的开发效率和开发质量。

（7）CASE 技术。CASE（Computer Aided Software Engineering）技术对软件复用具有重要的支持作用，其中与软件复用相关的内容有：可复用构件的抽取、描述、分类和存储；检索、提取和组装；可复用构件的度量。

（8）非技术因素。非技术的要素主要包括：组织结构设计和组织结构的管理方法适应软件复用需求的方式；软件开发人员知识与技术更新，软件开发人员的心理素质提升；软件知识产权的问题；软件的应用标准化等。

3.3.2　统一建模语言

统一建模语言（Unified Model Language，UML）是一种用于对软件系统进行可视化、详述、构造和文档化的建模语言，主要适用于分析与设计阶段的系统建模。UML 汇集了多种面向对象建模技术的精华，可以支持从需求分析开始的面向对象的系统开发的全过程。UML 对系统模型的表达能力超出了以往任何一种面向对象方法。

1. UML 的定义

UML 是一种定义良好、易于表达、功能强大且普遍适用的建模语言，它溶入了软件工程领域的新思想、新方法和新技术。UML 的定义包括 UML 语义和 UML 表示法两个部分。

UML 语义描述基于 UML 的精确元模型定义。元模型为 UML 的所有元素在语法和语义上提供了简单、一致、通用的定义性说明，使开发者能在语义上取得一致，消除了因人而异的其他表达方法所造成的影响。此外 UML 还支持对元模型的扩展定义。

UML 表示法定义 UML 符号的表示法，为开发者或开发工具使用这些图形符号和文本语法提供了统一标准。这些图形符号和文字所表达的是应用级的模型，在语义上是 UML 元模型的实例。

UML 的概念模型包括 3 个要素，即 UML 的基本构造块、支配这些构造块如何放在一起的规则和一些运用于整个 UML 的公共机制。UML 就是通过这 3 个要素来构建信息系统的各种模型。

2. UML 的构造块

UML 包含 3 种构造块，即对象、关系和图。对象是对模型中首要成分的抽象，关系把对象结合在一起，图聚集了相关的对象。

（1）UML 中的对象。在 UML 中的对象是 UML 最基本的建模元素，包括结构对象、行为对象、分组对象和注释对象。结构对象是 UML 模型中的名词，通常是模型的静态部分，描述概念元素或物理元素。结构对象包括类、接口、协作、用例、主动类、组件和结点。行为对象是 UML 模型的动态部分，是模型中的动词，代表了跨越时间和空间的行为。共有 3 类主要的行为对象，即交互、状态机和活动。分组对象是 UML 模型的组织部分，是一些由模型分解成的"盒子"。主要的分组事物是包。注释对象是 UML 模型的解释部分，用来描述、说明和标注模型的任何元素。其中主要注释对象称为注解，是依附于一个元素或一组元素之上对其进行约束或解释的简单符号。

（2）UML 中的关系。UML 通过"关系"将对象链接到一起。在 UML 中有 4 种关系，即依赖、关联、泛化、实现。依赖（Dependency）是两个模型元素间的语义关系，其中一个元素（独立元素）发生变化会影响另一个元素（依赖元素）的语义。关联（Association）是类之间的结构关系，它描述了一组链，链是对象（类的实例）之间的连接。聚合是一种特殊类型的关联，描述了整体和部分间的结构关系。泛化（Generalization）是一种特殊与一般的关系，在其中特殊元素（子元素）基于一般元素（父元素）而建立。用这种方法，子元素共享了父元素的结构和行为。实现（Realization）是类目之间的语义关系，其中的一个类目指定了由另一个类目保证执行的合约。在两种地方会遇到实现关系，一种是在接口和实现它们的类或组件之间；另一种是在用例和实现它们的协作之间。

（3）UML 中的图。图（Diagram）是一组元素的图形表示，图是系统组成元素的省略视图。UML 的主要内容可以由五类图（共九种图形）来定义，即用例图、静态图、行为图、交互图、实现图。

用例图（Use Case Diagram）从外部用户的角度捕获系统、子系统或类的行为。它将系统功能划分为对活动者（系统的理想用户）具有意义的事务。这些功能被称为用例。用例通过系统与一个或多个活动者之间的一系列消息描述与活动者的交互。活动者包括人员、其他的计算机系统和进程。

静态图（Static Diagram）包括类图、对象图和包图。其中类图描述系统中类的静态结构。不仅定义系统中的类，表示类之间的联系如关联、依赖、聚合等，也包括类的内部结构（类的属性和操作）。类图描述的是一种静态关系，在系统的整个生命周期都是有效的。对象图是类图的实例，几乎使用与类图完全相同的标识。他们的不同点在于对象图显示类的多个对象实例，而不是实际的类。一个对象图是类图的一个实例。由于对象存在生命周期，因此对象图只能在系统某一时间段存在。包由包或类组成，表示包与包之间的关系。包图用于描述系统的分层结构。

行为图（Behavior Diagram）包括状态图和活动图，描述系统的动态模型和组成对象间的交互关系。状态图描述类的对象所有可能的状态以及事件发生时状态的转移条件。通常，状态图是对类图的补充。在实用上并不需要为所有的类画状态图，仅为那些有多个状态其行为受外界环境的影响并且发生改变的类画状态图。活动图描述满足用例要求所要进行的活动以及活动间的约束关系，有利于识别并行活动。

交互图（Interactive Diagram）包括顺序图和合作图，描述对象间的交互关系。其中顺序图显示对象之间的动态合作关系，它强调对象之间消息发送的顺序，同时显示对象之间的交互；合作图描述对象间的协作关系，合作图与顺序图相似，显示对象间的动态合作关系。除显示信息交换外，合作图还显示对象以及它们之间的关系。如果强调时间和顺序，则使用顺序图；如果强调对象间关系，则选择合作图。

实现图（Implementation Diagram）包括组件图和配置图。其中组件图描述代码部件的物理结构及各部件之间的依赖关系。一个部件可能是一个资源代码部件、一个二进制部件或一个可执行部件。它包含逻辑类或实现类的有关信息。部件图有助于分析和理解部件之间的相互影响程度。配置图定义系统中软硬件的物理体系结构。它可以显示实际的计算机和设备（用结点表示）以及它们之间的连接关系，也可显示连接的类型及部件之间的依赖性。在结点内部，放置可执行部件和对象以显示结点与可执行软件单元的对应关系。

从应用的角度看，当采用面向对象技术设计系统时，第一步是描述需求；第二步根据需求建立系统的静态模型，以构造系统的结构；第三步是描述系统的行为。其中在第一步与第二步中建立的模型都是静态的模型，包括用例图、类图、对象图、组件图和配置图等 5 个图形，是标准建模语言 UML 的静态建模机制。第三步中所建立的模型或者可以执行，或者表示执行时的时序状态或交互关系。它包括状态图、活动图、顺序图和合作图等 4 个图形，是标准建模语言 UML 的动态建模机制。

3. UML 规则

使用 UML，不能简单地把 UML 的构造块按随机的方式堆放在一起。像任何语言一样，UML 有一套规则，用以构建一个结构良好的模型。一个结构良好的模型应该在语义上是前后一致的，并且与所有的相关模型协调一致。UML 中语义规则有命名、范围、可见性、完整性和执行。命名为事物、关系和图起名字；范围使名字具有特定含义的语境；可见性规则如何让其他成分看见和使用这些名字；完整性规则规定事物如何正确、一致地相互联系；执行表达运行或模拟动态模型的含义是什么。

此外，在软件系统开发的过程中所建造的模型往往需要发展变化，并可以由许多人员以不同的方式、在不同的时间进行观察。在软件开发的生命期内，随着系统细节的展开和变动，不可避免地要出现这些不太规范的模型。如省略（隐藏某些元素以简化视图）、不完全（可能遗漏了某些元素）、不一致（不保证模型的完整性）等。UML 的规则鼓励开发人员专注于最重要的分析、设计和实现问题，这些问题将促使模型随着时间的推移而具有良好的结构。

4. UML 建模过程

UML 的目标是以面向对象图的方式来描述任何类型的系统，具有很宽的应用领域。基于 UML 的建模过程包括分析与设计两个建模阶段（见图 3-2）。分析阶段需要创建的模型有：分析类图、用例图、顺序图及活动图，设计阶段需要创建的模型有设计类图、状态图、协作图、组件图及配置图。

采用 UML 进行系统分析与设计，分析阶段产生的一系列结果不但能够成为设计阶段的导入条件，而且许多结果能够通过设计进行补充且逐步完善。比如在分析阶段，类图模型仅仅建立了类的概念模型，这个模型描述的是类的数据，完成的主要任务是确定系统中与数据结构有关的实体类，并确定它们的名称及属性等。在设计阶段，需要确定与类相关的操作。

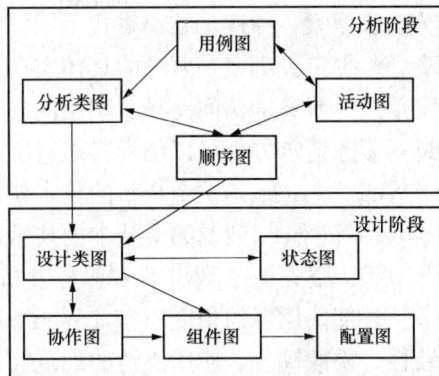

图 3-2　UML 基本建模过程

基于 UML 的建模过程是一个以增量方式迭代的过程，需要进行多次反复，图 3-6 中分析类图与顺序图之间、设计类图与状态图之间、设计类图与协作图之间的双向箭头就表明了这种迭代关系。可以说，迭代作为一种思想已经与面向对象思想融为一体，由于迭代过程与 UML 一体化建模有机结合，使得分析与设计之间可以获得有效的无缝过渡与进化，不断完善系统的分析与设计。

3.3.3　软件开发新技术

随着计算机科学与技术的快速发展，与之相适应的软件开发新技术层出不穷，Web Services 技术、面向服务的体系结构、敏捷开发等即为其中被广泛应用的新技术。

1. Web Services 技术

在网络环境下，管理信息系统必须在开放环境下应用，Web Services 的出现标志着管理信息系统开发进入一个新纪元。Web Services 是一种应用程序，它可以使用标准的互联网协议，像超文本传输协议（HTTP）和 XML，使得系统易于扩展和维护。基于 Web Services 的系统开发将成为未来管理信息系统分析与设计的一个发展方向。

Web Services 可以从多个角度来定义。从技术方面讲，一个 Web Service 是可以被 URI 识别的应用软件，其接口和绑定由 XML 描述和发现，并可与其他基于 XML 消息的应用程序交互。从功能角度讲，Web Services 是一种新型的 Web 应用程序，具有自包含、自描述以及模块化的特点，可以通过 Web 发布、查找和调用。其实现的功能可以是响应客户一个简单的请求，也可以是完成一个复杂的商务流程。一个 Web Service 配置好后，其他应用程序和 Web Service 就可以直接发现和调用该服务。

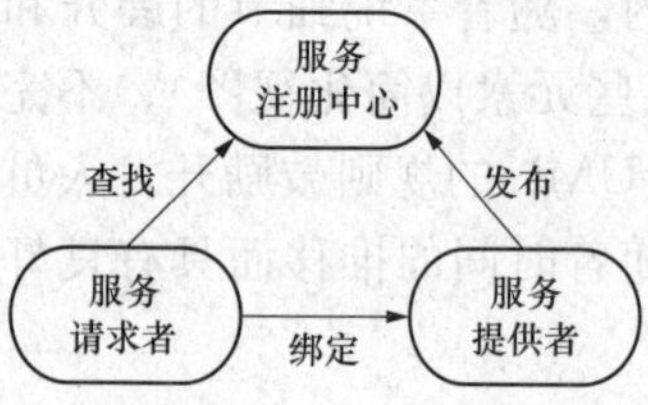

图 3-3　Web Services 体系结构

一个完整的 Web Services 包括三种逻辑组件，即服务提供者、服务注册中心（服务代理）和服务请求者（如图 3-3 所示）。与 Web Services 相关的操作主要有发布、查找和绑定。

（1）发布。服务提供者向代理中心发布所提供的服务。该操作对服务进行一定的描述并发布到注册中心服务器上进行注册。在发布操作中，服务提供者可以决定发布（注册）或者不发布（移去）服务。

（2）查找。服务请求者向注册中心发出服务查询请求。服务注册中心提供规范的接口来接收服务请求者的查询请求。通常的方法是，服务请求方根据通用的行业分类标准浏览或通过关键字搜索，并逐步缩小查找范围，直到找到满足所需要的服务。

（3）绑定。绑定是服务的具体实现。分析从注册服务器中得到的调用该服务所需的详细绑定信息（服务的访问路径、调用的参数、返回结果、传输协议、安全要求等），根据这些信息，服务请求方就可以编程实现对服务的远程调用。

Web Services 是一个全新的技术架构，为了支持其各种特性，相关技术规范不断地被推出。Web Services 涉及的最基本的技术规范包括可扩展的标记语言 XML、简单对象访问协议 SOAP、服务描述 WSDL 和服务发布与查找 UDDI。

从外部使用者的角度而言，Web Services 是一种部署在 Web 上的组件，它具备完好的封装性、松散耦合、使用协约的规范性、使用标准协议规范等特征。

Web Services 在应用程序跨平台和跨网络进行通信的时候非常有用，适用于应用程序集成、B2B 集成、代码和数据重用，以及通过 Web 进行客户端和服务器的通信的场合。

2. 面向服务的体系结构

面向服务的体系结构（Service-Oriented Architecture，SOA）是一种以服务为中心、松散耦合、可动态优化和重用扩展的分布式应用构造方法。SOA 所带来的 IT 系统松耦合、互操作的特性，以及由此带来的大粒度重用、大规模集成、灵活性提升等诸多优点，为软件系统的建立、整合与运维，尤其是基于互联网的软件产业的创新与发展，带来了新的动力和机遇。

SOA 强调从用户的角度出发，使软件的生产、应用，甚至运维，都统一到以满足用户需求为目标的"服务"全过程中去，从这点来看，SOA 也不失为一条使整个 IT 产业链得到良性循环，促进软件产业健康可持续发展的产业之路。可以从不同角度来审视 SOA。

从体系结构的角度，SOA 是一种软件体系结构和软件构造方法。在软件的基础架构上，SOA 架构能够实现服务部署环境和服务实现之间的松散耦合，以及不同功能的服务实现之间的松散耦合性，有利于提高分布式系统的可伸缩性，有利于实现对资源的动态优化配置，最大程度地资源共享。在软件的构造方法上，SOA 打破了传统的分布式组件容器的界限，以服务作为基本构造计算单元，通过服务的组合和组装完成系统整体功能。Web 服务、EJB

等都可以作为服务的实现方式，IT 人员通过掌握和运用一系列服务的技术细节，可以把 Web 服务等当作网络软构件，并以标准的方式使用，通过服务的组合和组装来构造分布式、集成化的应用。

从实现技术的角度，SOA 不仅是一种体系结构，更是指以松散耦合方式实现业务层面各种服务能力的共享、供给和重用的方法学。SOA 包含了编程模型及软件工程方法学等在内的一整套系统构造方法和环境。SOA 的技术实现也体现了在软件使用模式的深刻变革，软件将以服务的形式通过互联网向用户提供，目前的软件授权、开发、维护方式将发生巨大变化，软件应用模式和商业模式也随之发生改变。虽然 SOA 技术与软件服务化的使用模式并没有必然的联系，但 SOA 软件构造技术所带来的松散耦合和软件的可组合等特性，都有助于软件的使用方式逐渐演化为"定制化使用"、"托管部署和运维"的服务化使用方式。

从软件产业的角度，SOA 不仅仅是一种宣传需要的口号和概念，还是有助于软件产业向服务业的转型，优化软件产业链，有利于 IT 服务于社会，走可持续发展的模式。在可动态优化和扩展的软件基础架构技术的支撑下，成体系工程化的构造以服务为中心，以软件的服务化使用模式的需求牵引和技术推动下，SOA 市场供应商将向专业化分工、细分市场方向发展。平台类软件供应商，将逐步完成向 SOA 基础技术设施提供商或软件服务平台运营商的演化；现有应用软件供应商则更多关注服务提供、增值服务开发、集成与业务咨询等，增强服务能力，逐步向高端行业/业务咨询转型。

SOA 不仅包含 SOA 软件构造技术、软件使用模式、基础架构技术，以及软件需求分析与建模、设计、开发、组装、集成、部署、管理、控制的 SOA 标准规范，还包含以用户为中心的软件服务体系、软件产业向服务业的转型机制等方面的内容。

3. 敏捷开发

敏捷开发（Agile Development）是一种以人为核心、迭代、循序渐进的开发方法。在敏捷开发中，软件项目的构建被切分成多个子项目，各个子项目的成果都经过测试，具备集成和可运行的特征。换言之，就是把一个大项目分为多个相互联系，但也可独立运行的小项目，并分别完成，在此过程中软件一直处于可使用状态。

敏捷开发由几种轻量级的软件开发方法组成，如极限编程、精益开发、动态系统开发、特征驱动开发等。所有这些方法都具有以下共同特征，它们也是敏捷开发的原则。

（1）迭代式开发。即整个开发过程被分为几个迭代周期，每个迭代周期持续的时间一般较短。

（2）增量交付。产品是在每个迭代周期结束时被逐步交付使用，每次交付的都是可以被部署、能给用户带来即时效益和价值的产品。

（3）开发团队和用户反馈推动产品开发。敏捷开发方法主张用户能够全程参与到整个开发过程中，使得需求变化和用户反馈能被动态管理并及时集成到产品中。

（4）持续集成。新的功能或需求变化总是尽可能频繁地被整合到产品中，有些是在每个迭代周期结束时集成，有些则每天都在这么集成。

（5）开发团队自我管理。人是敏捷开发的核心，敏捷开发总是以人为中心建立开发的过程和机制，而非把过程和机制强加给人。

满足用户不断变化的需求是软件开发的长期无法解决的难题之一。敏捷方法满足需求的办法主要通过迭代。在每一次迭代周期结束时，都能交付用户一个可用的、可部署的系统，用户使用并体验该系统并反馈意见，在随后的迭代周期这些意见和需求的其他变化一起在产品中实现和集成。每次迭代周期应尽可能短，以便能及时地处理需求变化和用户反馈。

阅读 3-5　软件开发方法综述

本章提要

　　计算机与通信技术、计算机网络技术、数据库技术、信息安全技术是信息技术中最基础的技术，是管理信息系统的最主要的基础技术。

　　人机交互是指人与计算机之间使用某种对话语言，以一定的交互方式，为完成确定任务的人与计算机之间的信息交换过程，友好的人机交互是管理信息系统广泛应用的基础。

　　软件开发技术是管理信息系统开发应用的核心技术。软件工程的基本原理、统一建模语言、Web Services 技术、面向服务的体系结构、敏捷开发等在开发建设管理信息系统中起着重要作用。

思考与练习

1. 信息技术包括哪些方面？
2. 什么是计算机网络？其主要功能有哪些？
3. 什么是数据库系统？数据库管理系统的功能有哪些？
4. 信息安全的主要内容是什么？
5. 人机交互有哪些方式？
6. 什么是软件工程？其作用是什么？

自测与作业（3）

第 4 章　管理信息系统建设基础

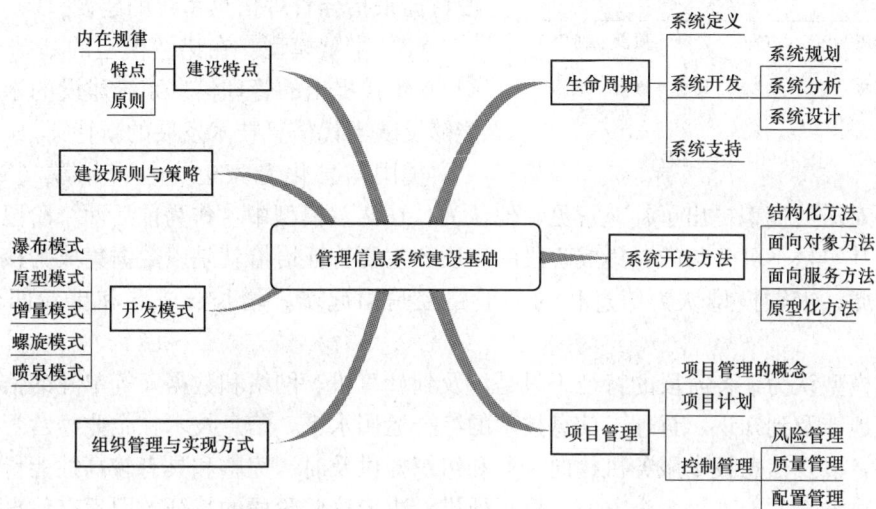

```
内在规律                                              系统定义
  特点  ── 建设特点                      生命周期  ── 系统开发 ── 系统规划
  原则                                                        系统分析
                                                              系统设计
       建设原则与策略                                系统支持

瀑布模式                                                       结构化方法
原型模式                管理信息系统建设基础   系统开发方法   面向对象方法
增量模式  ── 开发模式                                        面向服务方法
螺旋模式                                                     原型化方法
喷泉模式
                                                      项目管理的概念
                                                        项目计划
       组织管理与实现方式                    项目管理          风险管理
                                                      控制管理  质量管理
                                                                配置管理
```

4.1　管理信息系统建设概述

　　管理信息系统是近 40 年逐渐发展起来的新领域。借鉴人们从事其他复杂系统建设，特别是复杂的工程技术系统建设的经验，综合运用当代系统科学、信息技术及现代管理学的成就，管理信息系统的开发方法与技术也逐步形成并不断充实和发展。

4.1.1　系统建设的特点

　　管理信息系统属社会系统，是自然和人类社会所存在的复杂系统之一。管理信息系统的具有其独特的内在规律、特点和基础条件。

　　1. 管理信息系统发展的内在规律

　　20 世纪 80 年代以来，部分专家学者通过对管理信息系统建设的失败教训和成功经验的总结，不断地研究和探讨管理信息系统建设的内在规律，其中最著名的是诺兰模型和米歇模型。

　　（1）诺兰（Nolan）模型。早在 1973 年，美国著名管理信息系统专家理查德·诺兰（Richard L. Nolan）通过对 200 多个公司、部门发展管理信息系统的实践和经验的总结，提出了著名的信息系统进化的阶段模型，即诺兰（Nolan）模型。到了 1980 年，诺兰进一步完善该模型，把管理信息系统的成长过程划分为六个不同的阶段。诺兰强调，任何组织在实现以计算机为基础的信息系统时都必须从一个阶段发展到下一个阶段，不能实现跳跃式发展。

　　诺兰模型的 6 个阶段分别是：初装（初始）阶段、蔓延（传播）阶段、控制阶段、集成阶段、数据管理阶段和成熟阶段，如图 4-1 所示。

　　诺兰模型还指明了信息系统发展过程中的 6 种增长要素，分别是计算机硬软资源、应用

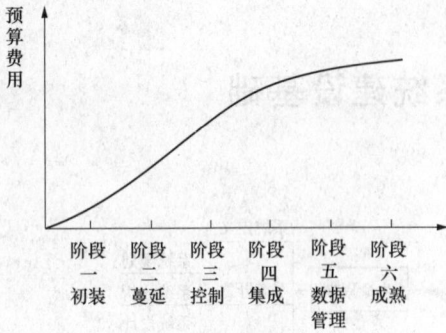

图 4-1 诺兰模型

方式、计划控制、管理信息系统在组织中的地位、领导模式和用户意识。

诺兰模型是对信息系统发展的经验和规律的总结。确定建设管理信息系统的策略，应首先明确本组织当前处于哪一生长阶段，进而根据该阶段特征来指导管理信息系统的建设。

（2）米歇模型。在诺兰模型的基础上，20世纪90年代提出的管理信息系统建设的米歇模型更能够反映当代信息技术发展的新特征。

美国信息化专家迈克尔·米歇（Michal A. Mische）对诺兰模型提出了补充意见，他认为，在诺兰模型中，作为前后两个阶段的集成与数据管理其实是不可分割的，集成阶段的实质和主要特征恰恰就是以数据集成为核心的数据管理。因此，米歇模型认为信息化的一般路径是由起步、增长、成熟和更新四个阶段所构成。

米歇模型认为，各阶段的特征不只是涉及到计算机、网络和数据库等单纯的信息处理技术，更多地涉及到知识、哲理、信息技术的综合运用水平，信息技术在企业经营管理中所发挥的作用，以及信息技术服务机构向企业和组织提供及时、完整和具有较高性能价格比的信息技术解决方案的能力等多个方面。概括地讲，决定这些阶段的特征的因素有信息技术（信息处理所采用的技术）、应用状况（信息技术的综合应用水平和信息技术的集成程度）、数据处理能力（数据库和数据的存取能力）、组织文化（信息技术组织机构和文化价值）以及全员素质等5个方面，如图4-2所示。

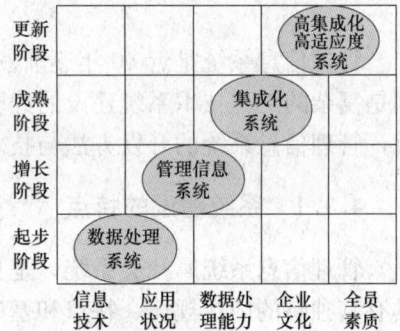

图 4-2 米歇模型

米歇模型表现出了管理信息系统建设的发展过程，从总体上反映了管理信息系统建设应该经历的阶段，以及所涉及的主要因素。

2. 管理信息系统建设的特点

管理信息系统建设具有一般工程项目建设的共性，但也存在其独特性。管理信息系统建设的具有如下特点：

（1）复杂的社会过程。管理信息系统建设除了要考虑理论、技术和方法等因素外，更多地需要考虑社会、文化、环境、管理和经济等人文社会因素。企业管理信息系统开发建设与信息技术、应用状况、数据处理能力、企业文化和企业员工素质等因素相关。在管理信息系统建设过程中，需要改革和调整所有阻碍和影响企业发展和管理信息系统建设的不合理的管理体制和管理制度，制定有利于企业发展和管理信息系统建设的规章制度。

管理信息系统建设面临大量的业务领域知识，企业内部和外部社会大量的数据信息要收集到管理信息系统内部，作为管理信息系统加工处理的对象。企业的业务、管理和决策知识和方法要反映到管理信息系统之中，作为管理信息系统处理的算法和模型。信息的收集以及业务、管理、决策的系统化需要做大量的社会工作。

人是管理信息系统建设的主体。管理信息系统建设涉及到多方面的人员群体。人具有不同的知识、经验和心理倾向，人会把个人的情感、喜好、利益以及人际关系带到管理信息系统建设活动之中，从而加大了管理信息系统建设工作的难度。

（2）复杂的认知过程。管理信息系统的认知主要在系统建设的分析、设计、实施等阶段逐步完成。在分析阶段，需要调查和分析企业业务、管理和决策的数据、信息、算法和相关模型，形成在逻辑上没有矛盾的需求模型。在设计阶段，需要根据需求模型，结合系统的实现环境，进行系统设计。并在此基础上实现所设计的系统。

管理信息系统建设需要用户和技术人员多方面的人员参加。用户具有专业领域的知识，但在建设初期并不十分清楚管理信息系统建设过程、所能够解决的问题和达到的预期效果。管理信息系统建设过程是用户对管理信息系统的认识和了解的过程。另一方面，技术人员具有一定的管理信息系统开发经验和信息技术的知识，但对初次接触的业务领域并不了解，在建设管理信息系统过程中，需要学习和了解业务领域的专业知识，以及业务的管理过程。因此，在建设过程中，技术人员对所面对的专业领域也是一个认识和学习的过程。

（3）系统工程。管理信息系统是复杂的社会系统，需要用系统观点来看待和认识管理信息系统，用系统方法来指导管理信息系统建设。管理信息系统处在复杂的社会环境之中，必须了解管理信息系统与社会环境的关系，以及在社会环境中的地位和作用。当进入管理信息系统内部，就需要正确地确定管理信息系统的目标与功能，管理信息系统各组成部分在实现管理信息系统目标中的作用和地位，管理信息系统功能在各组成部分上的合理分布，管理信息系统的系统结构等内容。在建设管理信息系统过程中，要运用系统工程方法，正确地处理系统与环境的关系，系统目标与系统功能、结构的关系，系统整体与部分的关系，系统内部诸多要素之间的关系，系统各建设要素之间的关系，系统建设各项工作之间的关系，系统建设各工作阶段之间的关系。最终把管理信息系统建设成一个满足企业大系统的要求，与系统环境形成和谐关系，目标明确，功能、结构合理的系统。

（4）具有显著的工程特性。管理信息系统建设是一项极为复杂的工程项目，需要把管理信息系统建设纳入到工程范围之中，按照工程要素来要求，按照工程步骤来组织，按照工程的方法来建设和开发。

由上述可见，建设成功的管理信息系统受制于多种复杂因素，其中有主观因素和客观因素、组织内部因素和外部因素、技术因素和社会因素、认识因素和态度因素、工程因素和管理因素等。正确把握这些因素，是建设成功的企业管理信息系统的重要环节。

3. 管理信息系统建设的基础条件

实践表明，管理信息系统的建设需要具备一定的基础和条件。

（1）领导重视与业务部门的支持。管理信息系统建设周期长，耗资大，涉及企业管理体制、管理方法、业务流程、人员变动等诸多因素，单靠系统分析员和开发小组是无力解决的，必须得到主管领导和业务部门的重视和支持才有可能实现。主管领导可以综观全局，协调各方面的关系；各级业务部门的管理人员最熟悉业务管理活动和信息需求，熟悉业务流程和工作特点。吸收主管领导和业务人员参与管理信息系统的建设，是成功建设管理信息系统的重要的保障。

（2）具有一定科学管理工作基础。管理信息系统是在科学管理的基础上发展起来的。只有在合理的管理体制、完善的规章制度、稳定的生产秩序、科学的管理方法和完整准确的原始数据的基础上，才能考虑管理信息系统的建设。为了适应计算机管理的要求，企业的管理工作必须逐步实现管理工作的程序化，管理业务的标准化，报表文件的统一化，数据资料的完善化与代码化。

管理工作程序化就是要有全企业以及各个职能部门的工作流程图，以便于计算机处理，也能从中找出不合理的环节予以更正；管理业务标准化就是把管理工作中重复出现的业务，按照现代化生产对管理的客观要求以及管理人员长期积累的经验，规定标准的工作程序和工作方法，用制度将它固定下来，成为行动的准则；报表文件的统一化就是要设计一套通用的报表格式和内容，报表泛滥会给基层工作带来压力，数据多次重复，往返传抄也会造成遗漏和错误。数据资料的完善化与代码化就是要求企业的数据资料一定要完整，而且对数据设计系统化代码。

（3）具有系统建设的专门队伍。根据企业的具体情况确定系统建设队伍的组织方式是十分必要的。建设管理信息系统应建立领导小组和开发小组，领导小组应由企业领导人、业务主管人员及技术负责人参加；开发小组除计算机人员外，还应当吸收企业高层管理人员、精通业务的专业人员、其他技术人员及咨询专家等参加，以形成一个管理层、业务层、技术层结合的综合开发队伍。

（4）具备一定的资源条件。管理信息系统建设是一项投资大、风险大的系统工程，企业在系统建设过程中，需要购买机器设备及软件，消耗各种材料，发生人工费用、培训费用以及其他一些相关的费用。为了保证系统建设的顺利进行，系统建设应有一个总体规划，并通过可行性论证。对所需资金应有一个合理的预算，制定资金筹措计划，保证资金按期到位；系统建设中要加强资金管理，防止浪费现象的发生。

阅读 4-1　华为信息化建设的五个阶段

4.1.2　系统建设的原则与策略

大量实践证明，要成功建设管理信息系统，必须掌握正确的系统建设原则，并注重系统建设策略。

1. 系统建设的基本原则

管理信息系统的建设是一个系统思想和系统原则的应用过程，其系统建设中要遵循以下基本原则：

（1）面向用户原则。这是系统建设目的性的体现。管理信息系统的目的是及时、准确地收集企业的数据，并且加工成信息，保证信息的畅通，为企业各项决策、经营、计划和控制活动提供依据。系统建设的成功与否取决于是否符合用户的需要。

用户要求一般难以用简单的语言表达，而是随着系统建设的进展而不断明确和具体化的。因此，在系统建设中，开发人员应该始终与用户保持密切联系，及时了解用户的要求和意见。同时，需要得到管理人员的支持，并且组织他们参加到开发小组中，这是系统建设取得成功的必要条件之一。

（2）实用性原则。由于管理信息系统建设不仅面临诸多目标和要求，而且面临各种技术和方案的选择，因而首先需要考虑的是实用性。所谓实用性，是指能够最大限度地满足实际工作的要求。系统总体设计要充分考虑用户各业务层次、各环节管理中数据处理的便利性；采取"总体设计，分步实施"的技术方案，使系统始终与用户的实际需求紧密结合在一起，使系统建设保持较好的连贯性；人机操作设计应充分考虑不同用户的实际需要，用户接口以及界面设计需要充分考虑用户需求和视觉特征，进行优化设计，界面应该尽量做到美观大方，操作简便实用。

（3）创新性原则。管理信息系统不能是简单地用计算机模仿传统的手工作业方式，而是要充分发挥计算机的各种能力去改革传统的工作。在建立管理信息系统时，要寻找管理中的薄弱环节，分析它所带来的损失，想办法用计算机来克服它们。特别是人们一直认为应该干而又不能干的工作，如果用计算机来完成，会收到良好的效果。

（4）整体性原则。管理信息系统如果只是模拟人工的处理形式，会把手工信息分散处理的弊病带到系统中，使信息大量重复，不能完全实现资源共享，形成完整的系统。为使新系统既能实现原系统的基本功能和用户的功能需求，又能摆脱手工系统传统工作方式的影响，必须寻求系统的整体优化。因此，需要站在整个企业的角度来整体考虑，克服本位观念。有些在局部看来最优，而在整体看来不优的决策一定不要引入。各部门的职能分工，任务安排也要考虑相互协调的问题，局部服从整体。

（5）相关性原则。管理信息系统由多个子系统组成，整个系统的功能并不是各子系统的简单相加。组成管理信息系统的各子系统既有其独立功能，同时又相互联系，相互作用，通过信息流把它们的功能联系起来。如果它们之中的一个子系统发生了变化，其他子系统也要相应地改变和调整。因此，不能不考虑其他子系统而设计某一子系统。整个系统为层次结构，系统可分解为多个子系统，同样又可分解为更细一级的子系统。系统、子系统均有自身的目标、界限、输入、输出和处理内容，但它们不应该被孤立看待和处理。

（6）安全性原则。管理信息系统的安全性至关重要，特别是基于网络的管理信息系统必须符合国家安全部门和保密部门的要求。建设中应重视利用网络系统、数据库系统和应用系统的安全机制设置，拒绝非法用户进入系统以及合法用户的越权操作，避免系统遭到破坏，防止系统数据被窃取和篡改。

任何系统故障都可能会给用户带来不可估量的损失，要求系统具有很高的可靠性。提高系统可靠性的方法很多，常用方法包括：采用具有容错功能的服务器和网络设备，出现故障时能够迅速恢复并有适当的应急措施；每台设备均应考虑可离线应急操作，设备间可相互替代；采用数据备份恢复、数据日志、故障处理等系统故障对策功能；采用严格的系统监控功能；选择合适的网络管理软件对网络进行有效管理等。

（7）动态适应性原则。随着企业发展规模的扩大以及外界环境的不断变化，会出现新的管理内容，旧的管理内容也会有所更动。为了适应这种变化，管理信息系统必须具有良好的可扩展性和易维护性。理想的系统是能够经常与外界环境保持最佳适应状态的系统。建设管理信息系统必须具有开放性、超前性的眼光，使系统具备较强的动态适应性。管理信息系统应保持充分的扩展余地，各种编码、记录、文件程序等都要便于变动和更新。

（8）工程化与标准化原则。管理信息系统的建设必须采用工程化和标准化的方法，即科学划分工作阶段，制定阶段性考核标准，分步组织实施，所有的文档和工作成果要按标准存档。这样可方便系统建设过程中各类人员的沟通，也使系统的修改、维护和扩充容易进行。

2. 系统建设的基本策略

管理信息系统建设的基本策略具有方向性和战略性，它直接影响系统建设的质量，甚至影响系统的成败。策略的制定应由企业最高管理层的相关人员与开发人员在专家的指导下进行，并根据具体情况的发展而调整和充实。

（1）建立管理信息系统总体规划。一个完整的管理信息系统，由许多模块组成。如果没有来自高层管理者的总体规划做指导，要把这些分散的模块组合起来，构成一个有效的大系统，那将是不可能的，因此，设计一个大系统必须有高层管理者的规划作为指导，以避免各子系统间的矛盾、冲突和不协调。

（2）自顶向下规划与局部设计实施相结合。建立大型的管理信息系统，不同于一般的软件系统或应用系统，应当注重自顶向下的数据规划和对不同用户领域的系统进行局部设计。局部设计在自顶向下系统规划所建立的框架内进行，而对框架的每一部分则使用逐步求精的设计方法来完善。

自顶向下的资源规划和详细的数据库设计是建立管理信息系统的整套方法中的两个重要组成部分，这两个部分应相互兼容并可相互补充地加以运用。首先，按详细程度不同的初始要求，甚至是一个较粗略的信息资源需求进行自顶向下的规划，而要得到一个实用的系统，还必须在此基础上进行详细设计。

（3）加强数据处理部门与管理者之间的联系。企业数据处理部门与管理者，特别是高层管理者之间的交流和联系是企业管理信息系统开发的保证。在很多企业里他们之间缺少交流和联系的原因是多方面的，例如，数据处理人员较少深入实际业务；经常使用数据处理的行话；数据处理部门没有实现自己的某些承诺以及最高管理者还未理解他们参与总体规划的必要性和迫切性；有时，上级管理者把数据处理人员视为一般的下属基层单位的技术人员等。正确安排数据处理人员在企业中的地位是系统建设中不可忽视的问题，它直接影响管理信息系统在整个企业中所产生的作用。

（4）选择适当的系统开发方法。在管理信息系统应用的初级阶段，系统建设很大程度上依赖于开发人员个人的经验。随着应用发展，管理信息系统开发方法学作为计算机应用的一个重要研究领域日益得到发展和成熟。目前，针对不同对象类型，形成了基于不同思路的开发方法，并得到了实践检验，如结构化方法、面向对象方法等。如何根据企业及系统的特点来选择开发方法，是一项重要决策。方法选择的失误，如方法不适应于对象、方法所规定的技术步骤无法实施、没有支持方法实施的工具和环境、实施人员没有实施方法的经验等，都会给系统建设带来困难。

（5）选择可行的系统设备、工具和环境。计算机及其辅助设备的配置无疑是整个系统中重要的技术内容，其技术发展快、投资额度大。管理信息系统建设的主要投资是硬件系统、软件系统及必要的通信设备的购置费用。由于计算机硬件技术的发展十分迅速，技术更新很快，人们追求技术先进、担心设备落后的心理往往十分明显。一般来说，选择在本行业中应用较为普遍、技术成熟、应用开发较为成功的计算机系统将有利于系统建设。

现代管理信息系统的开发追求高效率，必须借助于先进的、自动化的开发工具。当前，有利于应用开发的工具很多，其中较高层次的有应用生成工具和支持数据库的开发工具等，它们都能明显地提高开发效率。

系统开发和运行环境是更高层次的支持系统建设的软、硬件工具，是支持系统建设的设备和场地。完善的系统开发环境同时能支持软件复用，甚至支持系统复用，能大幅度地提高系统开发效率和质量。

（6）保持畅通的信息渠道。数据的收集和规范是整个管理信息系统建设的重要环节。数据的原始素材存在于业务部门，因此，系统建设最重要的一步就是收集和整理作为系统输入的数据。从某种意义上讲，系统的数据工程是比计算机系统工程更基础，甚至是更困难的工程，它需要各级管理人员的配合，并受到外部条件的限制和历史情况的制约，而且是一项不易控制的工程。常常会出现计算机系统投入运行后等待数据输入的情况，形成数据库设计完成后仅有试验数据存入的局面。因此，疏通信息渠道是整个系统建设中具有战略意义的问题。它直接影响系统建设速度、建设质量和应用效果，必须有重大的保证措施。除了有条件的企业或有特殊要求的企业外，数据的收集往往还必须依靠手工劳动，如凭单的录入等。这一部分工作是十分繁重和易于出错的。在一定程度上，实行用户分析员制度是保证数据质量的一种组织措施。

（7）加强组织保证和人员培训。为了管理信息系统建设工作的顺利开展，应该建立合适的组织领导机构和工作机构，自上而下地全面规划信息资源。组织管理的好坏在很大程度上决定于机构是否健全、任务和分工是否明确，决定于组织管理者是否明确自己的任务并有能力将所担负的工作做好。

管理信息系统建设是一项新的、复杂的工程，其成败的关键因素是人才。由于系统建设是新的工程内容，往往没有现成可动用的人员；由于技术和关系的复杂性，对人员的质量提出了较高的要求。因此，系统建设中各类人员的培养从一开始就应作为一项战略性任务来安排。如各层次的管理人员、从事技术工作的各类技术人员，以及其他层次的人员都需要进行培训。

4.1.3　系统建设的生命周期

系统建设生命周期（System Development Life Cycle，SDLC）的方法将整个管理信息系统的建设过程分解成若干阶段，并对每个阶段的目标、活动、工作内容、工作方法及各阶段之间的关系作了具体规定，以使整个建设工作具有合理的组织和科学的秩序。

管理信息系统建设的生命周期，可以分成系统定义、系统开发、系统支持三个阶段。

1. 系统定义阶段

系统定义阶段是管理信息系统建设的起始阶段，主要包括系统战略规划、可行性分析以及系统策划立项等工作。

以计算机为主要手段的管理信息系统是其所在组织的管理系统的组成部分，它的新建、改建或扩建服从于组织的整体目标和管理决策活动的需要。这一阶段的主要任务是：根据组织的整体目标和发展战略，确定管理信息系统的发展战略，明确组织总的信息需求，制订管理信息系统建设总计划，其中包括确定拟建系统的总体目标、功能、大体规模和粗略估计所需资源。根据需求的轻重缓急程度及资源和应用环境的约束，把规划的系统建设内容分解成若干开发项目以分期分批进行系统开发。并在进行系统初步调查和系统开发的可行性研究的基础上，提出系统立项分析文件。

2. 系统开发阶段

系统开发阶段是管理信息系统建设的核心阶段。主要包括系统分析、系统设计及系统实施等工作。

（1）系统分析。系统分析的主要工作是根据系统规划阶段确定的拟建系统总体方案和开发项目的安排，对系统进行组织结构分析、业务流程分析、数据流程分析、处理功能分析，建立系统逻辑模型。这是系统建设中工作任务最为繁重的阶段。由于资源及应用环境的制约，一个企业或组织的管理信息系统一般不可能靠资源的一次投入而建成，因而一个开发项目通常是建立整个管理信息系统的某个或某几个子系统。合理确定每次系统开发的目标、边界和开发周期，应用科学的开发方法、工具和规范，对于系统开发的成功至关重要。

系统分析的主要任务是明确用户的信息需求，提出新系统的逻辑方案。需要进行的工作有现行系统的详细调查及新系统逻辑模型的提出等。

（2）系统设计。系统设计的主要任务是根据新系统的逻辑方案进行软、硬件系统的设计，包括总体结构设计、输出设计、输入设计、处理过程设计、数据存储设计和计算机系统方案的选择等。

系统设计的主要成果是系统设计报告。

（3）系统实施。系统实施将设计的系统付诸实施，主要工作有应用程序编制或软件包的购置、计算机与通信设备的购置、系统的安装、调试与测试、新旧系统的转换及评估等。

3. 系统支持阶段

每个系统开发项目完成后即投入应用，进入正常运行和支持阶段。在此阶段，开发者和用户一道支持管理信息系统的运行。一般说来，这是系统生命周期中历时最久的阶段，也是管理信息系统实现其功能、发挥其效益的阶段。科学的组织与管理是系统正常运行、充分发挥其效益的必要条件，而及时、完善的系统维护是系统正常运行的基本保证。管理信息系统规模庞大，结构复杂，管理环境和技术环境不断变化，系统维护工作量大，涉及面广，投入资源多。系统维护包括纠错性维护、适应性维护、完善性维护和预防性维护等。

现代企业和组织面临的内、外环境不断变化，组织的目标、战略和信息需求也必须与环境的变化相适应。可是管理信息系统的维护工作只限于通过小范围内局部调整来适应变化不很显著的情况。当现有系统或系统的某些主要部分已经不能通过维护来适应环境和用户信息需求的变化时，或者用维护的办法在原有系统上进行调整已不经济时，则整个管理信息系统或某个子系统就要淘汰，新的系统建设工作或项目开发工作便随之开始。适时开始新系统建设工作，使旧系统或其中某些主要部分退役，不仅能增强系统功能，满足用户新的信息需求，而且在经济上也是合理的。

现有系统进入更新阶段时，下一代新系统的建设工作便告开始。因此，这一阶段是新、旧系统并存的时期。对现有系统来说，可以全部更新，也可以部分更新或有步骤地分期分批更新。

阅读4-2　微软产品开发过程模型

4.2　管理信息系统建设管理

管理信息系统的建设中，模式管理是极其重要的基础因素。系统建设中的开发模式、实现方式、平台模式以及组织形式等的选择与建立，对管理信息系统的成功建设具有重要支撑作用。

4.2.1　系统开发模式

一般来说，管理信息系统的开发活动可以按照生命周期模型来管理。然而，在当今复杂的开发世界里，仅仅依靠基本的生命周期模型还难以满足各类系统开发的要求。因此，生命周期模型又产生了很多变体，称之为系统开发模式。按照提出的先后次序，主要开发模式有瀑布模式、原型模式、增量模式、螺旋模式、喷泉模式等。

1. 瀑布模式

瀑布模式是一种线性模式，提出了系统开发的系统化的顺序方法，如图 4-3 所示。

瀑布模式由温斯顿·罗伊斯（Winston Royce）于 1970 年首先提出，直到 20 世纪 80 年代早期一直是唯一被广泛采用的开发模式。

瀑布模式具有严格的阶段性特征，并且阶段间具有顺序性和依赖性，必须等前一阶段的工作完成之后，后一阶段的工作才能开始。前一阶段的输出文档就是后一阶段的输入文档。因此，只有前一阶段的输出文档正确，后一阶段的工作才能获得正确的结果。

缺乏经验的开发人员，接到系统开发任务以后

图 4-3 瀑布模型

常常急于求成，总想尽早开始编写程序。但是，如果前面阶段的工作没有做好，过早地进行程序实现，往往导致大量返工，有时甚至发生无法弥补的问题，带来灾难性后果。瀑布模式在编码之前设置了分析、设计等阶段，在分析与设计阶段主要考虑目标系统的逻辑模型，不涉及软件的物理实现。清楚地区分逻辑设计与物理设计，尽可能推迟程序的物理实现，是按照瀑布模式开发系统的一条重要的指导思想。

为了保证所开发软件的质量，在瀑布模式的每个阶段都坚持注重文档编写与评审。每个阶段都必须完成规定的文档，没有交出合格的文档就意味着没有完成该阶段的任务。完整、准确的文档不仅是系统开发各阶段各类人员之间相互通信的媒介，也是运行阶段对系统进行维护的重要依据。每个阶段结束前都要对所完成的文档进行评审，以便尽早发现问题，改正错误。

瀑布模式理解比较容易，但在实际应用中有多种困难。主要原因在于瀑布模式基于这样的假设，前一阶段的工作全部完成之后，才能开展后续阶段的工作。但在系统开发的初始阶段就指明系统的全部需求是非常困难的，也是不现实的。并且，确定需求后，用户和系统项目负责人要等相当长的时间才能得到一份系统的最初版本。如果用户对系统提出比较大的修改意见，那么整个开发项目将会蒙受巨大的人力、财力和时间方面的损失。

瀑布模式一般适用于功能、性能明确，无重大变化的系统开发项目。

2. 原型模式

原型模式主要是针对事先不能完整定义需求的系统开发而言的。由于人们对系统需求的认识模糊，许多系统开发项目很难一次开发成功，返工再开发就难以避免。因此，人们对待开发的系统给出基本需求，作第一次试验开发，其目标仅在于探索可行性和明确需求，取得有效的反馈信息，以支持系统的最终设计和实现。通常把第一次实验开发出的系统称为原型（prototype）。这种开发模式可以减少由于需求不明确给开发工作带来的风险，有较好的实际效果。相对瀑布模式来说，原型模式更符合人类认识真理的过程和思维，是比较流行的一种实用的系统开发方法。

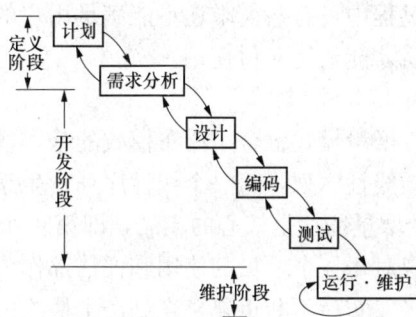

原型模式有丢弃型、样品型和渐增式演化型三种形式。丢弃型是指原型开发后，已获得了更为清晰的需求反馈信息，原型无需保留而丢弃，开发的原型仅以演示为目的，这往往用在用户界面的开发上。样品型是指原型规模与最终产品相似，只是原型仅供研究用。渐增式演化型是指原型作为最终产品的一部分，可以满足用户的部分需求，经用户试用后提出精炼系统、增强系统能力的需求，开发人员根据反馈信息，实施开发的迭代过程。如果在一次迭代过程中，有些需求还不能满足用户的需求，可以在下一迭代过程中予以修正，系统整体实现后才能最终交付使用。

3. 增量模式

增量模式融合了瀑布模式的基本成分和原型模式的迭代特征，采用随着日程的进展而交错的线性序列，每一个线性序列产生系统的一个可发布的"增量"。当使用增量模式时，第1个增量往往是核心的产品，即第1个增量实现了基本需求，但很多补充的特征尚未发布。客户对每一个增量的使用和评估都作为下一个增量发布的新特征和功能，这个过程在每一个增量发布后不断重复，直到产生最终的完善产品。

增量模式与原型模式一样，本质上是迭代的。但其强调每一个增量均发布一个可操作的产品。早期的增量是最终产品的"可拆卸"版本，为用户提供了服务的功能，并且为用户提供了评估的平台。增量模式的特点是引进了增量包的概念，无须等到所有需求都确定，只要某个需求的增量包确定后即可进行开发。

采用增量模式的优点是人员分配灵活，刚开始不用投入大量的人力资源。如果核心产品很受欢迎，则可增加人力实现下一个增量。当配备的人员不能在设定的期限内完成产品时，它提供了一种先推出核心产品的途径。这样即可先向客户发布部分功能，对客户起到镇静剂的作用。此外，增量模式能够有计划地管理技术风险。增量模式的缺点是，如果增量包之间存在相交的情况且未很好地处理，则必须做全盘系统分析。

4. 螺旋模式

螺旋模式是瀑布模式与原型模式相结合，并增加两者所忽略的风险分析而产生的一种模式，通常用来指导大型系统的开发。螺旋模式将开发划分为制定计划、风险分析、实施工程和客户评估4类活动。沿着螺旋线每转一圈，表示开发出一个更完善的新版本。如果开发风险过大，开发机构和客户无法接受，项目有可能就此中止。多数情况下，会沿着螺旋线继续下去，自内向外逐步延伸，最终得到令人满意的系统。

螺旋模式的基本框架如图4-4所示。

螺旋模式的每一个周期都包括制订计划、风险分析、实施工程和客户评估4个阶段。从第一周期开始利用需求分析技术理解应用领域，获取初步用户需求，制定项目开发计划和需求分析计划；然后，根据本轮制定的开发计划，进行风险分析，评估可选方案，并构造原型进一步分析风险，给出消除或减少风险的途径；利用构造的原型进行需求建模或进行系统模拟，直至实现系统；将原型提交用户使用并征求改进意见。开发人员应在用户的密切配合下进一步完善用户需求，直到用户认为原型可满足需求，或对系统设计进行评价或确认等。

经过一个周期后，根据用户和开发人员对上一周期工作成果评价和评审，修改、完善需求，明确下一周期开发的目标、约束条件，并据此制定开发计划。螺旋模式从第一个周期的计划开始，一个周期、一个周期地不断迭代，直到整个系统开发完成。

制定计划
决定目标、
方案和限制

累计成本

风险分析
评价方案、
识别风险、
消除风险

风险分析

风险分析

风险分析

提交线
评审

原型1 原型2 原型3 可运行原型

需求计划
生存期
计划

软件需求

软件产品设计

详细设计

开发计划

需求确认

组装与测试

设计确认与验证

单元测试

编码

验收测试

组装与测试

实现

实施工程
开发、验证
下一产品

客户评估

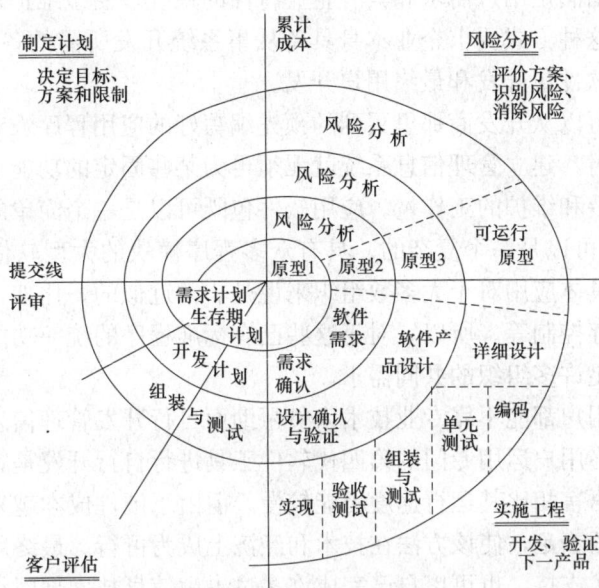

图 4-4 螺旋模式

螺旋模型有许多优点,如支持用户需求的动态变化;易于为用户和开发人员共同理解;原型的进化贯穿整个系统生命周期,有助于目标系统的适应能力;为项目管理人员及时调整管理决策提供方便,进而可降低开发风险。

但螺旋模型也存在一些缺点,如果每次迭代的效率不高,致使迭代次数过多,将会增加成本并推迟提交时间。使用该模式需要有相当丰富的风险评估经验和专业知识,对开发队伍的水平要求较高。

5. 喷泉模式

喷泉模式是一种以用户需求为动力,以对象为驱动的开发模式,主要用于描述面向对象的开发过程。该模式认为系统开发过程自下而上周期的各个阶段是相互重叠和多次反复的,就像水喷上去又会落下来,类似一个喷泉。各个开发阶段没有特定的顺序要求,并且可以交互进行,可以在某个开发阶段中随时补充其他任何开发阶段中的遗漏。

喷泉模式的各个阶段没有明显的界限,开发人员可以同步进行开发,这样可以提高系统开发效率,节省开发时间。由于喷泉模式在各个开发阶段是重叠的,因此在开发过程中需要大量的开发人员,不利于项目管理。

4.2.2 系统建设实现方式

企业是一个人工、动态、开放的系统,管理信息系统从信息流的角度反映企业系统。大量实践证明,要成功建设管理信息系统,必须掌握正确的建设原则和注重建设策略。

1. 系统实现方式

管理信息系统常见的开发方式主要有自主开发、联合开发、系统外包开发和采购商品化软件等。

(1) 自主开发。自主开发即企业完全依靠自己的力量独立完成信息系统的开发。采用这种方式能容易地开发出满足用户需求和具有企业特性的系统，便于维护，也有利于培养企业自己的开发队伍。但这种方式要求企业本身具备从事系统开发所需的各方面的人才和技术。自主开发常包括利用软件包开发和最终用户开发。

应用软件包是指可以从开发商那里买到的预先编写好的应用程序。对于企业而言，当有合适的软件包可选用时，建立管理信息系统就无须再为某些固定的功能编写程序了，从而减少了设计、测试、安装和维护的工作量。应用软件包既可以是一个简单的任务（如打印数据库中的一条记录），也可以是一个复杂的、具有众多程序模块的大型软件。软件包之所以能够流行是因为有很多具体应用对于大多数组织来说是非常近似的，比如，工资处理、应收账款、总分类账以及库存控制等。所以，对于这些已有标准程序的统一功能，只需编写一个通用的软件包就可以满足许多组织的共同需求。

很多组织的最终用户都能不靠专业技术人员帮助而自行开发管理信息系统，这种情况称作最终用户开发。最终用户运用专门的第四代软件工具进行自行开发是完全可行的。虽然这些工具与常规的编程语言相比其运行速度可能较慢，但由于硬件成本越来越低，完全可以弥补软件在运行速度上的不足，使该方法在技术和经济上成为可行。最终用户既可依靠管理信息系统专业人员的技术支持，也可以自己完成许多过去由信息技术部门承担的开发活动。

（2）联合开发。客观地说，企业拥有熟悉本企业管理业务的各类人员，而专业系统开发企业则具有进行管理信息系统开发的各类技术人员，因此，联合开发是一种较好的选择。采用这种方式，有利于充分发挥各自的优势，加快系统开发的进程，提高系统开发的成功率，也有利于企业培养从事管理信息系统运行和维护的技术人员，减少人员培训方面的投入，为实现新系统的顺利交接奠定基础。

（3）系统外包开发。由于大多数中小型企业本身不具备独立开发管理信息系统的条件，通常采用系统外包（Outsourcing）方式，由用户提交管理信息系统建设的目标、需求、功能和性能等方面的要求，将系统开发的具体工作全部交给专业软件开发商进行。开发完成后，根据委托开发合同，开发商将新系统交付企业，企业在进行全面的验收之后，将系统投入使用。

系统外包开发的优势表现在经济、服务质量等方面。由于负责系统开发的软件开发商拥有信息系统服务和技术方面的专家，凭借其专业化和规模经济的优势，他们能够以较低成本、较高效率向企业和组织提供优质服务。采用系统外包方式，企业能够以低于内部成本的费用从开发商那里获得高质量的服务；企业与开发商针对各类服务所对应费用的约定，可大大减少开发成本的不确定性；并在组织的信息系统基础设施不发生重大变化的情况下，能够灵活适应业务量的增长。当信息技术渗透整个企业价值链时，由于成本和性能可按变化的需求不断进行调整，所以开发商可以提供较强的业务控制和适应能力；解放企业人力资源，使其用于其他项目中。

并非所有企业和组织都能通过系统外包获得上述好处。把信息系统的职能置于企业和组织之外是有风险的，系统外包也可能带来一系列严重问题，如失控、战略信息易损，以及对企业和组织对外部环境的依赖。

当一个企业和组织将开发、运行其信息系统的责任承包给另一个组织（开发商）时，它可能失去对信息系统职能的控制。如果开发商成为企业和组织运行和开发信息系统的唯一选择，那么企业和组织将不得不接受开发商所提供的任何技术，这种从属关系最终将导致产生较高的成本，并可能失去对技术管理的控制。随着开发商对企业和组织的信息系统的开发和运作的深入，企业和组织对开发商会更加依赖，开发商的财政问题或服务质量上的衰减都可能对企业和组织产生严重的影响。

由于企业和组织的信息系统由外部人员开发，商业秘密或相关信息可能会泄漏给竞争对手。特别是开发商开发或操作使企业获取竞争优势的应用系统，那将更加有害。

依靠系统外包方式建立系统所带来的收益和弊端并非对所有组织或任何情况都是一样的。管理者在决定依靠系统外包方式建立系统之前，要对信息系统在组织中的作用进行评估。如下情况可考虑采用系统外包方式进行信息系统的开发：企业得到一个利用信息系统或一系列系统应用来提高自身竞争力的机遇，而期限紧迫；信息系统服务的短期间断对企业和组织的效益并非至关重要；用系统外包方式并不会剥夺企业未来信息系统革新所需的专业技术知识；企业现行信息系统能力不足、效率低或技术落后。有些企业和组织将依靠外包力量作为一种改进自身信息系统技术的有效方法。

（4）购置商品化软件。随着管理信息系统技术和方法的不断发展，一些通用的可以解决企业管理中部分或大部分问题的商品化软件陆续产生。对于某些企业，如果其业务流程和管理模式相对简单且与商品软件相吻合，则可以通过购买商品软件方式，直接完成系统的开发。采用购置商品化软件方式获得管理信息系统的主要优点是时间短、费用低、系统可靠性高。但不利于满足用户的特定需求，系统的维护也比较困难。购置商品软件后，一般还要对模块、功能及参数等作适当调整，有时还需要进行"二次开发"，使之与本企业的实际运营情况相符。

2. 系统实现方式的选择

不同的开发方式有不同的特点及适应场合，选择开发方式，不但应考虑信息技术的发展水平、技术人员的配置等因素，也应综合考虑企业的资源、环境条件等因素。企业选择管理信息系统的开发方式需要考虑如下因素。

（1）企业自身对管理信息系统采取的战略。信息是企业的重要战略资源，管理信息系统是完成信息处理的重要系统，因此企业必定对信息的管理、信息的利用以及管理信息系统开发有相应的战略。例如是以企业自身为主，还是全部依赖外部资源等。若是前者，则应该更多地考虑联合开发和自行开发；若是后者，则应更多地考虑外包或采购方式。

（2）待解决问题的特点。管理信息系统的不同子系统解决的企业运作与管理的问题有所不同，例如会计管理、生产管理等。企业运作与管理有的是较为规范的或者是相同的，而有的则是不规范的或者是个性化的。例如中国相关部门对企业的会计工作有严格的要求，不同的企业应该遵循同样的会计规则，而对成本核算不同的企业则差异很大。从业务运作平台来分析，其支持的层次不同，企业运作与管理中的信息处理可能是相同的，也可能是不同的。例如进销存是企业物品管理中的重要业务，若信息处理只是简单地将相关的数据收集和存储，那么系统的功能是很相似的，但是若考虑到要真正实现物品的进销存流程，不同的企业可能存在较大的差异，因为物品的进销存流程中，不同的企业有不同的规则。

因此若待开发的系统所包括的运作与管理具有较强一般性，则可以考虑采购方式；若不然，则可以考虑采取其他开发方式。企业所用的会计管理信息系统一般是采购获得的，但是要通过采购获得真正意义上的客户关系管理系统却是非常困难的。

（3）相应的专业人才。不同的开发方式需要不同的专业人员，因此在决定采用适当的开发方式时，企业要考虑能否用合适的成本获得需要的专业人才。

　　不论选用哪种开发方式，建设管理信息系统必须有本企业的领导和业务人员参与。有目标地、真正主动地利用管理信息系统，对于企业信息决策人员、系统分析员以及系统维护人员都是不可缺少的。随着信息技术在企业运作与管理中的应用向广度和深度方向发展，企业的信息系统必由数据管理向信息管理发展，逐步实现知识管理，企业还需要信息分析的专业人员。

　　一个企业的管理信息系统建设是一个长期的过程，往往需要分步实现。因此就具体的开发内容，应该根据拟订的开发目的、自身的实际以及市场来选择合适的开发方式。

4.2.3　系统平台模式

　　认识管理信息系统体系结构的特征，并根据实际情况进行系统的选型，决定系统采取的平台模式，对于成功开发一个管理信息系统是非常重要的。

　　1. 系统平台模式分析

　　管理信息系统平台模式大致可以分为 4 种，即主机终端模式、文件服务器模式、客户-服务器模式和浏览器-服务器模式。主机终端模式由于硬件选择有限，硬件投资得不到保证，已被逐步淘汰。文件服务器模式只适用小规模的局域网，对于用户多、数据量大的情况会产生网络瓶颈，特别是在互联网上不能满足用户要求。因此，现代企业管理信息系统平台模式主要考虑的是客户-服务器模式和浏览器-服务器模式。

　　(1) 客户-服务器模式。客户-服务器模式（Client/Server，C/S）把数据库内容存放在远程的服务器上，而在客户机上只安装相应软件。客户-服务器模式一般采用两层结构，其分布结构如图 4-5 所示。它由两部分构成：前端是客户机（Client），即用户界面，结合表示与业务逻辑，接收用户的请求，并向数据库服务器提出服务请求；后端是服务器（Server），即数据管理，将数据提交给客户端，客户端将数据进行计算并将结果呈现给用户。

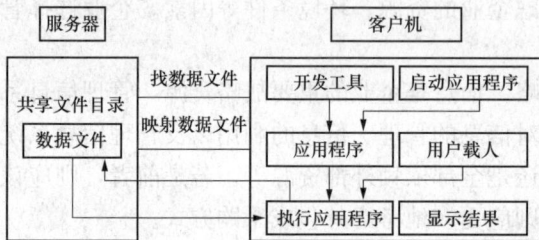

图 4-5　客户-服务器体系结构图

　　在客户-服务器模式中，由客户端提出数据请求和进行主要的业务运算处理，服务器负责数据的组织、存储和检索。这种体系结构没有主机/终端模式中高昂的硬件成本，而且可以充分利用所有硬件资源，有效地降低整个信息系统的硬件成本，同时网络带宽占用少、响应速度快、可保证数据一致性和完整性，为网络环境下进行信息交换和协同工作提供了有力的手段。

　　客户-服务器模式在技术上已经发展成熟，其主要特点是交互性强、具有安全的存取模式、网络通信量低、响应速度快、利于处理大量数据。但是客户-服务器模式的程序是有针对性的开发，变更不够灵活，维护和管理的难度较大。通常只局限于小型局域网，可扩展性不强。并且，由于该结构的每台客户机都需要安装相应的客户端程序，分布功能弱且兼容性差，不能实现快速部署安装和配置，缺少通用性，具有较大的局限性。

　　(2) 浏览器-服务器模式。浏览器-服务器模式（Browser/Server，B/S）是一种以 Web 技术为基础的新型系统平台模式，把传统客户-服务器模式中的服务器部分分解成一个数据库服务器与一个或多个应用服务器（Web 服务器），从而构成一个三层结构的体系，如图 4-6 所示。

第一层客户机是用户与整个系统的接口，客户端是标准的浏览器，浏览器将 HTML 代码转化成图文并茂的网页，网页具备一定的交互功能，允许用户在网页提供的请求栏上输入信息提交给后台，并提出处理请求。

第二层 Web 服务器将启动相应的进程来响应客户端的这一请求，并动态生成一串 HTML 代码，其中包含处理结果，作为应答返回给客户机的浏览器。如果客户机提交的请求包括数据的存取，如数据的获取、数据的修改、数据的有效性验证等，Web 服务器还需与应用服务器交互完成这一处理。

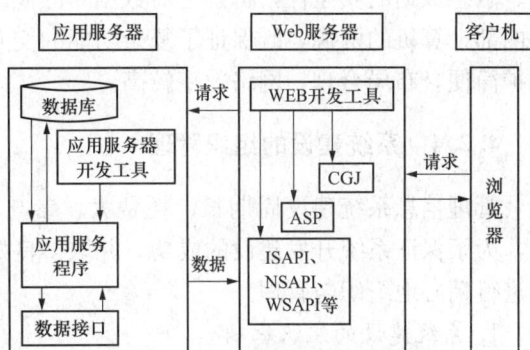

图 4-6 浏览器-服务器模式体系结构图

第三层应用服务器的功能类似于客户-服务器模式，应客户请求独立进行各种处理，而后数据库结果返回到 Web 服务器，再传至客户端。

浏览器-服务器模式具有众多优势。首先，它简化了客户端，无需在不同的客户机上安装不同的客户应用程序，而只需安装通用的浏览器软件。既节省客户机的硬盘空间与内存，又使安装过程简便、网络结构灵活。其次，它简化了系统的开发和维护。系统开发者无需再为不同级别的用户设计开发不同的客户应用程序，只需把所有的功能都实现在 Web 服务器上，并就不同的功能为各个组别的用户设置权限就可以了。各个用户通过 HTTP 请求在权限范围内调用 Web 服务器上不同处理程序，从而完成对数据的查询或修改。当应用发生变化时，它无须再为每一个现有的客户应用程序升级，而只需对 Web 服务器上的服务处理程序进行修订。这样可以大大提高运作效率。第三，用户的操作更加简单。采用浏览器-服务器模式，客户端只是一个简单易用的浏览器软件，无论是决策层还是操作层的人员都无需培训就可以直接使用。浏览器-服务器模式的这种特性，可使管理信息系统维护的限制因素更少。最后，浏览器-服务器模式特别适用于网上信息发布，使得传统管理信息系统的功能有所扩展。这种新增的网上信息发布功能使企业的大部分书面文件被电子文件所取代，提高了企业的工作效率，节省人力物力。

2. 系统平台模式策略

客户-服务器模式与浏览器-服务器模式有着各自结构上的优点和缺点。在开发管理信息系统时将两种模式结合起来，充分发挥两者的优势，是一种优化的软件程序平台结构模式。

系统开发时，可以根据一定的原则，将系统的所有子功能分类，决定哪些子功能适合采用客户-服务器模式，哪些适合采用浏览器-服务器模式。适合采用客户-服务器模式的子功能应具备安全性要求高、较强的交互性、使用范围小、地点固定、要求处理大量数据的特点。如人事、劳资数据的输入、修改功能，财务系统中的凭证输入功能等。适合采用浏览器-服务器模式的子功能应具备使用范围广、地点灵活，功能变动频繁，安全性、交互性要求不同等特点，如企业内部信息发布功能，财务分析表的查询功能等。

相对于单独采用客户-服务器模式或浏览器-服务器模式，上述方案的优点在于保证重要、敏感数据的安全性，特别是对数据库的修改和新增记录加强了控制，经济有效地利用企业内部计算机的资源，既保证了复杂功能的交互性，又保证了一般功能的易用与统一，系统维护简便，布局合理，网络效率较高。

4.2.4 系统建设的组织管理

管理信息系统建设周期长、耗费大、参与人员多，并涉及到管理体制、管理方法的变革，为了保证系统开发建设的成功，并取得良好的经济效益和社会效益，必须对系统建设工作进行精心地组织与管理。

1. 系统建设的组织基础

正确的思想认识、良好的基础工作及分阶段的落实是系统建设的基础。

（1）正确的思想认识。正确的思想认识主要是指企业的领导、管理人员、计算机应用人员对管理信息系统的含义、必要性有正确的理解，不应对管理信息系统有片面和错误的认识。只有各有关人员对管理信息化有了正确的认识，管理信息系统工作才能顺利健康地发展；只有企业的领导对管理信息系统的含义、必要性有了正确的认识，他们才会积极主动地支持和参与这项工作，正确地领导这项工作的开展。

正确的思想认识还包含对正确技术的认识。技术的先进性必须立足于用户的需求，满足用户需求的技术才是最好的技术。系统开发建设不求技术上最先进，只求最实用。单纯追求先进的技术而不是把技术建在实际需求之上是没有任何实际意义的。

（2）良好的基础工作。良好的基础工作是管理信息系统的保证。首先，管理信息系统处理生产、管理、销售业务是在预先编制好的程序指挥下进行的，要求管理工作规范化、标准化。其次，系统能否输出正确的管理信息，不仅取决于处理程序的正确与否，还取决于计算机录入数据的正确与否。这就要求我们管理部门健全各种规章制度，保证数据的真实和准确。最后，如果系统不能取得其所需的录入数据，即录入数据不完整，则要么系统不能正常运行，要么不能提交正确的输出。

基础工作较差的企业开展管理信息系统工作，应先进行基础工作的整顿。对于有一定规范管理基础的企业，也应进一步提高，以满足管理信息系统的需要。管理信息系统工作的开展也将促进基础工作的加强，推进企业经营工作的规范化、标准化、制度化、合法化，是一个改进管理的过程。

随着网络技术的迅速发展，管理信息系统朝着互连、互通、互操作的方向发展，信息标准化也成为系统开发中重要的基础工作。企业信息标准化的主要工作内容有：经济指标体系标准化、信息流程标准化、单证票据标准化、报表文件标准化、信息系统开发标准化、接口标准化等。

（3）分阶段的落实。管理信息系统的建设是一项浩大的工程，需耗费大量的人力、物力、财力。一般而言，建立一个管理信息系统必须按各个阶段的不同需要，分期投入，分期开发，及时把握开发进度和安排费用支出，合理分配人力、财力和物力，保证系统开发顺利进行。

在总体规划阶段就应制定系统开发大致的进度计划，随着系统分析、系统设计的不断深入，再制定详细的开发进度计划，并指定专人负责。在计划执行过程中，项目负责人要对各项任务进行定期检查。

　　系统各阶段完成后，要进行阶段评审，审核各阶段的工作，符合要求后才可进入下一阶段工作，尤其是要做好系统分析阶段的评审工作，把好质量关，为系统的成功开发打下坚实的基础。

　　2. 系统建设的人员管理

　　管理信息系统的建设不仅需要制定明确的开发任务、遵循开发原则，而且还要有高素质的开发人员。合理组织队伍和人员分工，才能保证管理信息系统开发的成功。

　　(1) 企业高层领导。管理信息系统的建设必然涉及企业中的组织结构的变动，实际上就是对于人的权力和职责的再分配。这种工作在一个组织中，如果没有第一把手的首肯，是不可能做好的。对于管理信息系统这种组织中的神经中枢系统，其目标必须与组织战略目标一致，否则系统建立之后是无法运行的。组织战略目标与管理信息系统目标的结合只有最高领导才能把握。所以，组织中的高层领导必须是系统开发小组的领导成员，并且要在把握大方向时切实地投入时间和精力。

　　(2) 项目主管。项目主管是实际系统开发的业务领导者与组织者，他主持整个系统建设工作，确定工作目标以及确定实现目标的具体方案。项目主管需要懂管理和技术两方面工作的才能。管理需要项目主管有很强的管理能力和与人交流沟通的能力。技术方面的工作才能，包括对计算机科学技术的掌握和应用，有能力指定系统开发时有关问题的技术解决方案与技术路线。

　　(3) 系统分析员。系统分析员的主要任务是研究用户对管理信息系统的需求，进行可行性研究；进行系统分析与设计；负责对新系统的安装、测试和技术文件的编写。系统分析员不仅应当具备计算机硬件、软件的知识，懂得企业管理的业务，还应了解现代化管理方法以及各种经济数学模型在企业管理中的应用，并且应当具有理论联系实际、灵活运用上述知识的能力。

　　系统分析员也要善于处理人际关系，能与各类人员建立良好的合作关系；能够正确理解各级管理人员提出的需求，灵活运用现代管理方法，将这些需求经过分析和逻辑抽象转换为计算机系统的设计方案，成为编写程序的依据。

　　(4) 程序设计员。程序设计员的主要任务是按照系统分析员提出的设计方案编写程序，调试程序，修改程序，直到新系统投入运行。在系统交付使用以后，企业的程序设计员还要担负系统的运行维护工作，负责程序的改进任务。程序设计员应该有较强的逻辑思维能力，掌握计算机软件的基本知识，熟练掌握数据库及程序设计语言。

　　(5) 组织的管理人员。在前期他们要把自己的需求非常准确和全面地提供给系统分析员；在与计算机工作人员进行沟通时，要把业务流程和系统功能阐述得很透彻。在后期系统雏形出来之后，能够根据系统的功能，对系统进行客观的评价，找出系统改进方向。因此，参与系统开发的管理人员必须是业务骨干，了解自己的部门或自己工作的关键点和难点是什么，更重要的是能够对未来管理信息系统的构成和添加哪些新功能有自己的看法。

　　由于新系统的采用，势必造成原来管理方法和思路的改变。企业管理人员应当按照新系统的要求，组织基础管理工作的整顿，提供新系统运行所需的各种数据，积极参与新系统开发建设所需要的培训，尽快适应新系统的工作思路和流程。

　　3. 系统建设过程改进

　　管理信息系统的开发建设过程的管理表现为系统开发项目管理、软件产品的质量管理、开发方法选择等方面。衡量管理信息系统软件产品质量的方法，可以应用称为"软件能力成熟度"的模型，它是提高管理信息系统软件产品质量的一种重要的框架，通过这种模型来加强计算机软件系统的开发过程管理，以提高软件的开发质量。该模型又称能力成熟度模型（Capability Maturity Model，CMM）。

能力成熟度模型 CMM 提供了一个系统过程改进框架，该框架与软件生命周期及所采用的开发技术无关。根据这个框架制定企业内部具体的系统开发过程，可以极大程度地提高按计划的时间和成本提交有质量保证的系统产品的能力。

CMM 认为保证系统质量的根本途径就是提升企业的系统开发生产能力，其又取决于企业的系统开发过程能力，特别是在系统开发和生产中的成熟度。企业的系统开发过程能力越成熟，其系统生产能力就越有保证。

所谓系统开发过程能力，是指企业从事系统产品开发和生产过程本身透明化、规范化、和运行强制化。企业在执行系统开发过程中可能会反映出原定过程的某些缺陷，这时可以根据反映的问题来改善这个过程。周而复始，这个过程逐渐完善、成熟。这样一来，项目的执行不再是一个黑盒，企业可以清楚地知道项目是按照规定的过程进行的。系统开发及生产过程中成功和失败的经验教训也就能够成为今后可以借鉴和吸取的营养，从而可以大大促进信息系统生产成熟度的提高。

CMM 模型描述和分析了系统开发过程能力的发展程度，确立了一个系统开发过程能力成熟度的分级标准，如图 4-7 所示。随着能力成熟度逐步提高，企业的竞争力也在不断的提高，系统开发的风险则逐步下降，系统产品的质量稳步上升。

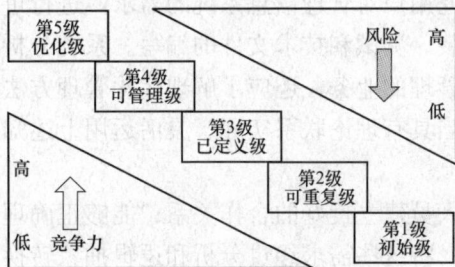

图 4-7　能力成熟程度的分级标准

CMM 以具体实践为基础，是一个系统开发实践的纲要，以逐步演进的框架形态不断地完善系统开发和维护过程，成为软件企业变革的内在原动力，与静态的质量管理标准（如 ISO 9001）形成了鲜明的对比。ISO 9001 标准在提供一个良好的体系结构与实施基础方面能够很有效，而 CMM 是一个演进的、有动态尺度的标准，可以驱使企业在当前的系统开发实践中不断地改进和完善。

CMM 作为一个指南能够帮助企业选择、采纳和合理使用一些先进的管理方法，并在实践活动中不断提高和完善系统开发成熟度的能力。围绕这些实践活动逐步形成了一套制度，即在指定的成本和时间内，交付提高质量的软件产品所需要的、有纪律的、精确定义的并能有效度量的软件工程过程。

阅读 4-3　系统建设中需要注重的问题

4.3　系统开发方法

管理信息系统的开发是一项复杂的系统工程工作。它涉及的知识面广、部门多。至今还没有一种完全有效的方法来很好地完成系统的开发，但也确有一些方法对系统开发很有帮助，比较常见的有结构化系统开发方法、面向对象开发方法、原型法等。

4.3.1　结构化方法

结构化方法，亦称为 SSA&D 法（Structured System Analysis and Design），或 SADT（Structured Analysis and Design Technology），是自顶向下结构化方法、工程化的系统开发方法和生命周期方法结合的产物，是至今为止所有开发方法中应用最广泛、最成熟的系统开发技术。

1. 结构化方法的基本思想

结构化方法的基本思想是：采用结构化思想、系统工程的观点和工程化的方法，按照用户至上的原则，先将整个管理信息系统作为一个大模块，自顶向下，以模块化结构设计技术进行模块分解，然后，再自底向上按照系统的结构将各模块进行组合，最终实现系统的开发。

具体说来，就是首先将整个系统的开发过程按照生命周期划分为系统规划、系统分析、系统设计、系统实施和系统运行管理与评价等五个相对独立的开发阶段；其次，在系统规划、系统分析、系统设计各阶段，坚持自顶向下的原则，进行系统的结构化划分。从最顶层的管理业务调查开始，直至最底层业务，从系统的整体方案分析和设计出发，先优化整体的逻辑或物理结构，后优化局部的逻辑或物理结构；最后，在系统实施阶段，坚持自底向上的原则，从最底层的模块编程开始，逐步组合和调试，由此完成整个系统的开发。

利用结构化方法开发管理信息系统的工作步骤、审查和文件资料如图 4-8 所示。

2. 结构化方法的特征

结构化方法是将制造业中的工程化设计制造方法移植到软件行业的结果，其主要特征表现在如下方面：

（1）树立面向用户的观点。系统开发是直接为用户服务的，因此，在开发的全过程中要有用户的观点，一切从用户利益出发。应尽量吸收用户单位的人员参与开发的全过程，加强与用户的联系、统一认识，加速工作进度，提高系统质量，减少系统开发的盲目性和失败的可能性。

（2）自顶向下的分析与设计和自底向上的系统实施。按照系统的观点，任何事情都是互相联系的整体。因此，在系统分析与设计时要站在整体的角度，自顶向下地工作。但在系统实施时，先对最底层的模块编程，然后一个模块、几个模块地调试，最后自底向上逐步构建整个系统。

（3）严格按阶段进行。整个管理信息系统开发过程划分为若干个工作阶段，每个阶段都有明确的任务和目标，各个阶段又可分为若干工作和步骤，逐一完成任务，从而实现预期目标。这种有条不紊地开发方法，便于计划和控制，基础扎实，不易返工。

（4）加强调查研究和系统分析。为了使系统更加满足用户要求，要对现行系统进行详细的调查研究，尽可能弄清现行系统业务处理的每一个细节，做好总体规划和系统分析，从而描述出符合用户实际需求的新系统逻辑模型。

（5）先逻辑设计后物理设计。在进行充分的系统调查和分析论证的基础上，弄清用户要"做什么"，并将其抽象为系统的逻辑模型，然后进入系统的物理设计与实施阶段，解决"怎么做"的问题。这种做法符合人们认识规律，从而保证系统开发工作的质量和效率。

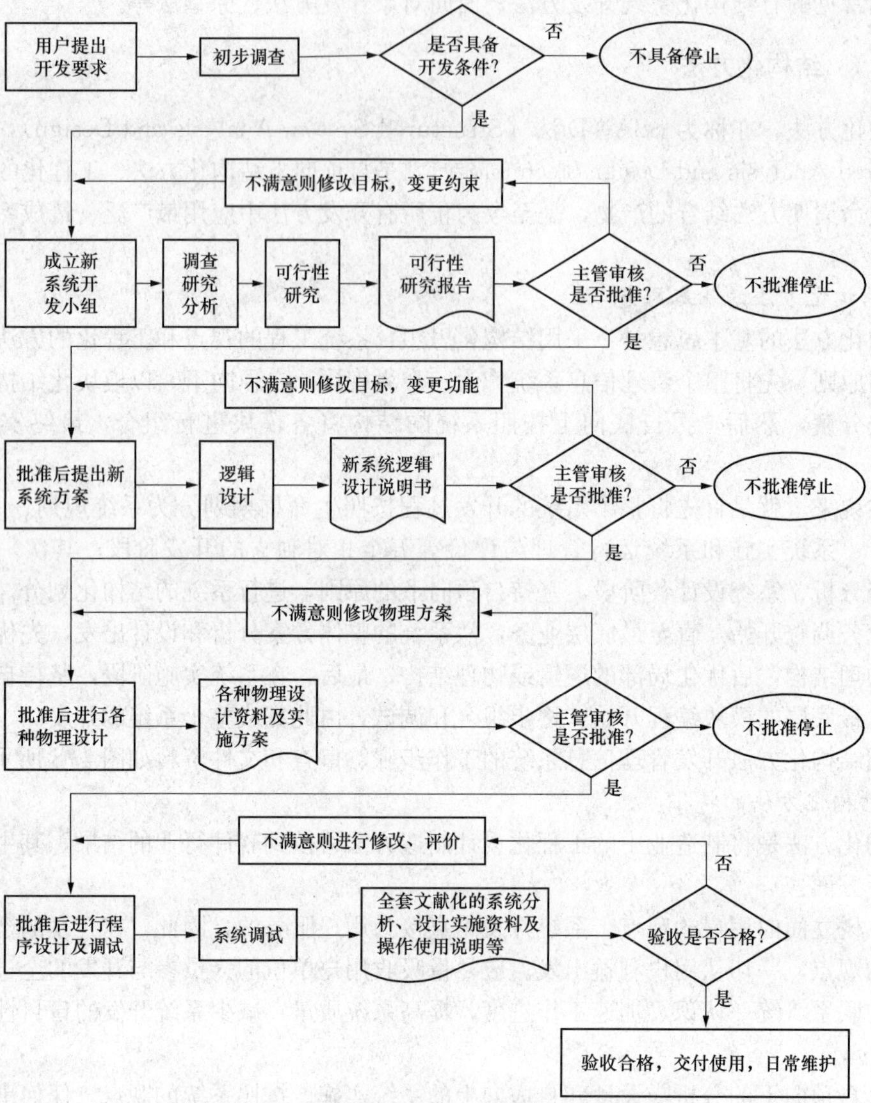

图 4-8　结构化方法工作步骤示意图

（6）工作文档资料规范化和标准化。根据系统工程的思想，管理信息系统的各个阶段性的成果必须文档化，只有这样才能更好地实现用户与系统开发人员的交流，确保各个阶段的无缝连接。因此必须充分重视文档资料的规范化、标准化工作，充分发挥文档资料的作用，为提高管理信息系统的适应性提供可靠保证。

3. 结构化方法的优缺点

结构化方法强调将系统开发项目划分成不同的阶段。每个阶段都有明确的起始和完成的进度安排，对开发周期的各个阶段进行管理控制。在每个阶段的末期，要对该阶段的工作作出常规评价。对当前阶段的任务是否有需要修改和返工的部分，任务完成符合要求后，是否进入下一阶段继续开发等问题要及时做出决策。开发过程要及时建立诸如数据流程图、实体关系图以及编程技术要求等各种文档。这些文档对系统投入运行后的系统维护工作十分重要。由于它及时对各阶段的工作进行评价，从而能对各阶段的工作任务符合系统需求和符合组织标准提供有力的保证措施。总之，采用这种方法有利于系统结构的优化，设计出的系统比较容易实现而且具有较好的可维护性，因而得到了广泛的应用。

但是，这种方法开发过程过于烦琐，周期过长，工作量太大。在系统开发未结束前，用户不能使用系统，却要求系统开发人员在调查中充分掌握用户需求、管理状况以及可预见未来可能发生的变化，不符合人类的认识规律，在实际工作中难以实施，导致系统开发的风险较大。该方法的另一缺点是对用户需求的改变反映不灵活。尽管有这些局限性，结构化系统开发法（生命周期法）还是经常应用在大型、复杂的影响企业整体运作的管理信息系统的开发项目中，以及政府项目中。

4.3.2　面向对象方法

面向对象方法也称为面向对象的开发方法，是从各种面向对象的程序设计方法基础上逐步发展起来的。面向对象方法（Object Oriented Method，OOM）以类和对象及继承、消息传递等概念描述客观事物及其联系，与传统的面向数据的思想完全不同，为管理信息系统开发提供了全新的思维。

1. 面向对象方法的基本思想

面向对象方法基于类和对象的概念，把客观世界的一切事物都看成是由各种不同的对象组成，每个对象都有各自内部的状态、机制和规律；按照对象的不同特性，可以组成不同的类。不同的对象和类之间的相互联系和相互作用就构成了客观世界中的不同的事物和系统。

面向对象方法可描述为，客观事物是由对象组成的，对象是在原事物基础上抽象的结果。任何复杂的事物都可以通过各种对象的某种组合结构来定义和描述；对象是由属性和操作方法组成的，其属性反映了对象的数据信息特征，而操作方法则用来定义改变对象属性状态的各种操作方式；对象之间的联系通过消息传递机制来实现，而消息传递的方式是通过消息传递模式和方法所定义的操作过程来完成的；对象可以按其属性来归类，借助类的层次结构，子类可以通过继承机制获得其父类的特性；对象具有封装的特性，一个对象就构成一个严格模块化的实体，在系统开发中可被共享和重复引用，达到软件（程序和模块）重用的目的。

2. 面向对象的开发过程

采用面向对象方法，首先要进行系统调查和需求分析，对系统中的具体管理问题和用户对系统的需求进行系统的调查研究，确保系统的整体性、开发过程的阶段性与计划性，使系统性能满足系统的目标和要求，以期获取最佳的经济效益。

面向对象的系统开发过程，一般可分为系统分析、系统设计、系统实现、系统测试四个阶段。系统分析阶段即分析和求解问题阶段，利用信息模型技术识别问题域中的对象实体，标识对象之间的关系，确定对象的属性和方法，利用属性描述对象及其关系，并按照属性的变化规律定义对象及其关系的处理流程。系统设计阶段即确定问题模型阶段，对系统发现的结果进一步抽象、归类、整理，以范式（物理模型）的形式确定。系统实现阶段即程序设计阶段，利用面向对象的程序设计语言进行编程。系统测试阶段运用面向对象的技术进行软件测试。

面向对象方法还为软件维护提供了有效途径。程序与问题域一致，各个阶段表示一致，大大降低了理解难度，提高了软件维护效率。

3. 面向对象方法的特点

面向对象方法以对象为基础，利用特定软件工具直接完成从对象客体的描述到软件结构之间的转换。采用全新的面向对象思想，使得系统的描述及信息模型的表示与客观实体相对应，符合人类的思维习惯，有利于系统开发过程中用户与开发人员的交流和沟通，缩短开发周期，提高系统开发的正确性和效率；系统开发的基础统一于对象之上，各个阶段工作过渡平滑，避免了许多中间转换环节和多余劳动，加快了系统开发的进程；面向对象技术中的各种概念和特性，如继承、封装、多态性及消息传递机制等，使软件的一致性、模块的独立性、程序的共享和可重用性大大提高，也与分布式处理、多机系统及网络通信等发展趋势相吻合，具有广阔的应用前景；许多新型的软件中，采用或包含了面向对象的概念和有关技术，为面向对象的开发方法的应用提供了强大的技术支持。

但是，面向对象方法也存在着明显的不足。首先，必须依靠一定的软件技术支持，其次，在大型项目的开发上，具有一定的局限性，必须以结构化系统开发方法的自顶向下的整体性系统调查和分析作基础，否则，同样会存在系统结构不合理、关系不协调的问题。

4.3.3 面向服务方法

从企业应用的角度来看，企业内部、企业与企业之间各种应用系统的互相通信和互操作性直接影响着企业对信息的掌握程度和处理速度。如何使管理信息系统快速响应需求与环境变化，提高系统可复用性、信息资源共享和系统之间的互操作性，成为影响企业信息化建设效率的关键问题，而面向服务（Service-Oriented，SO）的开发方法思维方式恰好满足了这种需求。

1. 服务的概念

万维网联盟（World Wide Web Consortium，W3C）将服务定义为"服务提供者完成一组工作，为服务使用者交付所需的最终结果"。服务是一种为了满足某项业务需求的操作、规则等的逻辑组合，它包含一系列有序活动的交互，为实现用户目标提供支持。

服务的概念很容易与对象的概念相混淆。事实上，对象主要是面向系统的，侧重描述的是程序概念上的内容；而服务是面向业务的，总是与业务紧密联系。此外，对象的粒度级别主要集中在类级，这种程度的抽象级别对于业务服务来说则显得过低；服务从更广泛、更整体的角度来对待功能的实现，并使用与实现细节无关的标准化接口来构建。服务给业务带来了灵活性和敏捷性，它们通过松散耦合、封装和信息隐藏使重构更加容易。

2. 面向服务分析与设计

面向服务方法有三个主要的抽象级别：操作、服务和业务流程。位于最低层的操作代表单个逻辑单元的事物，执行操作通常会导致读、写或修改一个或多个持久性数据。服务的操作类似于对象的方法，它们都有特定的结构化接口，并且返回结构化的响应；位于第二层的服务代表操作的逻辑分组；最高层的业务流程则是为了实现特定业务目标而执行的一组长期运行的动作或活动，包括依据一组业务规则按照有序序列执行的一系列操作。其中操作的排序、选择和执行成为服务或流程的编排，典型的情况是调用已编排的服务来响应业务事件。

从建模的观点来看，面向服务带来的主要挑战是如何描述操作、服务和流程抽象的特征，以及如何系统地构建它们。针对这个问题，提出了面向服务的分析与设计（Service-Oriented Analysis and Design，SOAD）的概念，面向对象分析与设计分析、企业架构、业务流程建模分别从基础设计层、应用结构层和业务组织层三个层次上为面向服务的分析与设计提供理论支撑。其结构如图 4-9 所示。

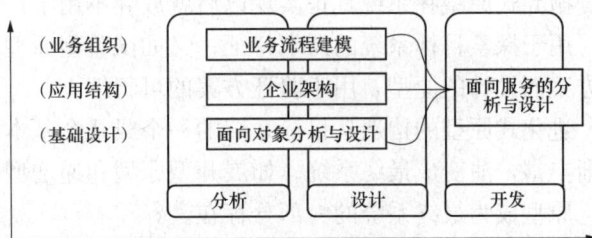

图 4-9 面向服务的分析与设计

3. 服务建模

服务建模的过程实际上是进行流程分解，对业务目标和现有系统进行分析，发现候选服务，并对其进行分类，确定哪些服务可被剥离，最终实现服务和架构设计的过程。按照实施的阶段，服务建模可以分为服务发现、服务规约和服务实现三个阶段。

（1）服务发现。采用自上而下、自下而上和中间对齐的方式，得到候选服务。自上而下的方式也称为业务领域分解，从业务着手进行分析，将业务进行领域分解、流程分解和变化分析。业务领域分解的结果（业务范围）是一个业务概念，可以无缝映射到信息系统范畴；流程分解将业务流程逐级分解成子流程或者业务活动，直到每个业务活动都是具备业务含义的最小单元。流程分解得到的业务活动树上的每一个节点，都是服务的候选者。变化分析的目的是将业务领域中易变的部分和稳定的部分区分开来，通过将易变的业务逻辑与相关的业务规则剥离出来，保证未来的变化不会破坏现有设计，提升架构应对变化的能力。

（2）服务规约。对候选服务进行分类，根据是否便于复用和组装，是否具有业务对齐性来决定是否将服务剥离。同时，需要考虑服务的信息系统特性。服务规约还包括服务编排、服务库和服务总线中间件模式的设计等过程。

（3）服务实现。根据对业务领域的理解和现有系统的分析，将服务的实现分配到相应的服务构件中，并决定服务的实现方式。具体的实现方式既可以由现有系统暴露相关功能为服务，或者重新开发相关功能提供服务，也可以由合作伙伴来提供服务。无论采用哪种方式，系统分析人员都需要对于关键点进行技术可行性分析。

4.3.4 原型化方法

原型化方法简称原型法（Prototyping），是在关系数据库系统、第 4 代程序生成工具和各种系统开发生成环境诞生的基础上，逐步形成的一种设计思想、过程和方法全新的系统开发方法。它并不注重对管理信息系统的全面、系统的调查和分析，而是根据对用户的信息需求的大致了解，借助强有力的软件环境支持，迅速构造一个新系统的原型，然后通过反复修改和完善，最终完成新系统的开发。

1. 原型及其作用

管理信息系统的原型，既不是对系统的仿真，也不是系统工程中的缩小尺寸的原型，它指区别于最终系统的初始模型，这种原型经过多次反复修改完善后，可以成为欲开发的最终系统。因此，它要处理的是系统中的实际数据，应该包括最终系统的大部分具体功能。原型法中的原型，应当具备的基本特点有，实际可行，并不是抽象的系统结构模型或理论设计模型，而是可以实际运行的软件系统；是形成最终系统的基础，通过不断丰富其功能，最终成为实际的管理信息系统产品；构造方便、快速、造价低。

在系统开发过程中，根据原型的作用和变化，一般可分为抛弃式、进化式等形式。

　　抛弃式原型在系统真正实现以后就放弃不用了。如研究型原型，其初始的设计仅作为参考，用于探索目标系统的需求特征；又如试验型原型，作为目标系统大规模开发前的某种实施方案而设计的原型，用于验证方案的可行性。

　　进化式原型的构造从目标系统的一个或几个基本需求出发，通过修改和追加功能的过程逐渐丰富，演变成最终系统。如展开型原型和递增型原型，分别在原型基础上纵向或横向发展，原型成为最终系统的一部分存在。

　　2. 原型法的基本思想

　　运用原型法开发管理信息系统，首先要对用户提出的初步需求进行总结，然后构造一个合适的原型并运行，此后，通过系统开发人员与用户对原型的运行情况不断分析、修改和研讨，不断扩充和完善系统的结构和功能，直至得到符合用户要求的系统为止。

　　原型法并不要求系统开发之初，即完全掌握系统的所有需求。事实上，由于各种因素的影响，系统的所有需求不可能在开发之初可以预先确定，用户只有在看到一个具体的系统时，才能对自己的需求有完整准确的把握，同时也才能发现系统当前存在的问题和缺陷。构造原型必须依赖快速的原型构造工具。只有在工具的支持下才能迅速建立系统原型，并方便地进行修改、扩充、变换和完善。原型构造工具必须能够提供目标系统的动态模型，才能通过运行它暴露出问题和缺陷，有利于迅速修改和完善。原型的反复修改是必然的和不可避免的。必须根据用户的要求，随时反映到系统中去，从而完善系统的结构和功能，使系统提供的信息真正满足管理和决策的需要。

　　应用原型法进行系统开发，有利于用户及早参与开发过程，让用户在开发之初就看到系统雏形，了解管理信息系统，激发参与开发的热情和积极性；也可以使用户培训工作同时启动，有利于系统今后顺利交接和运行维护；构造原型快速、成本较低；开发进程加快，周期缩短，反馈及时。

　　但原型法的应用也存在一些问题。首先，对于大型系统或复杂性高的系统，没有充分的系统需求分析，很难构造出原型；其次，开发进程管理复杂，要求用户和开发人员的素质高，配合默契；必须依赖强有力的支撑环境，否则无法进行。

　　3. 原型法的基本工作流程

　　采用原型法，首先由用户提出开发要求和系统的初步需求，系统开发人员识别用户需求，利用工具构造一个系统原型。然后，双方一起进行测试和评价，确定下一步处理方式。如果根本不可用，抛弃该原型，返回到上一步，重新构造；如果不满意，则对该原型进行分析和整理，并根据新的要求修改；反复对修改后的原型进行测试和评价，直至符合用户的要求，即构成最终系统。

　　原型法的工作流程如图 4-10 所示。

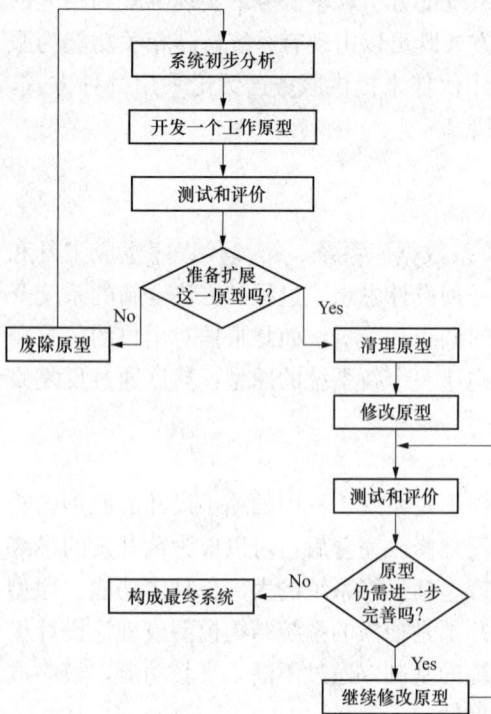

图 4-10　原型方法的工作过程

4. 原型法的支撑环境

原型法的运用，必须依赖强有力的软件支撑环境作后台。其环境要求是，具有一套操作方便灵活的关系型数据库管理系统软件；一个与数据库系统相适应的数据字典生成工具；一套与数据库系统相适应的快速查询系统并支持复合条件查询；一套支持结构化编程、代码自动生成和维护的高级软件工具或环境。

阅读 4-4　地铁 AFC 应用系统的开发

4.4　管理信息系统项目管理

管理信息系统的开发是一项费时费力的艰巨复杂的系统工程。由于管理工作存在许多不确定的因素，而且还具有一定的艺术成分，管理信息系统的开发难度往往要大于技术系统的开发。为了尽可能经济有效地保质按时完成系统开发，应将管理信息系统的开发工作作为一个工程项目来管理。

4.4.1　项目管理的概念

项目管理就是以项目为对象的系统管理方法，通过一个临时性的专门的柔性组织，对项目进行高效率的计划、组织、指导和控制，以实现项目全过程的动态管理和项目目标的综合协调与优化。

1. 项目管理知识体系构成

按照美国项目管理协会提出的现代项目管理知识体系的划分方法，现代项目管理知识体系主要包括九个方面，分别从不同的管理职能和领域，描述了现代项目管理所需要的知识、方法、工具和技能。

（1）集成管理。集成管理是在项目管理过程中为确保各种项目工作能够很好地协调与配合而开展的一种整体性、综合性的项目管理工作。开展项目集成管理的目的是要通过综合与协调去管理好项目各方面的工作，以确保整个项目的成功，而不是某个项目阶段或某个项目单项目标的实现。主要内容包括：项目集成计划的编制、项目集成计划的实施和项目总体变更的管理与控制。

（2）范围管理。范围管理是在项目管理过程中所开展的计划和界定一个项目或项目阶段所需和必须要完成的工作，以及不断维护和更新项目的范围的管理工作。开展项目范围管理的根本目的是要通过成功地界定和控制项目的工作范围与内容，确保项目的成功。主要内容包括：项目起始的确定和控制、项目范围的规划、项目范围的界定、项目范围的确认、项目范围变更的控制与项目范围的全面管理和控制。

（3）时间管理。时间管理是在项目管理过程中为确保项目按既定时间成功完成而开展的项目管理工作。开展项目时间管理的根本目的是要通过做好项目的工期计划和项目工期的控制等管理工作，去确保项目的成功。主要内容包括：项目活动的定义、项目活动的排序、项目活动的时间估算、项目工期与计划的编制和项目作业计划的管理与控制。

（4）成本管理。成本管理是在项目管理过程中为确保项目在不超出预算的情况下完成全部项目工作而开展的项目管理。开展项目成本管理的根本目的是全面管理和控制项目的成本，确保项目的成功。主要内容包括：项目资源的规划、项目成本的估算、项目成本的预算和项目成本的管理与控制。

（5）质量管理。质量是在项目管理过程中为确保项目的质量所开展的项目管理工作。主要内容包括：项目质量规划、项目质量保障和项目质量控制。开展项目成本管理的根本目的是要对项目的工作和项目的产出物进行严格的控制和有效的管理，以确保项目的成功。这项管理的主要内容包括：项目产出物质量和项目工作质量的确定与控制，以及有关项目质量变更程序与活动的全面管理和控制。

（6）人力资源管理。人力资源管理是在项目管理过程中为确保更有效地利用项目所涉及的人力资源而开展的项目管理工作。开展项目人力资源管理的根本目的是要对项目组织和项目所需人力资源进行科学的确定和有效的管理，以确保项目的成功。主要内容包括：项目组织的规划、项目人员的获得与配备、项目团队的建设等内容。

（7）信息管理。信息管理是在项目管理过程中为确保有效地、及时地生成、收集、储存、处理和使用项目信息，以及合理地进行项目信息沟通而开展的管理工作。其根本目的是要对项目所需的信息和项目相关利益者之间的沟通进行有效的管理，以确保项目的成功。主要内容包括：项目沟通的规划、项目信息的传送、项目作业信息的报告和项目管理决策等方面的内容。

（8）风险管理。风险管理是在项目管理过程中为确保成功地识别项目风险、分析项目风险和应对项目风险所开展的项目管理工作。其根本目的是要对项目所面临的风险进行有效识别、控制和管理，是针对项目的不确定性而开展的降低项目损失的管理。主要内容包括：项目风险的识别、项目风险的定量分析、项目风险的对策设计和项目风险的应对与控制等。

（9）采购管理。采购管理是在项目管理过程中为确保能够从项目组织外部寻求和获得项目所需各种商品与劳务的项目管理工作。其根本目的是要对项目所需的物质资源和劳务的获得与使用进行有效的管理，以确保项目的成功。主要内容包括：项目采购计划的管理、项目采购工作的管理、采购询价与采购合同的管理、资源供应来源选择的管理、招投标与合同管理和合同履行管理。

2. 项目管理过程

现代项目管理理论认为任何项目都是由项目实现过程和项目管理过程两个过程构成。项目管理的目标是要在生成项目产出物（成果）的实现过程中，通过项目的管理过程去保障项目目标的实现。项目管理过程一般是由五种不同的项目管理具体过程构成的。这五种项目管理具体过程构成了一个项目管理过程组。

（1）起始过程。由一系列决策性的项目管理工作与活动所构成，包含的管理内容有：定义一个项目阶段的工作与活动、决策一个项目或项目阶段的起始与否，或决定是否将一个项目或项目阶段继续进行下去等。

（2）计划过程。由一系列计划性的项目管理工作与活动所构成，包含的管理内容有：拟定、编制和修订一个项目或项目阶段的工作目标、工作计划方案，资源供应计划、成本预算、计划应急措施等。

（3）实施过程。由一系列组织性的项目管理工作与活动所构成，包含的管理内容有：组织和协调人力资源及其他资源，组织和协调各项任务与工作，激励项目团队完成既定的工作计划，生成项目产出物等。

（4）控制过程。由一系列控制性的项目管理工作与活动所构成，包含的管理内容有：制定标准、监督和测量项目工作的实际情况、分析差异和问题、采取纠偏措施等管理工作和活动。这些都是保障项目目标得以实现，防止偏差积累而造成项目失败的管理工作与活动。

（5）结束过程。由一系列文档化和移交性的项目管理工作与活动所构成，包括的管理内容有：制定一个项目或项目阶段的移交与接受条件，并完成项目或项目阶段成果的移交，从而使项目顺利结束。

4.4.2　项目计划

项目计划是根据管理信息系统目标，对系统开发过程中进行的各项活动做出周密安排。项目计划系统地确定在系统开发中包含的工作任务的数量，合理地安排各项任务的时间进度，制定完成任务所需的资源和费用计划等，从而保障系统开发能够在合理的时间内，用尽可能低的成本和尽可能高的质量完成。

1. 项目计划的内容

通常来说，项目组在系统开发合同签订以后开始制订项目计划，其计划的制订需要满足项目给定的工作范围、进度、资源等方面的要求。项目计划通常包括以下内容：

（1）工作范围规划。项目范围规划就是确定项目范围并编写项目说明书的过程。

（2）项目进度计划。进度计划是表达项目中各项工作的开展顺序、开始及完成时间及相互衔接关系的计划。通过进度计划的编制，使项目实施形成一个有机整体。进度计划是进度控制和管理的依据。按进度计划所包含的内容不同，可分为总体进度计划、分项进度计划等。这些不同的进度计划构成了项目的进度计划系统。

（3）项目费用计划。包括资源计划、费用估算、费用预算。资源计划就是要决定在每一项工作中用什么样的资源以及在各个阶段用多少资源。费用估算指的是完成项目各工作所需资源（人、材料、设备等）费用的近似值。费用预算包括给每个独立工作分配全部费用，以获得度量项目执行的费用基线。

（4）质量计划。质量计划包括与维护项目质量有关的所有活动。质量计划的目的主要是确保项目的质量标准能够得以满意的实现。质量计划是对特定的项目、产品、过程或合同，规定由谁监控，应使用哪些程序和相关资源的文件。是针对具体项目的要求，以及应重点控制的环节所编制的对设计、采购、项目实施、检验等质量环节的质量控制方案。

（5）沟通计划。沟通计划就是确定利益关系者的信息交流和沟通的要求。简单地说，也就是谁需要何种信息、何时需要以及应如何将其交到他们手中。

（6）风险应对计划。风险应对计划是针对风险量化结果，为降低项目风险的负面效应制订风险应对策略和技术手段的过程。

（7）采购计划。项目采购计划过程就是识别项目的哪些需要可以通过从项目实施组织外部采购产品和设备来得到满足，采购计划应当考虑合同和分包商。

（8）变更控制计划。变更控制计划主要是规定处理变更的步骤、程序，确定变更行动的准则。

此外，项目计划还包括项目组织结构、职责描述与说明，人员培训计划等。

2. 项目计划的编制

实践表明，系统项目的失败，大多是由于计划不周而引起的。项目管理人员有责任编制项目计划并监督项目按计划实施。项目计划编制就是提供一个框架，使得管理者能够对资源、成本、风险及进度进行合理的估算、分析和调度，为管理信息系统的开发过程提供管理依据。管理信息系统项目计划编制一般按下列步骤进行：

（1）收集和整理有关信息。有效的项目计划取决于相关信息的质量。一般应通过多种渠道收集有关的历史资料、上级文件，调查有关的经济、技术、法律信息，召开必要的专家会。对信息的收集和整理应尽可能做到及时、全面、准确。

（2）确认项目目标及项目环境分析。根据获得的信息，明确项目的具体目标，并明确项目各目标之间的关系，然后对目标进行排序，分清主次。对项目的目标，尽可能将其量化。对难以量化的目标，应找出可量化的相关指标或标准，同时对目标的实现程度给出"满意度"。从政策、法律、自然条件、社会条件等方面对实现项目目标的环境进行分析与评价。

（3）工作说明。工作说明是对实现项目目标所进行的工作或活动的描述。一般来说，在项目目标确定之后，需列举实现这些目标的工作，说明这些工作或任务的内容、要求和工作的程序，并按一定的格式写出。

（4）工作分解结构。将项目的各项内容按其相关关系逐层进行工作分解，直到形成工作内容单一、便于组织管理的工作单元为止。把各单项工作在整个项目中的地位、相互关系直观地表示出来，以便更有效地计划、组织、控制项目整体的实施。它是项目计划和控制的基础，其目的是为了使项目各方从整体上了解自己承担的工作与全局的关系。

（5）编制线性责任图。将所分解的工作落实到有关部门、班组或个人，并明确表示出有关部门对该项目工作的责任，以便分工负责和实施管理。

（6）绘制逻辑关系图。在将一项目的总体任务分解为许多工作单元的基础上，按各项活动的先后顺序和衔接关系画出的各项活动的关系图。在项目实施过程中，各项作业的逻辑关系分为平行、顺序和搭接三种。搭接关系是最一般的关系，平行和顺序关系是搭接关系的特例。

3. 项目计划的变更管理

项目执行过程中，会出现到某一个项目的报告期时，项目的进度早于或晚于计划进度及已经发生的实际成本低于或高于计划成本，这时就需要对相应的计划调整。项目控制或调整的过程如图4-11所示。

如果发现项目的进度计划或预算需要调整，则应当注重如下问题：对近期内即将发生的活动加强控制，积极挽回时间和成本；工期

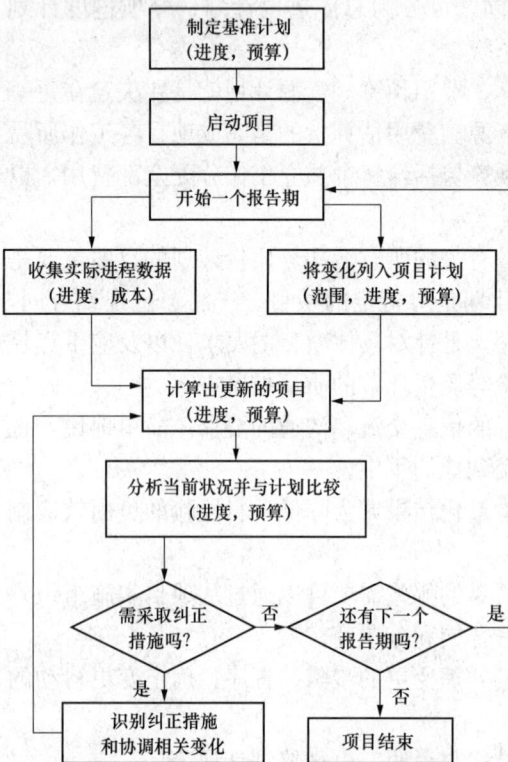

图4-11　管理信息系统项目变更管理过程

估计最长或预算估计最大的活动应进一步审核预估依据，并做好该活动压缩时间和费用的准备工作；将某些可以再分的活动进一步细分，研究细分活动之间并行工作或知识重用的可行性，如可行，则可以有效地压缩时间和费用。

阅读 4-5　制定进度计划的方法

4.4.3　控制管理

系统开发技术与系统管理技术是管理信息系统开发过程中的两大支柱。系统管理体现在系统开发的项目管理之中，它先于任何技术活动之前，并且贯穿于系统建设的整个生命周期之中。

1. 风险管理

风险管理是指通过风险识别、风险界定和风险度量等工作去认识开发项目的风险，并以此为基础通过合理地使用各种风险应对措施和管理方法对项目风险实行有效的控制，以及妥善地处理项目风险事件所造成的不利结果，以最少的成本保证项目总体目标的实现等管理工作。管理信息系统开发的特殊性使项目的不确定性比一般项目大得多，而且项目风险一旦形成后果则很难有改进和补偿的机会，所以项目风险管理的要求通常要比日常工作管理中的要求高许多，而且项目风险管理更注重项目前期阶段的风险管理和预防工作，这一时期项目的不确定因素较多，项目风险高于后续阶段。

风险识别就是企图采用系统化的方法，识别系统开发项目已知的和可预测的风险。管理信息系统开发风险主要有，项目组频繁的人员变动，向用户做出一些不切实际的承诺，计划风险，反复变更，成本风险，技术风险，管理风险等。

风险是可能发生的事件，其发生经常依赖于外部因素，风险带来的"威胁"会在因素改变时随时间而变化。显然，随着时间的变化，需要定期重新评估风险。

风险分析活动的目的在于建立处理风险的策略。而风险规避的最好方式是把风险控制在项目启动阶段，把损失减小到最小程度。基于以上对数据分析项目风险的识别与分析，可以采用以下措施来规避或减小风险。

（1）建立畅通的沟通渠道和沟通策略。需求的不确定性风险很大程度上是由沟通不畅引起的。因此，在需求调研阶段，要多和应用部门沟通，了解他们真正的需求，最好能将目标系统的模型向应用部门演示，并得到反馈意见，直到双方都达成共识；形成双方认可的验收方案和验收标准，并做好变更控制和配置管理，尽量降低需求不确定性风险。

（2）配备高素质的项目管理人员。最好是具有丰富的项目管理经验，或是经过系统的项目管理知识的人员来担任项目经理，通过制定有效的项目管理计划，并认真执行落实，提高项目的可控性。同时，风险不是静止的、一成不变的，它会随着项目状况的变化而变化，因此，风险管理必须被作为一个日常的正式活动列入项目工作计划，成为项目管理人员的一个重要工作。

（3）建立一支协作高效的项目团队。技术部门有技术，业务部门有需求，因此，项目组中不仅要有开发商、技术部门的参与，更要有应用部门的参与，形成一个合作的项目工作团队，共同理解企业的战略规划和业务发展，从整体全局的角度，提出有效的信息化需求，共同研讨项目进展中出现的问题，控制项目进度，为项目质量把关。

（4）制定科学的风险管理计划。从风险管理的角度对项目规划或计划进行审核，建立"风险清单"，对每个可能存在风险的表现、范围、时间做出尽量准确的判断并对风险进行监控，提前做好应对准备。如针对需求风险，要制定相应的需求变更控制；针对技术锁定风险，要安排核心技术人员全程参与开发等等。

（5）选择合适的开发技术。虽然在系统设计时需要考虑新技术的发展和技术的先进性问题，但"最好的不一定是最合适的，最合适的才是最好的"，如果项目组的人员对所需开发技术不熟，在满足业务需求的前提下，尽可能采用熟悉的技术来减轻项目在成本或进度方面的影响，也可以事先进行培训来减轻对项目的影响，以避免因技术瓶颈导致的项目失败。

（6）采用快速原型和迭代模型进行开发。尽管前期会对应用部门进行需求调研和需求分析，但应用部门的需求往往会随着时间的推移、业务发展的变化而有所变化，因此，技术部门要强调敏捷开发，缩短软件第一版本的上线周期，尽快给用户一个快速原型启发用户的需求，并持续为用户提供有价值的软件。同时，以迭代法取代传统的瀑布法开发过程，加强各阶段与用户的沟通，对各个功能逐步完善，可以降低各种不确定因素带来的实现风险，每个迭代过后，软件都向目标接近一步，即使目标发生改变，迭代模型也比其他筛选和建立目标的开发模型，更便于转向新目标。

系统开发项目风险管理是一种特殊的系统规划方式，对任何一个软件项目，可以有最佳的期望值，但更应该要有最坏的准备。只有正视风险，才能更好地管理风险，规避风险，直至消除风险，获得项目的成功。通过风险管理可以使项目进程更加平稳，可以获得很高的跟踪和控制项目的能力，并且可以增强项目组成员对项目如期完成的信心。风险管理是项目管理中很重要的管理活动，有效地实施系统风险管理是系统开发项目顺利完成的保证。

2. 质量管理

在管理信息系统的开发中，要严格按照管理信息系统质量控制原则进行，以减少失误。系统质量管理控制的主要措施体现在以下几个方面：

（1）确定合理的管理信息系统开发方案。系统开发人员和用户要反复协商，确定一个合理的管理信息系统设计方案。设计方案的科学性和合理性对管理信息系统的质量具有极其重要的影响。在制定系统设计方案中要注意用户需求的符合度、技术成熟性和先进性、系统的安全性、系统的可扩展性等。

（2）确定可行的质量控制方案。为了保证系统实施的质量，系统开发应该依据系统设计方案制定一套可行的系统质量控制方案，以便有效地控制和指导系统实施进程。该质量控制方案应该确定系统开发各个阶段的质量控制目标、控制措施、工程质量问题的处理流程、系统实施人员的职责要求等。

（3）形成规范的设计文档。为了保证系统实施的可操作性和系统的可维护性，设计文档应该采用规范的描述形式。例如，可以采用数据流图表示数据流程，用 UML 描述软件设计方案，利用甘特图描述工程进度安排等。

（4）设计完整的系统测试方案。在系统设计阶段，开发人员应该根据用户需求和系统设计方案，制定完整的系统测试方案。系统测试是保证管理信息系统质量的重要一环。

（5）设计科学的实施流程。系统实施过程应该采用科学的流程，使用先进的技术，坚持按照标准的实施流程完成系统的建设。系统实施流程要与系统的需求和类型相关，不能因人而异。

（6）合理的阶段性评价。系统开发的各个阶段都应该按照质量控制的要求，分阶段进行审计、评审和处理不符合项。审计包括对系统产品、系统工具和设备的审计，评估系统产品及工具设备是否符合组织和项目的标准，鉴别偏差及疏漏以便跟踪评价。评审是系统开发过程中的活动进行评审，保证项目起行中遵循质量控制计划的要求。对于审计和评审过程中发现的不符合项，质量保证人员要进行跟踪和处理，直至问题得到解决。

3. 配置管理

配置管理过程是对处于不断演化、完善过程中的软件产品的管理过程。其最终目标是实现软件产品的完整性、一致性、可控性，使产品极大程度地与用户需求相吻合。软件配置管理是一组追踪和控制活动，它们从软件开发项目立项开始，到软件被淘汰时结束。

配置管理包括 5 个任务，即配置项标识、版本管理、变更控制、配置审核和配置报告。

（1）配置标识。系统配置是一个动态的概念。一方面随着系统生命周期的向前推进，系统配置项的数量在不断增多。另一方面又随时会有新的变更出现，形成新的版本。因此，整个系统生命周期的配置就像一部不断演变的电影，而某一时刻的配置就是这部电影的一个片段。为了方便对软件配置的各个片段，即软件配置项进行控制和管理，不致造成混乱，首先应给它们命名，这就是配置标识的任务。

配置标识确定置于配置管理下的配置项，确保已确定的每个配置项有唯一标识用于跟踪和管理。在标识配置项的过程中，要让整个项目组成员都能够理解配置项的命名规则和配置项之间的对应关系，保证使用配置管理工具时便于查询和统计等。

（2）版本控制。版本控制是全面实施软件配置管理的基础，其目的是按照一定的规则保存配置项的所有版本，避免发生版本丢失或混淆等现象，保证产品的可追溯性，为调整代码、清除 BUG 提供帮助。

配置项的状态有三种："草稿"、"正式发布"和"正在修改"。配置项刚建立时其状态为"草稿"，通过评审（或审批）后，其状态变为"正式发布"，此后若更改配置项，必须依照"变更控制规程"执行，其状态变为"正在修改"。当配置项修改完毕并重新通过评审（或审批）时，其状态又变为"正式发布"，如此循环。

配置项版本标识规则与配置项的状态紧密相关：处于"草稿"状态的配置项的版本号格式为 0.YZ，其中 YZ 数字范围为 01—99，随着草稿的不断完善，"YZ"的取值应递增。处于"正式发布"状态的配置项的版本号格式为 X.Y，其中 X 为主版本号，Y 为次版本号，取值范围均为 1—9。配置项第一次"正式发布"时，版本号为 1.0。若配置项的版本升级幅度较小，一般只增大 Y 值；只有当配置项版本升级幅度比较大时，才允许增大 X 的值。处于"正在修改"状态的配置项的版本号格式为 X.YZ，配置项正在修改时，一般只增大 Z 值，X.Y 值保持不变。当配置项修改完毕，状态重新成为"正式发布"时，将 Z 值设置为 0，增加 X、Y 值。

（3）变更控制。变更控制是通过创建产品基线，在产品的整个生存周期中控制它的发布和变更。变更控制的目的是建立一套控制软件修改的机制，保证生产符合质量标准的软件和保证每个版本的软件包含所有必需的元素及工作在同一版本中的各元素可以正常工作，以确定在变更控制过程中控制什么、如何控制、谁控制变更、何时接收变更、批准和检验。

（4）配置状态统计。记录和报告管理配置项所需的信息，它主要记录基线和对基线的变更的实现状态。一般来说，配置状态统计包含如下形式的内容：记录、变更请求表、库详细目录表、数据分配表、发布表、文档记录表、报告等。为了自动化配置状态统计功能，配置管理应使用关系数据库管理系统工具以定义数据内容和格式。该活动便于软件开发人员及时地了解或查阅配置项的当前状态和历史版本，避免因沟通不当而造成的软件开发版本的混乱。

（5）配置审核。目的是验证软件基准库内容的一致性和完整性。通常在每次产品发布之前（即在里程碑评审后）实施两种方式的配置审核：功能审核和物理审核。功能审核检验软件基准库内容是否一致，即验证配置项的实际功能是否与软件需求相一致及符合基线文档要求；物理审核则检验软件基准库内容是否完整。

阅读 4-6　项目开发的风险管理

本章提要

管理信息系统建设具有一般工程项目建设的共性，也有其独特性。文化社会因素、科学理论因素、技术方法因素、领域知识因素、环境多变因素、组织管理因素、经济效益因素等都会对管理信息系统的建设产生重大影响。

管理信息系统开发建设要遵循系统发展的内在规律，根据系统建设的基础条件，采取适当的建设策略和现代组织管理。从用户的观点出发，管理信息系统的主要开发方式有自行开发、委托开发、联合开发、利用软件包开发、服务外包等。开发的各种可选方式有各自优缺点，应根据实际情况进行选择。

管理信息系统开发方法主要有：结构化方法、面向对象方法、面向服务方法和原型化方法。

有效地开展项目管理是系统建设的重要保障。项目立项之初的项目计划及对项目的控制管理，将为管理信息系统的成功建设奠定基础。

思考与练习

1. 管理信息系统建设的特点是什么？
2. 管理信息系统建设需要哪些基础条件？
3. 系统开发的外包方式有什么特点？
4. 结构化方法的基本思想是什么？主要特点表现在哪些方面？
5. 项目计划的内容包括哪几个方面？
6. 为什么说技术与管理是管理信息系统建设的重要支柱？

自测与作业（4）

第5章 系 统 规 划

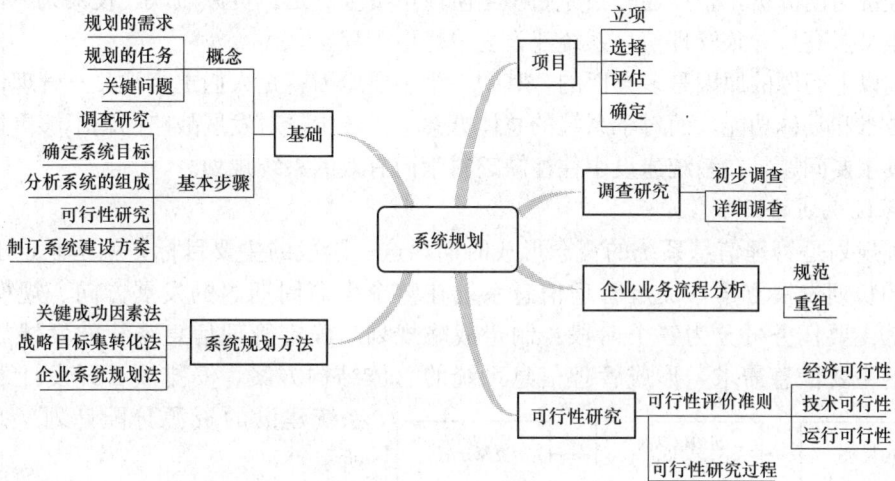

5.1 系 统 规 划 概 述

系统规划是管理信息系统开发的关键性一步，是管理信息系统开发生命周期的第一个阶段，它的主要任务是明确"系统是什么"的问题，也就是对目标系统提出完整、准确、清晰和具体的要求。

5.1.1 系统规划的基本概念

规划指对较长时期的活动进行总体的、全面的计划。管理信息系统建设是投资大、周期长、复杂度高的社会技术系统工程，科学地规划可以减少系统建设的盲目性，使系统具有良好的整体性、较高的适应性，建设工作有良好的阶段性，以缩短系统开发周期，节约开发费用。

1. 系统规划的需求

随着科学技术的进步和社会经济的发展，国际社会和国内信息化进程不断向前推进，管理信息系统建设的需求日趋紧迫。尽管管理信息系统已经有了很大的发展，但不少已经建成或正在建设的系统仍然面临一系列问题。

从管理角度分析，系统建设与企业发展的目标和战略不匹配，项目匆忙上马，跟随潮流，忽视企业的内在需求。已建成的系统解决问题的有效性低，系统建成后对企业管理并无显著改善。系统建设周期长，不能适应环境变化和企业变革的需要，不能满足日益变化的市场需求。耗巨资建设新的管理信息系统，或者引进国外先进的管理信息系统，但企业的组织结构陈旧，管理思想落后，使管理信息系统成为摆设品。

从技术角度分析，信息技术与管理系统开发技术日新月异，但企业人员素质偏低，不能合理地应用和管理维护管理信息系统。系统技术方案不合理，承建方出于自身利益的考虑，给用户强加了不需要的功能，把用户作为新技术的试验品，而建设方限于自身的技术水平和能力，对此却无能为力。系统开发、运行与维护的标准、规范比较混乱，企业各自为政，甚至一个企业的内部出现多套不同的标准。导致系统成为一个个的信息孤岛，无法实现信息共享和整合。

从经济角度分析，企业还处在原始积累阶段，资金不足。资源短缺，投入太少，而对系统的期望又过高，导致管理信息系统建设变成烂尾工程。

造成以上问题的原因是多方面的，其中一个主要原因就是人们更多地关心管理信息系统的开发技术和具体功能，而对于系统的总体方案考虑较少，对发展战略问题不够重视。总而言之，其主要问题是在系统建设中往往缺乏科学而有效的系统规划。

2. 系统规划的任务

系统规划是管理信息系统的概念形成时期，这一阶段的主要目标，就是制定出管理信息系统的长期发展方案，决定管理信息系统在整个生命周期内的发展方向、规模和发展进程。其主要任务可分为三个阶段：制定战略规划，确定管理信息系统的发展战略；确定组织的主要信息需求，形成管理信息系统的总体结构方案，安排项目开发计划；制定系统建设的资源分配计划（如图 5-1 所示）。

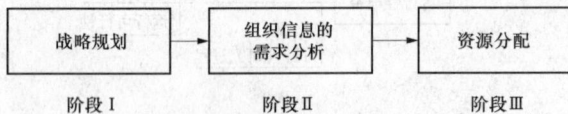

图 5-1　管理信息系统规划的三个阶段

（1）管理信息系统战略规划。这一阶段的关键是要使管理信息系统的战略与整个组织的战略和目标协调一致。要进行的工作有：评价组织的目标、战略和实现目标、战略的主要企业流程；根据组织的目标和战略确定管理信息系统的使命，对管理信息系统建设或更新提出报告；对目前管理信息系统的功能、应用环境和应用现状进行评价；制定建设管理信息系统的政策、目标和战略。

（2）组织的信息需求分析。这一阶段进行的工作有：确定目前和规划中的组织在决策支持和事务处理方面的信息需求，以便为整个组织或其主要部门提出管理信息系统的总体结构方案；制订主发展计划，即根据发展战略和系统总体结构，确定系统和应用项目的开发次序和时间安排。

（3）资源分配。制定为实现主开发计划而需要的软硬件资源、数据通信设备、人员、技术、服务、资金等计划，提出整个系统的建设的概算。

3. 系统规划的关键问题

针对系统规划工作的特点，在对管理信息系统进行系统规划时应注意如下关键问题。

（1）战略计划是核心。系统规划工作是面向长远的、未来的、全局性和关键性的问题，因此它具有较强的不确定性，非结构化程度较高。管理信息系统与组织发展战略的一致是管理信息系统建设成功的关键之一。

（2）指导问题解决的有效性是关键。系统规划不在于解决项目开发中的具体业务问题，而是为整个系统建设确定目标、战略、系统总体结构方案和资源计划，因而整个工作过程是一个管理决策过程。同时，系统规划也是技术与管理相结合的过程，它确定利用现代信息技术有效地支持管理决策的总体方案。

推进企业信息化的工作能否成功并持续发展，关键在于这项工作能否在企业的改革与发展中见到实效，这就需要管理信息系统的具体项目对现实问题有较强的针对性，在方案评价与技术选择时不求全、不求大、不求洋，但求有效。同时，由于管理信息系统复杂而庞大，在解决问题的各种可能方案中，应选用其中最经济、最简单的实施方案，方案简洁，才能见效快。每一次开发的应用系统规模不宜过大，由于环境复杂多变，因此系统短小精悍，才能机动灵活。整个管理信息系统建设周期长、任务重，只有踏实工作，逐步推进，才能减少延误与损失，急于求成，拔苗助长，只会适得其反。

(3) ·应变能力是瓶颈。应变能力是管理信息系统成功的重点之一，也是当前管理信息系统建设与应用的瓶颈问题。

现代企业生存和发展的内外环境变化剧烈，用户需求日趋复杂，企业组织只有进行不断的调整与改革才能适应形势发展的需要。因此要求管理信息系统本身应有很强的应变和促进变革的能力，而且要求这项工作的效果应为增强组织的应变能力做出切实的贡献，但现有和曾经有过的一些系统经不起环境变化与组织变革的冲击，有的系统甚至可能成为变革的阻力，这类教训应当吸取。所以说，应变能力的强弱应成为今后管理信息系统的主要评价指标之一。

(4) 管理、人员、技术应协调发展。人员、组织管理与技术是信息化生产力的三个重要因素，也是管理信息系统建设的三项关键资源。在上述三个要素中，技术的进步，组织管理的变革和人员素质的提高必须相互匹配，协同发展，才能促进组织的发展和生产力的提高。技术进步的幅度越大，组织变革就应越加深刻，因而对人员的素质要求就越高，这是现代社会生产力发展的客观规律，也是管理信息系统建设成功的经验。人们在进行系统规划过程中也应尊重这一规律，把提高人员的素质作为整个管理信息系统规划的中心环节，在此基础上再抓技术的提高和管理的改革，使三者之间相互配合，相互促进，以加速管理信息系统的建设进程。

由于管理信息系统的建设耗资巨大，历时较长、技术复杂且涉及面广，系统规划是这一复杂工作的起始阶段，这项工作的好坏将直接影响到整个系统建设的成败。应该充分认识这一阶段工作所具有的特点和应该注意的一些关键问题，以提高系统规划工作的科学性和有效性。

4. 系统规划的主要步骤

根据系统规划的主要任务，可以按照以下步骤开展系统规划工作：

(1) 对现有系统进行调查研究。根据企业战略和发展目标，从类似企业和本企业内部收集各种信息，站在管理层的高度观察企业的现状，分析现有系统的运行状况。

(2) 分析和确定系统目标。系统目标应包括服务的质量和范围、政策、组织和人员等，它不仅包括管理信息系统的目标，还要反映整个企业的目标。

(3) 分析系统的组成。自顶向下对系统进行划分，并且详细说明各个子系统应该实现的功能。可以对子系统的优先级进行设定，以便确定子系统的开发顺序。

(4) 系统可行性研究。进行系统可行性研究，编写可行性分析报告，召开可行性论证会。

(5) 制订系统建设方案。对可行性研究报告中提出的各项技术指标进行分析、比较，落实各项假设的前提条件，制订系统建设方案，并根据该方案及其实施计划编写成系统开发任务书。系统开发任务书经上级主管部门批准后，作为系统建设的依据。

5.1.2　系统规划方法

管理信息系统战略规划的常用方法有关键成功因素法、战略目标集转化法、企业系统规划法、组织计划引出法、战略栅格表法、目的手段分析法、投资回收法、零点预算法、收费法等，用得较多的是前面三种。

1. 关键成功因素法

在每个企业中都存在着对企业成功起关键性作用的因素，称为关键成功因素（Critical Success Factors，CSF）。关键成功因素与企业战略规划密切相关，一个企业要获得成功，就需要对关键成功因素进行认真的和不断的度量，并时刻注意对这些因素进行调整。关键成功因素法就是帮助识别关键成功因素的方法，它的使用通常包含以下步骤：了解企业的战略目标；识别所有成功因素；确定关键成功因素；识别性能的指标和标准；识别测量性能的数据，如图 5-2 所示。

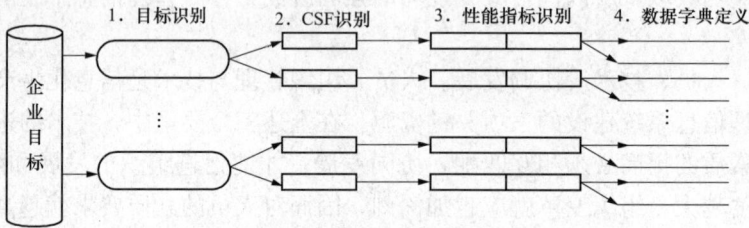

图 5-2　关键成功因素法（CSF）步骤

关键成功因素法源自企业目标，通过目标分解和识别、关键成功因素识别、性能指标识别，一直到产生一个数据字典。识别关键成功因素就是要识别联系于系统目标的主要数据类及其关系，识别关键成功因素所用的工具是树枝因果图。

如何评价哪些因素是关键成功因素，不同的企业是不同的。对于一个习惯于高层人员个人决策的企业，主要由高层人员个人在树枝因果图中选择。对于习惯于群体决策的企业，可以用德尔斐法或其他方法把不同人设想的关键因素综合起来。关键成功因素法在高层应用，一般效果好，因为每一个高层领导人员日常总在考虑什么是关键因素。对中层领导来说一般不大适合，因为中层领导所面临的决策大多数是结构化的，其自由度较小，对他们最好应用其他方法。

2. 战略目标集转化法

战略目标集转化法（Strategy Set Transformation，SST）把企业的战略目标看成是一个"信息集合"，由使命、目标、战略和其他战略变量（如管理的复杂性、改革习惯以及重要的环境约束）等组成。管理信息系统的战略规划过程是把组织的战略目标转变为管理信息系统战略目标的过程，如图 5-3 所示。

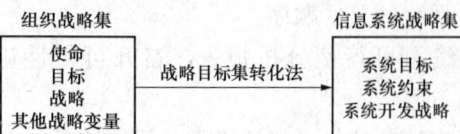

图 5-3　战略目标集转化法（SST）

战略目标集转化法的第一步是识别企业的战略集，先考查一下该企业是否有写成文的战略或长期计划，如果没有，就要去构造这种战略集合。当企业战略初步识别后，应立即送交企业有关领导审阅和修改。第二步是将企业战略集转化成管理信息系统战略，管理信息系统战略应包括系统目标、系统约束以及开发策略和设计原则等。这个转化的过程包括将对应企业战略集的每个元素转换为对应管理信息系统的战略约束，然后提出整个管理信息系统的结构。

3. 企业系统规划法

企业系统规划法（Business System Planning，BSP）是通过全面调查，分析企业信息需求，制定管理信息系统总体方案的一种方法。BSP 方法所支持的目标是企业各层次的目标，实现这种支持需要许多子系统。

进行 BSP 工作大致有以下步骤：

（1）定义企业目标。确定各级管理的统一目标，各个部门的目标要服从总体目标。通过对企业管理目标的定义，才能界定管理信息系统的目标。

（2）识别企业过程。识别企业过程是 BSP 方法的核心。企业过程定义为逻辑上相关的一组决策和活动的集合，这些决策和活动是管理企业资源所需要的。整个企业的管理活动由许多企业过程所组成。识别企业过程可对企业如何完成其目标有深刻的了解，并且有助于定义系统的功能和信息的流程。

识别企业过程要依靠现有材料进行分析研究，但更重要的是要与经验丰富的管理人员讨论商议，只有他们对企业的活动了解得最深刻。

（3）定义数据类。定义数据类是在识别企业过程的基础上，分析每一个过程利用什么数据，产生什么数据，或者说分析每一过程的输入和输出数据是什么，然后将所有的数据分成若干类。

（4）定义信息结构。定义信息结构实际上是划分子系统，确定管理信息系统各部分的数据之间的关系。BSP 方法是根据信息的产生和使用来划分子系统的，它尽量把信息产生的企业过程和使用的企业过程划分在一个子系统中，从而减少子系统之间的信息交换。

4. 系统规划方法的比较

关键成功因素法（CSF）、战略目标集转化法（SST）及企业系统规划法（BSP）是系统规划中常用的方法。

关键成功因素法（CSF）能抓住主要矛盾，使目标的识别重点突出。由于经理们比较熟悉这种方法，用这种方法所确定的目标，经理们乐于努力去实现，该方法最有利于确定企业的管理目标。

战略目标集转化法（SST）从另一个角度识别管理目标，它反映了各种人的要求，而且给出了按这种要求的分层，然后转化为信息系统目标的结构化方法。它能保证目标比较全面，遗漏较少，但它不如前者重点突出。

企业系统规划法（BSP）虽然也首先强调目标，但它没有明显的目标引出过程。它通过识别企业"过程"引出系统目标，企业目标到系统目标的转换是通过企业过程/数据类等矩阵的分析得到的。这样可以定义出新的系统以支持企业过程，也就把企业的目标转化为系统的目标。

可以把这三种方法结合起来使用，称为 CSB 方法（即 CSF、SST 和 BSP 结合）。这种方法先用 CSF 方法确定企业目标，然后用 SST 方法补充完善企业目标，并将这些目标转化为信息系统目标，用 BSP 方法校核两个目标，并确定信息系统结构，这样就补充了单个方法的不足。当然这也使得整个方法过于复杂，而削弱了单个方法的灵活性。可以说至今为止信息系统战略规划没有一种十全十美的方法，而且由于战略规划本身的非结构性，可能永远也找不到一个唯一解。进行任何一个企业的规划均不应照搬以上方法，而应当具体情况具体分析，选择各种方法的一些可取的思想，并加以灵活运用。

阅读 5-1　某公司信息化建设规划

5.2　项目提出与选择

企业在信息化的过程中，可能会实施各种信息化项目，建设多种管理信息系统。这些系统的建设不是"随心所欲"而为，而是有其特定的目标。从大方向来看，管理信息系统建设的目标就是促进企业管理，提高工作效率，从而提高企业竞争力；从小的方面来看，各种管理信息系统都有其自身的使命和目标。因此，要根据这些目标来确定系统的工作范围，提出系统选择方案，并给出选择结果。

5.2.1　项目的立项

项目立项是项目经过项目实施组织决策者和有关部门的批准，并列入项目实施组织或者相关部门计划的过程。

1. 项目立项的动机

企业在运营和管理过程中，对于管理信息系统项目的建设可能具有多种动机，通常可归结基础研究、应用研发、技术服务和提供产品 4 种模式。

（1）基础研究。基础研究通常都被看作是一种长期的战略性投资，目标不是为了短期的市场收益和支持当前的市场或行业应用，而是为了开拓未来的市场，创造全新概念的产品、产业或生活方式，建立企业、行业甚至国家的竞争优势。基础研究更多体现为一种探索性研究，成果多体现为某种理论体系和技术成果，通常没有具体的产品发布目标，也没有苛刻的时间限制，甚至连阶段性目标和长期目标也是由研究人员自己来设定的。在研究过程中，需要研究人员充分发挥想象力和创造力，突破现有理论或技术模型的框架，提出全新的理论体系和技术或产品。

（2）应用研发。此类项目通常由企业进行立项和开发，企业立项的基本动机是得到应用产品，并向目标客户群进行销售，从而占有市场份额并获取利润。产品一般会基于某类特定客户群体的需求而进行设计，有明确和具体的研发目标需求，有严格的时间限制和资源预算，大多以项目方式进行组织。应用研发型的产品具有一定的通用性客户，可能是面向个人消费者的工具（如，办公软件、杀毒软件等）和面向特定领域的工具（如，工程绘图软件、建模软件等），也可能是面向特定行业中具有一定普遍适用性的业务、可作为产品进行销售的企业级系统（如，ERP、CRM、新闻发布系统等）。

（3）技术服务。对此类项目进行立项的企业通常能向目标客户群提供比较全面的技术服务，而不是单一的软件产品。服务范围可能包括提供技术和解决方案的咨询、利用现有产品进行系统集成和服务、面向特定客户的项目定制开发、对现有系统进行升级和改造、提供系统应用相关的技术支持、服务和培训等，一个企业可以提供其中的一项或多项内容。这些企业通常可能以系统集成商、项目定制开发商、咨询商、整体解决方案提供商等各种角色出现。此类企业通常会面向一个特定行业，具有相对稳定的客户群体，具有系列化的产品和基于这些产品的技术解决方案，企业对自己所处的应用领域有比较深刻的理解，能够整合技术、产品、方案和应用，通过提供一种综合性的技术服务，而不是单一产品，来占有市场份额和获取比提供产品更高的利润。

（4）提供产品。此类项目是为产品的使用者即系统的最终用户提供应用系统。对他们来说，项目的立项动机既不是得到产品进行销售，也不是为了提供技术服务，而是通过采购产品或技术服务来得到使用价值。例如，个人消费者购买绘图软件是为了存储和处理个人数码相机中的照片，企业通过部署 ERP 系统可能是为了达到科学计划生产、提高管理水平、降低库存成本、提高资金周转率等目标，并期望通过这些目标的实现来增强企业竞争力，获取更大的市场份额。产品的使用者可能采用各种方式来进行项目立项（如采购或定制开发），具体采用哪种方式，需要根据企业的实际情况（如技术实力）和成本而定。

2. 项目立项的价值判断

项目提出后，能否达成一个成功的立项，取决于人们对项目收益预期的价值判断。不同类型的管理信息系统项目立项，具有截然不同的价值观和侧重点。通常，以基础研究为目标的项目是高度技术研究导向的，以应用产品开发为目标的项目重点关注的是技术在具体领域中的应用和推广，而以技术服务为目标的项目则是高度客户业务导向或客户满意导向的，产品的最终用户则主要关注系统的使用、影响和代价等应用性问题。

这些价值观彼此之间并不矛盾，只是使用信息技术的程度不同，对于管理信息系统项目预期价值的视角不同。但这些对项目基本的价值判断，决定了在项目从立项到完成的全过程中，需要长期、重点关注的问题侧重点之所在。

从企业的角度来看待信息系统项目立项，项目并不是一个简单的、通过技术开发来得到系统和完成项目的过程。通常，企业总是通过产品开发、提供技术解决方案、整合外部资源、提供咨询和技术服务、销售或运营、进入买方价值链或开创新的领域这 6 个层面来获得价值和利润，得到前者作为基础之后才能去谋求后者。根据企业定位不同，或企业所处的时期不同，可能扮演不同的角色，侧重面也就不一样。企业并不把系统立项和开发完成看作是获取价值的终点，而仅仅是一个起点。不同的企业或同一企业的不同时期，看待管理信息系统的价值和作用也截然不同。企业最终需要的可能是获取利润、占有市场份额、提高影响力、广泛的社会效益等这些潜在的商业价值目标，管理信息系统则常被作为支持性手段来支撑这些目标的实现。

因此，在很多情况下，需要超越技术开发的范畴去考察管理信息系统建设背后的目标问题，以便确定管理信息系统项目的工作范围、开发边界、项目的阶段性目标，以及未来系统需求变更的根源。从获取用户初步需求开始，更进一步地去观察项目价值和目标，以及项目背后的企业战略问题，辅助企业的经营管理层勾画项目远景目标和项目实施的路线蓝图，完成项目计划到实施的最终决策过程，并最终通过合理确定软件项目的开发边界，规避那些因开发目标错误导致的根源性失败。

5.2.2　项目的选择和确定

当项目建议提出来后，就需要对项目进行选择和确定。在实际工作中，并不存在一个统一模式进行项目的选择和取舍，但存在一些进行项目评估的基本原则，通过使用这些原则，可以逐步排除那些不符合需求的建议项目，选择和确定满意的项目。

1. 选择有核心价值的项目

由于立项单位所处的行业、在行业中的位置和立项目标等因素不同，对管理信息系统项目的价值判断也有所不同。但是，一般来说，有核心价值的项目总是和企业的核心业务相关的，也可以说，信息化的关键就是核心业务的信息化。例如，对于保险行业来说，由于保险公司的基本职责是分摊风险和补偿损失，所以，管理保单和保险人信息的业务系统、单证系统、评估风险的定损系统等就是非常有价值的系统；而对于教育培训行业来说，因为其核心职能是教书育人，因此，与教学、考试、评价等业务相关的系统，以及支持上述业务开展的教育资源库、课件制作工具、电子图书馆等就是高价值的系统。

2. 评估所选择的项目

在判断出一个具有潜在价值的项目后，还应评估项目实施的约束、风险、成本和效益。通常，这部分内容可以在项目的可行性研究工作中完成。

所谓项目约束，是指在系统开发过程中，"不能做什么"的原则。这些约束有些来自客户，有些来自企业本身，还有些来自外部环境，可能包括企业约束、资源约束、能力约束、环境约束和用户约束等。一些明显的约束条件可以在立项阶段就评估出来，但隐性的约束则容易被忽视（如，企业资源投入的变化、国家政策变化等），从而导致各种项目实施中的风险。项目约束通常是开发者不可控制的因素，对于这些约束，必须时刻关注才能尽可能规避风险。如果明显违背这些约束条件，就会导致管理信息系统项目不可避免的失败。

对于购买产品或技术服务的企业来说，除了考察上述项目约束外，还应该评估项目实施后的影响。例如，对自身业务变更的影响、组织机构和人员职责的影响、相关的系统维护、运行规约和规章制度等，以及项目的效益、当前成本、未来的总持有成本是否能接受等。

经过项目初步评估后，可筛选掉多数不符合企业要求的建议项目。

3. 项目优先级排序

经过项目评估后，如果还有多个建议项目，但企业资源有限，不可能同时建设这些项目，则就需要对已选择的项目进行优先级排序，合理使用企业资源，使资源得到最优配置。具体排序的方法是，根据企业已有资源情况，进行项目的成本效益分析，考察净现值、投资回收期等指标。

4. 评估项目的多种实施方式

对于已经确认有价值、并且有能力开发的项目，则可以进一步参照企业现状，考察项目的实施方式。这个过程一般由项目的负责人和企业中高层经理进行决策。根据具体情况不同，企业要开发信息系统，既可以自己组建开发团队进行项目开发，也可以把系统开发任务承包给其他企业，或者购买产品并进行系统集成，还可以自己完成技术方案和设计，然后把编码和测试任务进行外包等。对这些项目实施方式的取舍，主要依据是对项目风险、收益

和资源开销等方面的考虑，其根本目标是为了优化和合理运用投入项目的资源。

阅读 5-2 项目立项报告参考模板

5.3 系 统 调 查 研 究

系统调查研究是系统规划，乃至系统分析与设计的基础，它对整个开发工作的成败起着决定性的作用。同时，它又是一项工作量大、涉及面广的工作，所以科学地组织和开展系统调查研究工作是十分重要的。

5.3.1 系统调查研究的目标与原则

系统的开发工作是从接收任务开始的，其任务是由用户提出的。任务的提出可以采用不同的形式来反应用户原始的要求与希望。由于用户不可能对以计算机为基础的管理信息系统的功能全然清楚，对系统任务的要求不可能讲得确切，更没有定量的目标。因此，如果不加以调查研究，并在调查研究的基础上进行分析和加工，系统开发工作将是盲目的、无明确目标的行动。

1. 系统调查研究的目标

系统调查研究在系统规划阶段工作量大，牵涉的人员广，是整个系统开发工作的基础工作。

通过初步的系统调查研究，了解企业的领导及主要的管理干部对管理系统的要求与设想，再根据目前企业的资源，包括提供系统开发的资金、人员与设备等，系统开发人员可以初步提出一个企业管理信息系统的系统目标，以及各子系统的目标。

系统目标必须明确提出所开发的管理信息系统是"干什么的"，它与人工管理决策之间的界限，哪些信息处理工作由计算机来做，那些仍由人工来完成。当然管理信息系统是管理现代化强有力的辅助决策工具，它必然比现有的手工操作的信息系统在性能、效率上有巨大的进步，因此在系统目标分析时，必须提出一个高功能、高效率的系统目标。

对一个较大的系统，除了系统目标之外，还应提出各子系统的目标。因而应根据初步调查资料，对系统作初步规划，系统内部应划分为若干个子系统，根据子系统之间的基本信息的输入、输出的关系，来确定各子系统的目标，也就是初步确定各子系统的基本功能。

一个较大系统的开发，确定系统的目标以及子系统的目标，明确各子系统之间的信息需求关系，这些工作可以大致构成一个管理信息系统的总体模型，它规定了信息系统的规模、界限、系统的总体结构、系统以及系统内部的主要信息联系等。不少较大的系统在系统规划阶段首先提出一个系统的总体调查研究报告。

2. 系统调查研究的原则

开发人员与业务人员必须密切地合作是系统调查研究的前提。系统开发人员要善于同各种各样人员交流思想，讨论问题，吸取他们的经验和想法，同时也善于启发被调查人员参加问题讨论与提出意见，启发管理人员分析与总结自己的管理经验，进一步分析在一个组织中信息流程的全貌。管理人员要以主人翁的态度来分析问题与提出建议，帮助开发人员一起总结业务工作中的信息处理的规律，使所设计的新系统能真正符合管理工作的需要。系统调查研究应注意如下原则：

（1）自顶向下全面展开。系统调查研究工作应严格按照自顶向下的系统化观点全面展开。首先从组织管理工作的最顶层开始，然后再调查第二层的管理工作依次类推，直至摸清组织的全部管理工作。

（2）弄清各项管理工作存在的必要性。组织内部的每一个管理部门和每一项管理工作，都是根据组织的具体情况和管理需要而设置的。调查研究工作的目的正是要搞清这些管理工作存在的客观条件、环境条件和工作的详细过程，然后再通过系统分析，讨论其在新的信息系统支持下有无优化的可行性。

（3）工程化的工作方式。对于一个大型系统的调查，一般都由多个系统分析人员共同完成。所谓工程化的方法就是将每一步工作事先都计划好，对多个人员的工作方法和调查所用的表格、图例都进行规范化处理，以使群体之间都能互相沟通、协调工作。另外所有规范化调查结果（如表格、问题、图、所收集的报表等）都应整理后归档，以便进一步工作时使用。

（4）全面铺开与重点调查相结合。开发整个组织的管理信息系统要开展全面的调查研究工作。但如果近期内只需开发组织内某一局部的信息系统，这就必须坚持全面铺开与重点调查相结合的方法。即自顶向下全面展开，但每次都只侧重与局部相关的分支。

（5）主动沟通、亲和友善的工作方式。系统调查研究是一项涉及组织内部管理工作的各个方面、各种不同类型的人的工作，所以调查者主动地与被调查者在业务上的沟通是十分重要的。而且，创造出一种积极、主动、友善的工作环境和人际关系是调查工作顺利开展的基础，一个好的人际关系可能导致调查和系统开发工作事半功倍，反之则有可能根本进行不下去。

5.3.2 系统调查研究方法

根据系统目标，调查研究可分为两个步骤进行，即先进行系统的初步调查，为系统规划提供依据；然后根据系统目标的要求，进一步作详细的系统调查，进行系统分析。两次调查目的不同，调查内容的详细程度与侧重面不同。初步调查在可行性研究之前进行，详细调查在分析新系统的业务流程、数据流程之前进行。

1. 系统调查研究的内容

系统调查研究是通过对现有文档、系统用户和管理人员、外源信息等不同途径，收集并整理与整个系统有关的资料、情况及存在问题，主要包括如下基本内容：

（1）企业概况。企业发展规模，行业性质，组织目标和结构，产、供、销的概貌，人员、设备与资金的现状，以及管理水平等。

（2）组织环境。自然环境和社会环境，与外部单位之间的物质、资金或信息的来往关系等。

（3）现行信息系统概况。现行管理信息系统功能、技术水平、工作效率、可靠性、人才队伍、管理体制，现行管理信息系统在企业中的作用，存在问题等。

（4）认识问题。企业的领导者、管理部门对管理信息系统的态度、支持的程度，对管理信息系统的看法以及对信息的需求。

（5）资源情况。开发管理信息系统的人力、资金、环境、条件、时间等。

在实际项目中应该根据项目的规模、涉及的业务领域，有针对性地设计一些特别问题进行调查研究。

2. 系统的初步调查

初步调查的内容是调查一个企业（组织）的总貌及其对信息的总需求。初步调查的目的是为了合理地确定系统目标、进行系统总体分析以及可行性研究。为了这些要求与目的，在初步调查中应收集并整理与整个系统有关的资料、情况及存在问题。

初步调查的主要内容包括，整个组织的概况，包括规模，组织目标，组织结构，产、供、销的概貌，人员，设备与资金的现状，以及目前的管理水平，特别是管理的基础工作水平。现行信息系统的概况，包括功能，人员，技术水平以及管理体制等。组织与外部的关系，即与哪些外部单位（外部实体）之间有哪些物质、资金或信息的来往关系。本组织的领导者、管理部门对管理信息系统的态度，支持的程度，对新、老信息系统的看法以及对信息的需求。开发管理信息系统的资源，如人力、资金以及开发周期等资源情况。

3. 系统的详细调查

详细调查是调查企业（组织）内部各部门（或各个系统）业务工作的功能（主要是信息处理的功能）以及各功能之间信息流通的关系。为了搞清信息处理功能以及它们之间的信息联系，要求开发人员与业务管理人员共同研究与分析各部门中管理业务工作的详情，它们包括管理工作的制度与方法；管理业务过程中所使用的数据，为此必须了解与收集有关的报表、账册、台账、凭证与单据，及业务工作的分析表、计算表等；管理业务过程中所使用的标准、定额、指标及编码；等等。

详细调查时要详细调查上述的情况、资料与数据。要详细调查每一张凭证的来龙去脉，数据量多少，由谁来处理，处理的时间、周期等。通过详细调查可以取得管理业务工作的处理方法、处理流程的第一手资料，详细地掌握它们的信息流程，总结出现有业务过程的规律，同时也可发现系统存在的问题，从而提出改进的措施。

详细调查应重视如下问题：企业（组织）内各科室以及主要车间的组织机构、人员与职责分工；组织内所执行的管理功能，特别是信息处理的功能以及它所涉及的详细流程。

伴随着管理功能的实现，必然完成一系列的信息处理功能。应向业务处理的基层部门与管理人员，具体地了解他们的业务管理工作。这些业务管理工作可以更细地分成若干更小的业务处理项，了解这些处理项的处理过程、处理方法，它们在处理前取得哪些信息，在处理以后获得什么信息。

应对所处理的信息作更详细的了解。如输入信息的原始数据由什么凭证取得，由谁送来，什么时候送来，取得信息周期多长，每次有多少张单据。数据收到之后，由谁登记，由谁处理，由谁保管，信息处理的方法，多少时间处理一次，处理的结果以什么形式送出，送给什么人或部门，多长时间送一次，有时还要分析数据最集中的时间，集中处理时最大的数据量是多少，也就是分析数据处理的高峰量与高峰时间。

阅读 5-3 调查研究的一般问题

5.4 可 行 性 研 究

在系统开发之前对项目进行可行性论证是非常必要的。花费在这种可行性论证上的精力不会白费，只有认真进行了可行性论证，才会避免或者减轻项目开发后期可能出现的困境。

可行性就是证明某个项目、工程、方案等可以实施，并且具有必要性、迫切性、科学性等，不但能产生可观的经济效益，而且能产生巨大的社会效益等。系统的可行性研究，是针对开发一个管理信息系统，决定"做还是不做"。

5.4.1　可行性评价准则

可行性（Feasibility）研究的目的就是用最少的代价在尽可能短的时间内确定问题是否能够解决，可行性研究的目的不是解决问题，而是确定问题是否值得去解。要达到这个目的，必须分析几种主要的可能解法的利弊，从而判断原定的系统目标和规模是否现实，系统完成后所能带来的效益是否大到值得投资开发这个系统的程度。因此，可行性研究实质上是要进行一次大大压缩简化了的系统分析和设计过程，也就是在较高层次上以比较抽象的方式进行的系统分析和设计的过程。

一般说来，可行性研究通常从经济可行性、技术可行性、运行可行性 3 个方面进行分析，其中经济可行性通常被认为是项目的底线。

1. 经济可行性

对经济合理性进行评价。经济上的可行性包括两个方面，一是初步估算开发管理信息系统需要多大的投资，目前资金有无落实。二是估计系统正常运行时期能带来的效益，这包括可以用货币估算的经济效益，也包括不能用货币计算的经济效益，或者讲是间接的效益。

经济上的可行性研究，并不是要做一个管理信息系统的最终的经济评价，因为这是要对一个已经实现的系统所作的经济评价，而经济上的可行性研究是对系统的一次最粗的评估，因而只能估算大致的投资总数与系统的开发费用等。对系统的效益也只能估计系统实现后，系统的主要功能所带来的直接与间接的经济效益。

实现一个管理信息系统还有社会、政策上的限制条件与要求。例如：一个企业财务信息系统所打印的会计核算账册与报表，是否能得到上级的承认，是否符合审计机关的要求，是否符合先行的财政制度与政策。这些社会因素，都是开发一个管理信息系统的约束条件，只有满足这些约束条件，才认为是可行的系统方案。

2. 技术可行性

根据用户提出和功能、性能及实现系统的各项约束条件，从技术角度研究实现系统的可行性。

技术可行性分析主要包括风险分析、技术分析和资源分析三部分。风险分析指在给定约束条件下，判断能否设计并实现系统所需要的功能和性能。如果在系统开发过程中遇到难以克服的问题，就会拖延进度、增大成本，甚至要出现灾难性后果；技术分析指根据项目的目标，考虑目前有关技术能否支持系统开发的全过程；资源分析指论证是否具备系统开发的所需要的人力资源（管理人员、专业技术人员等）、软件资源、硬件资源和工作环境。

3. 运行可行性

运行可行性是从管理信息系统法律与用户的角度来评估系统的可行性，包括社会法律法规、企业的行政管理和工作制度、使用人员的素质和培训要求等。

（1）法律可行性。法律可行性也称为社会可行性，具有比较广泛的内容，它需要从政策、法律、道德、制度等社会因素来论证信息系统建设的现实性。例如，所开发的系统与国家法律或政策等相抵触，在政府信息化的领域中使用了未被认可的加密算法，未经许可在产品中使用了其他企业的被保护的技术或构件等，这样的项目在法律可行性上是行不通的。

（2）管理可行性。管理可行性是指从企业管理上分析系统建设可行性。主管领导不支持的项目一般会失败，中高层管理人员的抵触情绪很大，就有必要等一等，先积极做好思想工作，创造条件。另外，还要考虑管理方法是否科学，相应的管理制度改革的时机是否成熟、规章制度是否齐全等。

（3）操作可行性。操作可行性是指分析和测定管理信息系统在确定环境中能够有效工作，并被用户方便使用的程度和能力。例如，ERP系统建成后的数据采集和数据质量问题，企业工作人员没有足够的IT技能等。这些问题虽然与系统本身无关，但如果不经评估，很可能会导致投入巨资建成的信息系统却毫无用处。运行可行性还需要评估系统的各种影响，包括对现有IT设施的影响、对用户组织机构的影响、对现有业务流程的影响、对地点的影响、对经费开支的影响等。如果某项影响会过多改变用户的现状，需要将这些因素作进一步的讨论并和用户沟通，提出建议的解决方法。否则，系统一旦建成甚至在建设过程中，就会受到用户的竭力反对，他们会抵制使用系统。

除国家标准规定外，还需要对项目的进度进行可行性分析。进度可行性主要是指对项目的最后期限的合理性进行评估。有些项目的最后期限是强制的，有些项目则是期望的，这需要区别对待。在进行可行性分析时，需要凭借经验，参考类似的系统，评估在已有资源约束条件下，能否按最后期限完成整个项目。

5.4.2　可行性研究的步骤

为了成功地开发系统，必须知道要做的工作的范围、要用的资源、要花的工作量以及应遵循的进度。如果整个工程可以做并且值得做，那么，分析员就应该推荐一个较好的解决方案，并为工程制定一个初步的计划。

可行性研究需要的时间长短取决于工程的规模。进行可行性研究的典型过程有以下几个步骤：复查系统规模和目标，研究目前正在使用的系统，导出新系统的高层逻辑模型，重新定义问题，导出和评价供选择的解法，推荐方案，草拟开发计划，书写文档提交审查。

1. 复查系统目标和规模

分析员访问关键人员，仔细阅读和分析有关的材料，以便对问题定义阶段书写的关于规模和目标的报告书进一步复查确认，改正含糊或不正确的叙述，清晰地描述对目标系统的一切限制和约束。这个步骤的工作，实质是为了确保分析员正在解决的问题确实是要求他解决的问题。

2. 分析现有系统

现有的系统是信息的重要来源。显然，如果目前有一个系统正被人使用，那么这个系统必定能完成某些有用的工作，因此，新的目标系统必须也能完成它的基本功能；另一方面，如果现有的系统是完美无缺的，用户自然不会提出开发新系统的要求，因此，现有的系统必然有某些缺点，新系统必须能解决旧系统中存在的问题。此外，使用旧系统需要的费用是一个重要的经济指标，如果新系统不能增加收入或减少使用费用，那么从经济角度看新系统不如旧系统。

应该仔细阅读分析现有系统的文档资料和使用手册，也要实地考察现有的系统。应该注意了解这个系统可以做什么，为什么这样做，还要了解使用这个系统的代价。在了解上述这些信息的时候显然必须访问有关的人员。在调查访问时分析员和用户之间的关系有点类似于医生和病人的关系，用户叙述的往往是"症状"而不是实际问题，分析员必须分析总结所得到的信息。

常见的错误做法是花费过多时间去分析现有的系统。这个步骤的目的是了解现有系统能做什么，而不是了解它怎样做这些工作。分析员应该画出描述现有系统的高层系统流程图，并请有关人员检验他对现有系统的认识是否正确。千万不要花费太多时间去了解和描绘现有系统的实现细节，例如，除非是为了阐明一个特别关键的算法，否则，不需要根据程序代码画出程序流程图。

没有一个系统是在"真空"中运行的，绝大多数系统都和其他系统有联系。应该注意了解并记录现有系统和其他系统之间的接口情况，这是设计系统时的重要约束条件。

3. 导出新系统的高层逻辑模型

优秀的设计过程通常是从现有的物理系统出发，导出现有系统的逻辑模型，再参考原有系统的逻辑模型，设想目标系统的逻辑模型，最后根据目标系统的逻辑模型建造新的物理系统。

通过前一步的工作，分析员对目标系统应该具有的基本功能和所受的约束已有一定的了解，能够使用数据流图描绘数据在系统中流动和处理的情况，从而概括地表达出对新系统的设想。通常为了把新系统描绘得更清晰准确，还应有一个初步的数据字典，定义系统中使用的数据。

新系统的逻辑模型实质上表达了分析员对新系统必须做什么的看法。用户的看法是否相同，分析员应该和用户一起再次复查问题定义、工程规模和目标。如果分析员对问题有误解或用户曾遗漏某些要求，应当及时发现和改正这些错误。

可行性研究的前四个步骤实质上构成一个循环。分析员定义问题，分析这个问题，导出一个试探性的解；在此基础上再次定义问题，分析这个问题，修改这个解；继续这个循环过程，直到提出的逻辑模型完全符合系统目标。

4. 导出和评价供选择的解决方案

分析员应该从系统逻辑模型出发，导出若干较高层次的物理解法供比较和选择。导出供选择的解法的最简单的途径，是从技术角度出发考虑解决问题的不同方案。例如，分析员可以使用组合的方法导出若干可能的物理系统，从而为整个工程提供一种可能的方案。

当从技术角度提出了一些可能的物理系统之后，应该根据技术可行性的考虑初步排除一些不现实的系统。例如，如果要求系统的响应时间不超过几秒钟，则批处理执行的系统方案就不合适。只有在去掉了行不通的方案之后，才能最终确定可行的一组方案。

操作的可行性也是应该考虑的。分析员根据使用部门事务处理原则和习惯自动检查技术上可行的那些方案，去掉操作过程中用户很难接收的方案。

分析员还应该估计剩余的每个系统开发的成本和运行费用，并且估计相对于现有系统来说这个系统可以节省的开支或可以增加的收入。在这些估计数字的基础上，对每个可能的系统进行成本/效益分析。一般说来，只有投资预计能带来利润的系统才值得进一步考虑。

根据可行性研究结果应该做出的一个关键性决定是，是否进行这项工程。如果分析员认为值得继续研究，那么他应该选择一个最好的解法，并且说明选择这个解法方案的理由。

5. 草拟开发计划

分析员应该草拟一份开发计划，包括工程进度表和成本估计表。同时把各阶段的结果写成清晰的文档，并提交审查。

5.4.3 成本效益分析

成本效益分析是通过比较管理信息系统建设的全部成本和效益来评估项目价值的一种方法，它作为经济可行性分析的方法，将项目的所有成本和效益一一列出，并进行量化。成本效益分析的目的是从经济角度分析建设一个特定的新系统是否划算，从而帮助决策者正确地做出是否立项的决策。

1. 管理信息系统成本构成

管理信息系统项目的成本随着系统的类型、范围及功能要求的不同而异。但可以从管理信息系统生命周期的各阶段划分为开发成本与运行维护成本两大类，在各类中又根据费用的目的进行逐级细分。图 5-4 列出一般信息系统的成本构成。其中，系统开发成本也可分为软件开发成本、硬件成本和其他成本等 3 大类。

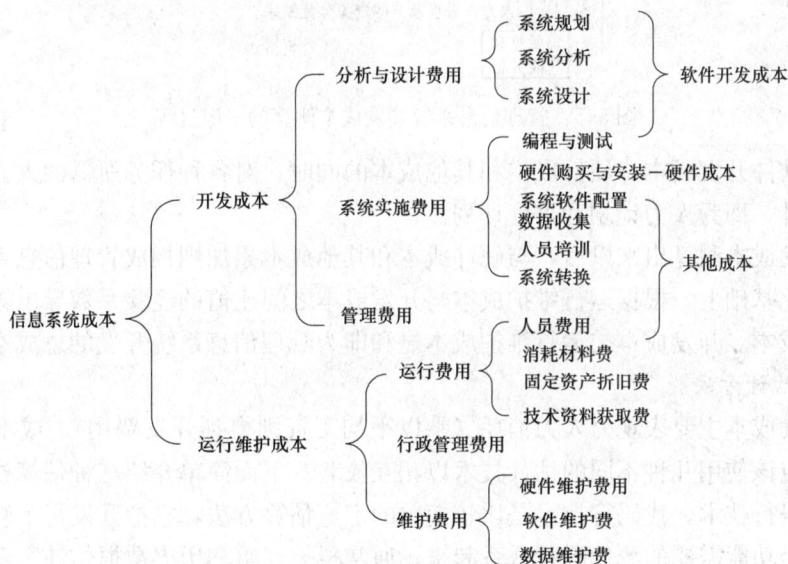

图 5-4　一般信息系统项目的成本构成

管理信息系统项目的成本测算，就是根据待开发的系统的成本特征以及当前能够获得的有关数据和情况，运用定量和定性分析方法对管理信息系统生命周期各阶段的成本水平和变动趋势做出尽可能科学的估计。

在图 5-4 中，最难确定的是开发成本中的软件开发成本，而硬件成本和其他成本相对容易估算出来。至于运行维护成本，则可以根据开发成本与运行维护成本比值的经验数据和测算出来的开发成本一起计算。并且，对于管理信息系统项目的用户来讲，项目开发成本的不确定性因素较大，而项目的运行维护成本由于多次发生，且在自身的使用中发生，相对来讲容易控制一些。所以管理信息系统项目成本测算的重点是软件开发成本。

2. 系统开发成本测算的一般过程

图 5-5 给出了管理信息系统开发成本测算的一般过程。从图中可以看出，管理信息系统

开发成本测算首先应该建立在对过去项目成本情况进行数据分析的基础上，历史的经验和教训对于成本测算的各个阶段均有参考价值；其次，进行硬件成本及用户方面（培训、数据收集、系统转换等）成本的测算，这是因为它们对软件成本的分析有着一定的影响，比如开发人员对所采用的硬件或数据库系统的使用经验将明显影响软件生产率，从而影响着软件成本，对此先做测算可以减少软件成本测算中的不确定因素。然后是软件成本测算，通常分两步走：第一步，测算软件的规模或程序量；第二步，利用有关的经验参数模型测算出该种规模的软件成本。当然，也可运用专家判定等方法将上述两步合并直接测算成本。

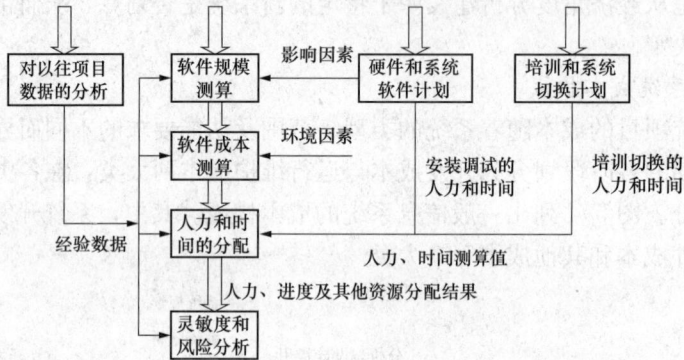

图 5-5　管理信息系统开发成本测算的一般过程

在测算软件开发成本、硬件成本和其他成本的同时，对各种任务所需的人力、时间等资源也做出安排，即为人力计划和进度计划。

软件开发成本测算出来以后，与硬件成本和其他成本累加则构成管理信息系统项目的开发成本，在此基础上，根据运行维护成本与开发成本之间比值的经验系数导出管理信息系统的运行维护成本。开发成本与运行维护成本之和即为管理信息系统开发的总成本。

3. 成本估计方法

软件开发成本主要表现为人力消耗（乘以平均工资则得到开发费用）。成本不是精确的科学，因此应该使用几种不同的估计技术以相互校验。下面简单介绍三种估算技术。

（1）代码行技术。代码行技术是比较简单的定量估算方法，它把开发每个软件功能的成本和实现这个功能需要的源代码行联系起来。通常根据经验和历史数据估计实现一个功能需要的源程序行数。当有以往开发类似工程的历史数据可供参考时，这个方法是非常有效的。

一旦估计出源代码行数以后，用每行代码的平均成本乘以行数就可以确定软件的成本。每行代码的平均成本主要取决于软件的复杂程度和工资水平。

（2）任务分解技术。这种方法首先把软件开发工程分解为若干个相对独立的任务。再分别估计每个单独的开发任务的成本，最后累加起来得出软件开发的总成本。估计每个任务的成本时，通常先估计完成该项任务需要用的人力（以人月为单位），再乘以每人每月的平均工资而得出每个任务的成本。

最常用的方法是按开发阶段划分任务。如果软件系统很复杂，由若干个子系统组成，则可以把每个子系统再按开发阶段进一步划分成更小的任务。

（3）自动估计成本技术。采用自动估计成本的软件工具可以减轻人员的劳动，并且使得估计的结果更客观。但是，采用这种技术必须有长期搜集的大量历史数据为基础，并且需要有良好的数据库系统支持。

软件成本及工作量估算永远不会是一门精确的科学。太多的变化影响了软件的最终成本及开发所需的工作量。软件项目计划者在项目开始之前必须先估算三件事：需要多长时间、需要多少工作量以及需要多少人员。此外，计划者必须预测所需要的资源（硬件及软件）和包含的风险。计划者可以使用一种或多种技术进行估算，这些技术主要分为两大类：分解和经验建模。分解技术需要划分出主要的软件功能，接着估算实现每一个功能所需要的程序规模或人月数。经验技术使用根据经验导出的公式来预测工作量和时间。可以使用自动工具实现某一特定的经验模型。

5.4.4 可行性研究成果

可行性研究的成果是可行性研究报告，这是系统开发人员对现行系统进行初步调查和研究之后的结论，反映了系统开发人员对新系统开发的看法和设想。

1. 可行性研究报告

可行性研究报告中应该包括如下内容。

（1）引言。主要对项目及可行性研究报告做一个概要性的描述，说明可行性研究报告适用的系统和完整标识；为阅读者提供一些项目相关的背景资料，说明项目在什么条件下提出，提出者的要求、目标、实现环境和限制条件；简述可行性研究报告适用的项目和系统的用途，描述项目和系统的一般特性，标识项目的投资方、需方、用户、承建方和支持机构，标识当前和计划的运行现场；概述可行性研究报告的用途和内容，并描述与其使用有关的保密性和私密性的要求。

（2）引用文件。列出可行性研究报告中引用的所有文档的编号、标题、修订版本和日期，还应标识不能通过正常的供货渠道获得的所有文档的来源。

（3）可行性研究的前提。包括项目的要求、目标、环境、条件、假定和限制等，还应该说明将采用的可行性研究方法（如，调查、加权平均、系统模型或仿真等），以及评价系统所使用的主要尺度（如，费用的多少、各项功能的优先次序、项目周期、使用的难易程度等）。

（4）可选的方案。说明现有系统的优点和缺点、局限性和存在的问题，是否有可复用的系统，以及它们与要求之间的差距。然后再逐一列举所有的可选择的系统解决方案，最后再给出选择最终方案的准则。

（5）所建议的系统。针对系统的目标和要求，提出一个可行的解决方案，并且针对这些因素，论证系统是如何满足的。具体包括对所建议的系统的说明、处理流程和数据流程、与现有系统的比较、影响或要求（包括设备、系统、运行、开发、环境、经费等）和新系统的局限性。

（6）经济可行性。从经济角度来说明解决方案的可行性，主要包括投资（基本建设投资、其他一次性投资和非一次性投资）、预期的经济收益（一次性收益、非一次性收益、不可定量的收益）、收益/投资比、投资回收周期和市场预测。

（7）技术可行性。从技术角度来说明解决方案的可行性，包括企业现有资源（如，人员、环境、设备和技术条件等）能否满足项目实施要求，若不满足，应考虑补救措施（如，需要增加人员、投资和设备等），涉及经济问题应进行投资、成本和效益可行性分析，最后确定项目是否具备技术可行性。

（8）运行可行性。分别从社会角度、用户角度分析系统可行性。从社会角度来说明解决方案的可行性，主要包括系统的建设是否符合法律、法规的要求，系统开发可能导致的侵权、违法和责任。从用户角度来说明解决方案的可行性，主要包括用户单位的行政管理和工作制度，使用人员的素质和培训要求等。

（9）其他与项目有关的问题。列举其他与项目有关的重要问题，主要是预测未来可能的变化。

（10）注解。包含有助于理解可行性研究报告的一般信息，例如，背景信息、词汇表、原理等。这一部分应包含为理解可行性研究报告需要的术语和定义，所有缩略语和它们在可行性研究报告中的含义的字母序列表。

（11）附录。提供那些为便于维护可行性研究报告而单独编排的信息（如，图表、分类数据等）。为便于处理，附录可以单独装订成册，按字母顺序编排。

2. 可行性论证会

可行性研究报告提交给上级主管部门（或领导）以后，按规定应该召开由主管部门（或领导）主持，各相关部门（单位）的代表参加的可行性论证会，也可以邀请业内专家参加会议。在会上，首先由可行性研究小组代表进行较详细的介绍和说明，然后让各方面的专家和代表进行广泛而深入的讨论和研究。特别应引导与会者对各种方案进行比较分析，要充分估计各种可能出现的问题。

讨论的结果有两种可能，一种是同意或基本同意可行性研究报告中的结论，或立即执行，或修改目标、追加资源和等待条件，或取消项目；另一种是对可行性研究报告持不同意见，对某些问题的判断有不同看法。如果不影响整个问题的结论，那么可以把问题留待需求获取和分析时解决，项目可以照常进行；如果影响整个问题的结论，则就要返工，重新进行调查分析，形成新的可行性研究报告，再重新召开可行性论证会。

阅读5-4 项目可行性研究报告参考格式

5.5 业务流程规范与重组

企业和组织的运作是通过各种各样的流程来实现的，企业中生产流程、财务流程、企业发展战略流程、新产品研发流程、采购流程及售后服务流程都是企业业务流程的表现。企业业务流程的规范与再造是开发管理信息系统的基础，也是提高企业信息化水平的重要措施。

5.5.1 业务流程的规范化

业务流程是为达到特定的价值目标而由不同的人分别共同完成的一系列活动。活动之间不仅有严格的先后顺序限定，而且活动的内容、方式、责任等也都必须有明确的安排和界定，以使不同活动在不同岗位角色之间进行转手交接成为可能。

业务流程对于企业的意义不仅仅在于对企业关键业务的一种描述，更在于对企业的业务运营有着指导意义，这种意义体现在对资源的优化、对企业组织机构的优化以及对管理制度的一系列改变。业务流程规范与优化的目的实际也是企业所追求的目标，即降低企业的运营成本，提高对市场需求的响应速度，争取企业利润的最大化。

1. 指标体系标准化

在某一工作范围内，大家需要对共同关心的信息格式做出统一的规定，以便进行交流。以人事档案为例，为了满足人事管理的需要，对于每一个工作人员，需要记录姓名、籍贯、出生年月、家庭地址、政治面目、文化程度、工作简历和奖惩情况等。根据这些可以制定出人事档案的管理工作，则各单位之间的信息交换就会容易得多。同样，订货管理、物资管理等，也都应制定出统一的规格，以便交流。

指标体系的标准化往往涉及到具体的各业务部门的特定问题。例如，对于一个工厂的技术经济水平，究竟应该用哪些指标来评价，根据不同的管理体制或不同的管理理论就会有不同的回答。因此，指标体系的标准化不是单纯的信息处理问题，而首先在于业务指导思想和观点的统一。

在社会经济的一些重要方面，国家统计局已经制定了有关的指标体系（包括内容、算法、口径等），各行各业根据自己的需要，也会制定相应的指标体系，研制管理信息系统时应遵照执行。对于那些还没有标准的具体业务，系统分析人员应该仔细分析，在满足企业经营管理目标的情况下制定相应的指标体系。

2. 信息编码标准化

在任何管理信息系统中，信息的表示方法都是系统的最重要的基础之一。任何信息都是通过一定的编码方式，以信息编码的形式输入并存储在计算机中的。当然，文字是一种记号，也可以说是一种信息编码，但是由于它长度不定，又常常具有二义性。因此，在管理信息系统中常常要在文字描述之外，用信息编码来区分实体或它们的属性值。这样，录入过程中只需录入信息编码而不需要录入汉字或字母，以提高录入的准确性和一致性。

信息编码体系的建立当然应该由负责该领域业务工作的人员来完成，因为无论是对象，还是属性的分类方法，都要由特定的业务或技术来确定。作为信息系统的工作人员，可以在信息编码制定前先给业务支持小组成员培训，讲解各种编码方法的优劣，并提出参考意见，即从信息处理的角度提出建议。

信息编码的设计应合理，长度不宜过长，以便节省存储空间，加快处理速度。当然，信息编码长度应能容纳下所涉及的实体或属性，必须能把这些实体或属性区分开。

尽量在信息编码中反映出一定的逻辑含义，特别是检索方向。单纯的顺序编号，对于进一步处理起不了什么作用。因此，应该根据信息的检索需求，把信息编码分成若干段，每段反映一个检索项的值。这样，就能从信息编码中迅速地进行检索或进行其他处理。例如，在学生学号的编制中，就可以把入学年份、系的编号纳入学号之中。如果这样做，将来的查询功能就能够做得快一些，好一些。

留有扩充的余地。一般来说，扩充有两种情况，一种是实体的个数增加，另一种是需要进一步细分某些实体或属性值的类别。在这两种情况下，如果事先没有留有充分的余地，就会出现信息编码无法编制或者所要表达的分类情况无法表示等情况。对前一种情况来说，应该计算信息编码的容量，即它所能表达的个体的个数。例如，一个三位数的数字信息编码，可以区分一千个不同的个体；一个由两个英文字母组成的信息编码，可以表达 676 个不同的个体（26×26）；如果区分大写小写，并且可以用数字出现在其中，那么同样是两位的信息编码可以表达

3 844 个不同的个体（62×62）。在计算容量时，都应该考虑到今后的发展与扩充，而不能只看当前的情况。对后一种情况，则可以在信息编码的长度中留出一至两位作为备用。

通过提出这些建议，管理信息系统的研制人员与业务人员合作，共同提出信息编码设计方案。

信息编码体系涉及到许多具体的工作人员，如果信息编码体系发生变化，就会遇到变更工作习惯或工作方式的问题，这是相当麻烦的事情，可能会遇到各种各样的障碍及阻力。所以管理信息系统的设计人员应该有充分的准备，对信息编码体系的修改应持谨慎态度。

在目前的情况下，许多信息编码尚没有全国统一的标准。例如，产品目录就有多种，这种情况给管理信息系统的研制带来很大困难。作为管理信息系统的研制人员，一方面应该对这种情况有充分的思想准备，在自己的系统中把涉及某种信息编码的操作集中起来，而把当前信息编码体系作为文件存储起来，随时可以更换，而不要把实体名称写入程序中，以免不易改动。

3. 业务流程的规范化

为了保证企业各项业务的顺利进行，保证正常的生产经营秩序，需要对各项专业管理业务的范围、内容、程序、方法等进行规定，即制定业务标准，从而把企业中千头万绪的工作同相应的部门及人员联系起来。

规范的业务流程是业务标准的重要组成部分。有了规范的业务流程，对于一项具体的管理业务来说，各有关部门和人员就可以按照统一的程序和方法办事，各司其职，相互协作配合，使这项业务能够从头至尾顺畅地进行，从而避免那种凭个人经验办事，一人一种做法，工作互不统一的混乱状况，造成业务过程中的阻塞。

业务流程图是以一项相对独立的管理业务为单位，用标准图例和简单的文字说明将其业务内容、步骤和要求绘制出来。其目的是用以对管理业务进行规范化和标准化，也是企业中管理规程一类的文件。这里的业务，是指由不同的部门（或岗位）和若干工作环节组成的，针对某一对象开展的相对独立的管理工作。例如生产：班组领料，要经过填写领料单、审核、验物、签字直到实物领出，涉及的人员可能要有车间主任、领料员、仓库保管员和车间生产工人。

业务流程图的绘制既有利于信息流程图的抽取，也有利于系统开发小组成员更好地掌握该项业务的整个过程，从而对企业信息需求有更宏观、系统的把握。绘制业务流程图一般可按图 5-6 所示的顺序进行。

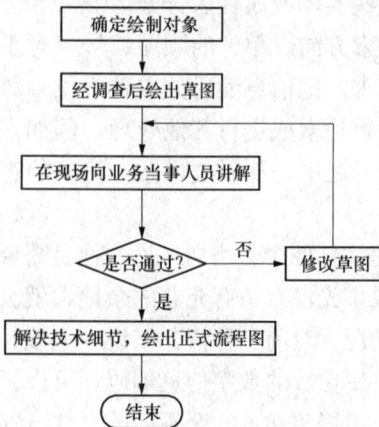

图 5-6　业务流程图绘制过程示意图

5.5.2　企业业务流程重组

管理信息系统并不是现行流程的简单实现，而是先进的管理理念和技术手段的统一，是企业业务流程的优化。当用管理信息系统实现企业运作和管理时，应该充分利用信息技术的优势，纠正不合适的企业业务流程，对企业业务处理中的核心过程，从根本上重新思考和彻底设计，使企业的成本、质量、服务和速度等各项关键性能指标同时得到极大提高。

根据对企业业务流程带来变动的程度，企业业务流程重组（Business Process Reengineering，BPR）可分为业务流程逐步改进与业务流程重新设计。业务流程逐步改进即不断寻找方法，不断改善企业业务流程。业务流程重新设计即是对企业业务流程、组织结构、信息系统以及企业的价值链等进行最根本的重新设计。企业业务流程重组应着眼于顾客利益，以重新设计企业业务流程为手段，以提高企业竞争力、最大限度地适应以"顾客、竞争、变化"为特征的现代化企业经营环境为目的。

1. 企业业务流程逐步改进

企业业务流程改进采用的基本原则即所谓的 ECRS 改进四原则，即取消（Eliminate）、合并（Combine）、重排（Rearrange）、简化（Simplify）。

（1）取消所有不必要的工作环节和内容。有必要取消的工作，自然不必再花时间研究如何改进。比如为了获得最终结果而增加的中间环节，就有可能被取消。这是改善工作程序，提高工作效率的最高原则。

（2）合并必要的工作环节。不能取消的工作环节，可以研究能否可以合并。为了做好某项工作，自然要有分工和合作。分工的目的，或是因工作量超过某一组织或人员的负担，或是由于专业的需要，或是从增加工作效率出发的考虑。如果实施管理信息系统后，已经不存在工作量的问题或专业分工的问题，那么就需要合并。

（3）重排所必需的工作程序。在对工作环节进行取消或合并后，还要将所有工作程序按照业务的逻辑或信息的流向进行重排顺序，或者在改变其他要素顺序后，重新安排工作顺序和步骤。在这一过程中还可进一步发现可以取消和可以合并的工作环节和内容，使作业更有条理，工作效率更高。

（4）简化工作环节。对工作程序的改进，除去可取消和合并之外，余下的还可进行必要的简化。这种简化是对工作内容和处理环节本身的简化。

2. 企业业务流程重新设计

企业业务流程重新设计就是为了获取可以用诸如成本、质量、服务和速度等方面的业绩来进行衡量的戏剧性的成就，而对企业业务流程进行根本性的再思考和关键性的再设计。这个概念中包含了根本性、关键性、显著性和彻底性 4 个关键特性。

（1）根本性。根本性表现在不是枝节的、表面的，而是本质的、革命性的。企业人员必须就企业运营方式提出几个根本性的问题，即"为什么要做正在做的事情？"、"为什么要用现在的工作方式做事情？"。提出这些根本性的问题就是要促使人员对其管理企业所基于的不成文的规则与假设以及所从事的业务进行观察和思考，这些观察和思考往往会使企业人员意识到这些沿袭下来的规则和假设已经过时，甚至是错误的，因而不再适用，而一些业务也可能是没有竞争力的，没有必要再存在。

（2）关键性。关键性意味着对事物追根溯源，对现存事物不是进行浅尝辄止的改变或调整，而是抛弃现存的所有陈规陋习和一切规定的结构与过程，保留具有核心竞争力的业务，创造发明全新的工作方法。它是对企业的运行和业务进行重新构造，而不是对企业进行改良、增强或调整。

（3）显著性。显著性不是要取得小的改善，而是要取得业绩上的突飞猛进。小的改善只需要逐步调整就可以取得；"戏剧性"的成就则需要消除一切陈旧事物而代之以崭新的内容。

（4）彻底性。充分发挥信息技术的潜能，利用信息技术彻底改造企业业务流程，简化企业业务流程；彻底变革组织结构，达到精简组织、提高效率的目的。

企业业务流程重组的实施，主要表现在观念重组、流程重组、组织重组等方面。具体说来，企业业务流程重组包括：变革基本信念、转变经营机制、重建组织文化、重塑行为方式；由面向职能转变为面向业务流程，对企业的现有业务流程进行调研分析、诊断、再设计，然后重新构件新的业务流程；建立业务流程管理机构，明确其权责范围，制定各业务流程内部的运转规则与各业务流程之间的关系规则，逐步用业务流程管理图取代传统企业中的组织机构图。

　　许多实施企业业务流程重组的企业都广泛利用了管理信息系统，正是现代信息技术帮助企业打破了陈旧的制度并创建了新型的企业业务流程。

阅读 5-5 海尔集团业务流程再造

本章提要

　　系统规划是管理信息系统生命周期的第一阶段，其主要目标是制定系统发展方案，决定系统在整个生命周期内的发展方向、规模和发展过程。系统规划的成败，直接影响企业和组织信息化建设。

　　项目提出与确定是管理信息系统开发建设的前提。项目的选择和取舍，应坚持项目评估的基本原则，逐步排除那些不符合需求的建议项目，选择和确定满意的项目。

　　可行性（Feasibility）研究的目的就是用最少的代价在尽可能短的时间内确定问题是否能够解决，可行性研究的目的不是解决问题，而是确定问题是否值得去解。即系针对开发一个管理信息系统决定"做还是不做"。可行性研究通常从经济可行性、技术可行性、运行可行性 3 个方面进行分析，其中经济可行性通常被认为是项目的底线。

　　企业业务流程的规范化是开发管理信息系统的基础。业务流程规范与优化的目的即企业所追求的目标，降低企业的运营成本，提高对市场需求的响应速度，争取企业利润的最大化。

思考与练习

1. 为什么管理信息系统的建设需要系统规划？
2. 系统规划工作的特点是什么？需要解决哪些关键问题？
3. 项目选择的原则体现在哪些方面？
4. 系统调查的内容主要有哪些？
5. 可行性研究评价准则是什么？
6. 业务流程规范化有何重要意义？

自测与作业（5）

第6章 系统分析

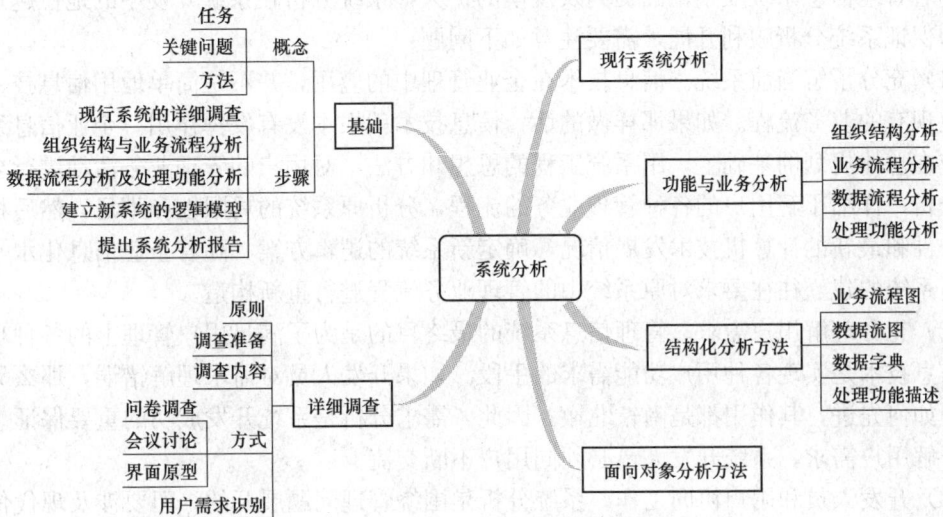

6.1 系统分析概述

系统分析（System Analysis）是管理信息系统建设最重要的阶段，也是最困难的阶段。系统分析是在系统规划的基础上，回答新系统"做什么（What to do）"这个具体而详细的关键性问题。系统分析所确定的内容是系统设计、系统实施的基础。系统分析阶段工作的深入与否直接影响新系统的设计质量和经济性，在系统建设中起着重要作用。

6.1.1 系统分析的任务与方法

系统分析是系统规划的继续，系统规划是面向全局、从战略角度去分析管理信息系统，而系统分析则是面向局部、从具体细致的角度去分析管理信息系统。在系统分析阶段，要集中精力，进行深入详细的调查研究，认真分析用户需求，用科学的方法将新系统的逻辑模型表达出来。

1. 系统分析的任务

系统分析就是系统分析员和用户一起充分了解用户需求，并把用户的需求用文档的形式表述出来。系统分析阶段应坚持面向用户的原则，集中力量完成新系统的逻辑模型，即定义和制订目标系统应该"做什么"，暂且不涉及"怎么做"。

（1）对系统需求的理解和确切表达。详细了解每个业务过程和业务活动的工作流程及信息处理流程，理解用户对管理信息系统的需求，包括对系统功能、性能方面的需求，对硬件配置、开发周期、开发方式等方面的意向，可靠性、安全性、保密性要求，以及开发费用、时间和资源方面的限制等。

（2）确定目标系统的逻辑模型。在详细调查的基础上，运用各类系统开发的理论、方法和技术，确定系统应具有的逻辑功能，再用一系列图表和文字表示出来，形成新系统的逻辑模型。对上述采用图表描述的逻辑模型进行适当的文字说明，组成系统分析报告，它是系统分析阶段的主要成果。

2. 系统分析的关键问题

随着管理信息系统复杂性的提高及规模的扩大，系统分析在系统开发中的地位越来越突出，为保证系统分析顺利开展，需要注意如下问题：

（1）充分了解当前系统。信息技术在企业管理中的应用，并不是简单地用信息技术去模拟企业现有的业务流程。如果那样做的话，信息技术就根本没有发挥作用。企业信息系统的开发应在总体规划的基础上，用系统工程的思想和方法，对用户的管理业务活动进行全面的调查分析，详细了解用户的各种管理业务的流程，分析原系统的局限性和不足，然后根据企业的条件和最新的计算机技术发展情况，确定新系统的逻辑方案。随着企业信息化水平的提高，新系统的建立往往要求对原系统中的管理业务流程进行重新构造。

（2）充分理解用户需求。管理信息系统的最终目的是为了满足用户管理上的各种功能需求，信息技术是实现各种用户功能需求的手段。如果开发人员对需求理解错误，那么无论技术手段如何先进，其作用都是南辕北辙。因此，需求分析是系统开发成功的重要保证。为了准确了解用户需求，系统开发人员必须同用户不断交流。

（3）开发人员和用户协同工作。系统分析是围绕管理问题展开的，但要涉及现代信息技术的应用。只有系统开发人员和用户充分交流和合作，信息技术才能被很好地应用到用户的管理工作中，开发出来的系统才能既满足用户需求，又做到技术先进。系统分析工作终始是由用户和系统开发人员协作完成的。系统分析员是系统分析工作的主持者和主要承担者，在整个系统开发工作中是用户（管理人员）和系统设计员的桥梁。

3. 系统分析方法

系统分析需要借助一定的技术、工具与方法。实践证明，结构化系统分析是一种简单实用的方法。

结构化分析是自顶向下、逐步求精的系统分析方法，结构化分析的核心特征是"分解"和"抽象"。分解是指将一个复杂的问题按照内在的逻辑划分为若干个相对独立的子问题，从而简化复杂问题的处理。抽象则是将一些具有某些相似性质的事物的公共之处概括出来，暂时忽略其不同之处，或者说，抽象是抽象出事物的本质特性而暂时不考虑它们的细节。

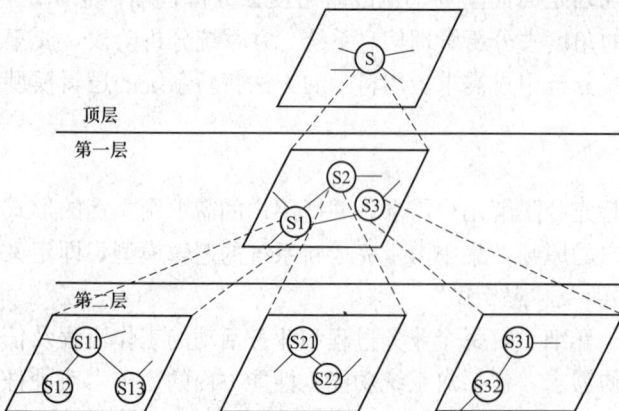

图6-1　复杂系统分解示意图

在图6-1中，系统S被分解为S1、S2、S3三个子系统，S1、S2、S3又被分解为S11、S12、S13、S21、S22、S31、S32，如果子系统仍然比较复杂，还可以再进一步分解，如此下去，直到每个子系统足够简单，能清楚地被理解和表达为止。

分解和抽象实质上是一对相互有机联系的概念。自顶向下的过程，即从顶层到第一层再到第二层的过程，称为"分解"；自底向上的过程，即从第二层到第一层再到顶层的过程，称为"抽象"。也就是说，下层是上层的分解，上层是下层的抽象。这种层次分解使得不必考虑过多细节，而是逐步了解更多的细节。对于顶层不考虑任何细节，只考虑系统对外部的输入和输出，然后，一层层地了解系统内部的情况。

对于任何复杂的系统，分析工作都可以按照上述方式有计划、有步骤地进行，大小规模不同的系统只是分解的层次不同，即规模大的系统分解的层次多，规模小的系统分解的层次少。

结构化分析方法是进行系统分析工作的行之有效的方法。在结构化方法中，采用数据流程图来建立系统的逻辑模型，用数据字典对数据流程图进行说明，用决策树、决策表和结构式语言对处理过程进行描述。

6.1.2　系统分析的步骤与成果

系统分析的目的是将用户的需求及其解决方法确定下来，并用系统分析报告的形式表达出来。系统分析所确定的内容是今后系统设计、系统实现的基础。

1. 系统分析的主要步骤

管理信息系统是一个具有业务复杂性和技术复杂性的系统，为的是目标系统既能实现当前系统的基本职能，又能改进和提高。系统开发人员首先必须理解和描述出已经存在的当前系统，然后进行改进，从而创造出基于当前系统又高于当前系统的目标系统，即新系统。

系统分析过程一般按如图 6-2 所示的进行。系统开发的目的是把现有系统的物理模型转化为目标系统的物理模型，即图 6-2 中双虚线所描述的路径，而系统分析阶段的结果是得到目标系统的逻辑模型。逻辑模型反映了系统的功能和性质，物理模型反映的是系统的某一种具体实现方案。

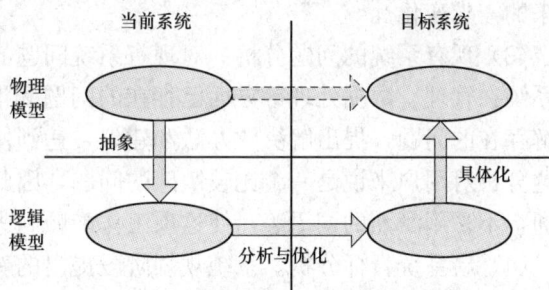

图 6-2　系统分析过程图

按照图 6-2，可将系统分析阶段的主要工作分为以下几个步骤：

(1) 对当前系统进行详细调查。集中时间和人力，对当前系统做全面、充分和详细的调查，弄清当前系统的边界、组织机构、人员分工、业务流程、计划种类、单据和报表的种类及处理过程、企业资源及约束情况等，为系统开发做好原始资料的准备工作。

(2) 建立当前系统的模型。在详细调查的基础上，用图表和文字对当前系统进行描述，详细了解各级组织的职能和有关人员的工作职责、决策内容对新系统的要求，业务流程各环节的处理业务及信息的来龙去脉。在此基础上，把数据在当前系统内部的流动情况抽象地独立出来，舍弃具体组织机构、信息载体、处理工作、物资、材料等，仅从数据流动过程考察实际业务的数据处理模式，主要包括信息的流动、传递、处理和存储的分析。

(3) 提出当前系统的改进意见。对现状进行分析，进出改进意见和新系统应该达到的目标。

（4）建立新系统的逻辑模型。逻辑模型是新系统开发中要采取的管理模型和信息处理方法。在详细调查、组织结构与业务流程分析、数据流程分析的基础上建立新系统逻辑模型。新系统逻辑模型用一组图表工具表达和描述，既方便用户和分析人员对系统提出改进意见，也为建立系统物理模型奠定基础。

（5）编写系统分析报告。对系统分析阶段的工作进行总结，并提交文字报告，为下一步系统设计提供工作依据。

2. 系统的目标分析

系统目标分析的目的就是通过对现有系统的目标分析、环境分析、存在问题分析来确定新系统的目标。企业总是变化发展的，因此，管理信息系统决不应该仅仅反映企业的现状，还要适应未来发展的需要。了解企业的目标以及各个子目标，掌握衡量各目标的标准，有利于新系统逻辑模型的设计。这样开发的系统既能衡量企业目标的实现，又能适应企业未来的发展，使管理信息系统从根本上具有支持企业目标的能力。

（1）现有系统的目标分析。企业的经营目标和战略目标是企业经过长期努力所希望达到的状态。在目标控制下对企业进行管理，是企业管理中最有效的方法。分析系统的管理目标，可以全面了解企业各个层次的情况，了解各岗位的工作范围，了解各部门工作的重点以及部门之间的关系等。

（2）环境分析。分析企业环境的目的就是通过对企业内部以及与之相关的外部因素变化分析，预测新系统运行环境的变化，使新系统的逻辑模型具有较强的适应外界环境变化的能力。通过分析和综合各信息载体调查表、企业流程调查表中列出的变化因素以及相关的变化因素，注意输入信息、输出信息、数据加工的变化，可以获得由于企业环境可能发生变化而带来的需求变化。

（3）现有系统的问题分析。对现有系统问题的分析就是从企业战略管理的角度上，对现有系统在管理、数据处理等方面已存在的问题和潜在的问题进行分析，帮助相关人员发现、了解存在的问题，提出解决的办法和建议，达到使新系统高于原系统的目的。对现有系统的问题分析对用户来说是一个比较敏感的问题，因此，在分析过程中，应该注意与相关人员的沟通，不采用激烈的词语等，使这项工作能顺利进行。

（4）新系统目标分析。系统规划阶段提出的新系统的总体目标是一个粒度较粗的目标。这里的新系统目标分析应该针对系统开发的总体目标，根据相关业务工作的实际需要，从管理和技术两个方面制订新系统要达到且可以达到的目标。系统在管理方面的目标指系统能满足企业运作和管理的要求。例如对产品销售来说，管理方面的目标有实现产品进销存的计算机处理，提高工作效率和工作质量，及时提供市场产品需求、客户、主要竞争对手的营销手段以及市场占有等信息，实现产品售后服务跟踪等。系统在技术方面的目标指系统应达到的技术要求，例如实用性、集成性、先进性、易操作性、数据的共享性、系统的安全性等。

根据系统规划阶段提出的新系统的总体目标，通过现有系统的目标分析、环境分析、现有系统的问题分析，系统分析员可以逐步地、全面地分析出新系统的目标。

3. 新系统信息处理方案

系统目标是指达到系统目的所要完成的具体事项。新系统信息处理方案是对系统目标从功能、技术及经济三个方面进行分析和优化的结果。

　　系统功能目标是指系统所能处理的特定业务和完成这些处理业务的质量。也就是系统能解决什么问题，以什么水平实现；系统技术目标是指系统应当具有的技术性能和应达到的技术水平，通过一些技术指标，如系统运行效率、响应速度、存储能力、可靠性、灵活性、操作使用方便性及通用性等给出；系统的经济目标是指系统开发的预期投资费用和经济效益。

　　上述各项分析和优化的结果，就是新系统信息处理方案，内容包括以下 5 个部分：

　　（1）优化的业务处理流程。列出业务流程分析的结果，并据此删去或合并多余或重复的处理过程，对优化和改动的业务处理过程进行说明；指出业务流程图中哪些部分计算机可以完成，哪些需要用户配合新系统完成。

　　（2）合理的数据处理流程。列出数据流程分析的结果并且加以说明，由用户最终确认，包括数据分析结果及数据流程图和数据词典。同时，说明删去或合并哪些多余或重复的数据处理过程，对哪些数据处理过程进行了优化和改动。

　　（3）合理的功能结构和逻辑结构。按照功能或系统处理方式进行子系统的划分，形成合理的功能结构和逻辑结构。

　　（4）适用的数据资源分布和配置。给出新系统数据资源分布和配置方案。确定哪些存储在本系统内部设备上，哪些是在网络服务器或主机上；从系统分析的需要出发，提出新系统对计算机配置的基本要求，即提出计算机资源的逻辑配置。它不涉及计算机硬件的具体型号，而是提出硬件设备、系统软件、工具软件、应用软件的具体方案，作为系统设计阶段确定新系统计算机物理配置的依据。

　　（5）确定新系统中的管理模型。确定在某一具体管理业务中采用的管理模型和处理方法。

　　4．系统分析成果

　　系统分析阶段的成果就是系统分析报告。它反映这一阶段调查与分析的全部情况，全面总结了系统分析工作，是下一步设计与实现系统的纲领性文件。

　　系统分析报告形成后，必须组织各方面人员一起对报告以及形成的逻辑方案进行论证，尽可能地发现其中的问题、误解和疏漏。对于问题与疏漏需要及时纠正。对于有争论的问题需要重新核实当初的原始调查资料或进一步深入调查研究，对于重大的问题甚至可能需要调整或修改系统目标，重新进行系统分析。

　　一份好的系统分析报告应该充分展示前段调查的结果，还要反映系统分析的结果，即新系统的逻辑方案，并且提出新系统的设想。

　　系统分析报告的基本内容主要包括以下几部分。

　　（1）引言。说明系统名称、目标和主要功能；项目的承担者、用户及本系统与其他系统或机构的关系和联系。并注明引用的资料及术语定义解释。

　　（2）现有系统概况。现有系统流程和概况图表及说明，包括现有系统的规模、界限、主要功能、组织结构、业务流程、数据流程和数据存储及存在的薄弱环节等。并特别注意说明现有系统存在的主要问题和用户的要求等。

　　（3）新系统逻辑设计。根据企业新的需求，提出更加明确和具体的新系统目标。建立新系统逻辑模型：各个层次的数据流程图、概况表、数据字典、处理逻辑及其他有关的图表和说明。与现有系统比较，在各种处理功能上的加强和扩充，重点阐述新系统相应处理的优越性。对系统数据进行分析；系统输入输出的变化，体现在与系统环境接口的变化；系统数据流和流程的变化，指出比现有系统的优越之处；系统数据存储的变化，重点突出计算机数据存储的组织形式、效率及共享性等；新系统数据流量、数据存储量的初步估算，并初步确定有关数据流和数据存储的数据结构与容量。

根据当前条件，新系统逻辑设计方案若有暂时无法满足的某些用户的要求或设想，则应该提出今后解决的措施和方法。

（4）系统设计与实施的初步计划。根据资源及其他条件，确定子系统开发的优先顺序，在此基础上分解工作任务，具体落实。提出时间进度安排、资源利用及对开发费用的预估。

阅读 6-1　系统分析报告的参考格式

6.2　详细调查与信息编码

由于新系统的开发要"基于原系统，高于原系统"，因此系统分析的关键是对现有系统进行详细的调查研究，对数据进行收集与整理，并做好信息编码的调研与编制工作。

6.2.1　系统的详细调查

详细调查是为了弄清现有管理信息系统的状况，查明其执行过程，发现薄弱环节，收集数据，为设计新系统提供必要的基础资料。

1. 详细调查的原则

详细调查的目的是根据系统规划报告规定的新系统的目标、范围、规模和要求，对现有系统进行调查，明确现有系统在做什么（What）、怎么做（How）、何时做（When）、存在什么问题（Problem）。系统的详细调查是一项深入、细致、详尽的调查，它涉及企业内部各部门（或各子系统）、企业流程、信息流、信息处理工作、信息的关联等，工作量较大。

在系统详细调查中，应当遵循真实性、全面性、规范性、启发性的原则。即调查资料真实、准确地反映现行系统状况，不依照调查者的意愿反应系统的优点或不足；任何系统都是由许多子系统有机地结合在一起而实现的；有一套循序渐进、逐层深入的调查步骤和层次分明、通俗易懂的规范化逻辑模型描述方法；在调查中，需要逐步引导，不断启发，尤其在考虑计算机处理的特殊性而进行的专门调查中，更应该善于按使用者能够理解的方式提出问题，打开使用者的思路。

2. 详细调查的准备

由于系统详细调查工作的重要性和特点，在调查开始做好调查准备是非常重要的。详细调查的主要做好如下准备工作。

（1）熟悉业务。首先要展开对与业务工作相关管理理论、方法、实务、发展动向和趋势等的学习，对相关业务工作重点、难点的学习；了解国内外其他企业在该类运作与管理信息系统应用的水平、深度和广度，这样对新系统设计的实用性、先进性就有一个大体的把握，便于调查工作的开展。

（2）确定部门负责人员和业务配合人员。为了使系统开发工作有序、有效地进行，需要在企业高层领导中确定负责人，具体负责系统的开发领导、管理工作，还要确定各部门的项目负责人，对涉及本部门的工作进行管理。具体工作由业务配合人员协助系统分析小组完成。所选的业务配合人员应该非常熟悉业务、具有良好的协作精神、责任心强。在详细调查工作中，由企业高层领导中的负责人领导工作，将介绍业务、提供资料等工作列入配合人员的日常工作之列，制订该项工作的考核指标，制订相应的考核办法和奖惩方法，建立相应的激励机制，为系统分析工作提供畅通的、融洽的、有保证的工作环境。

（3）拟订调查提纲。拟订调查提纲可以使业务人员事先做好准备工作，使系统分析人员能心中有数。

（4）确定调查路线。详细调查一般采取自顶向下的策略，即从企业高层管理者、部门负责人到业务人员。采取这样的调查路线符合系统的观点，这种调查线路有整体性、发现企业潜在的需求、提出企业其他部门对本系统的要求、使新系统的逻辑模型具有一定的前瞻性。

最高层的管理者从企业整体出发，提出现有系统存在的问题，以及对新系统的总体要求，并从企业其他部门的角度对新系统提出要求等。与系统相关的部门负责人从本部门的工作出发，描述部门现有的问题、工作改革的想法以及工作中的信息需求。主要业务人员则作为熟悉本部门日常工作的专业人员，提供与部门相关的业务流程和信息载体，以及日常工作的难点等。

（5）动员和人员培训。详细调查工作往往涉及面广、时间长，而且在调查的过程中会给相关人员增添工作量，需要多方面人员的配合，因此应该对相关部门的人员进行动员和培训。动员工作使企业员工了解国内外使用信息技术的情况，了解开发新的管理信息系统工作的重要性、必要性和紧迫性，使他们能积极支持这项工作的开展。培训工作使相关的业务人员了解计算机能做什么，并根据拟订的调查提纲，培训他们如何积极主动地参与、配合、协助调查工作乃至系统分析的其他工作。

3. 详细调查的内容

详细调查是对现有系统进行详细具体的调查和分析，为系统分析和新系统逻辑模型的建立提供详尽的、准确的、完整的、系统的资料，使开发工作在摸清系统现状，明确用户需求和充分占有资料的基础上进行。

（1）组织结构与功能体系的调查。观察一个企业时，首先关注的是系统的组织结构状况，即一个组织各组成部分之间横向与纵向以及在地理分布上的相互关系。通常用组织结构图从大的框架下反映组织各部门之间的隶属关系。在掌握系统组织体系的基础上，以组织结构为线索，层层了解各个部门的职责、工作内容和内部分工，就可以掌握系统的功能体系，并用功能体系图来表示。

（2）管理业务流程的调查。在组织结构与功能分析的基础上，下一步的任务就是要弄清这些职能是如何在有关部门具体完成的，以及在完成这些职能时信息处理工作的一些细节情况，即管理业务流程的调查。管理业务流程分析有助于了解该业务的具体处理过程，发现和处理系统调查工作中的错误和疏漏，修改和删除原系统的不合理部分，在新系统基础上优化业务处理流程。恰当的业务流程分析结果将会给后续工作以及系统设计工作带来很多便利。

（3）数据与数据流程的调查。数据是信息的载体，是系统要处理的主要对象，因此必须对系统调查中所收集的数据以及统计和处理数据的过程进行分析和整理。如果发现有数据不全，采集过程不合理，处理过程不畅，数据分析不深入等问题，应在该分析过程中研究解决。数据与数据流程分析是今后建立数据库系统和设计功能模块处理过程的基础。

（4）薄弱环节的调查。现行系统中的各个薄弱环节应该引起充分注意，通常这些薄弱环节正是新系统中要解决和改进的主要问题，对它们的有效解决，又可极大地增加新系统的经济效益和社会效益，从而提高用户对新系统开发的兴趣和热情。因此，在调查中，应通过与有关业务领导、管理人员的讨论，发现系统缺少的和薄弱的地方，以便在形成新系统的逻辑模型时加以补充和改进。

（5）资源与环境的调查。管理信息系统的资源包括人、财、物等方面，具体指用户人力资源的情况，开发人员的水平和经验，以及物资、设备和资金情况。特别是现有计算机设备的具体情况。对现有系统的运行环境及状况进行调查分析，掌握系统的运行效果、规模、业务处理情况以及其外部环境和接口。调查的同时应注意发现系统的不足和面临的问题。

在调查过程中，要对调查中收集、记录的各种资料进行整理，以便及时发现调查工作中存在的问题，便于进一步调查。

4. 详细调查的方式

详细调查遵循用户参与的原则，由用户相关部门的业务人员、主管人员和开发方的系统分析人员、系统设计人员共同进行。在调查中深入地发现系统存在的问题，共同研讨解决的方案。常见的详细调查通常采用以下几种方式：

（1）问卷调查。问卷调查指开发方就用户需求中的一些个性化的、需要进一步明确的需求（或问题），通过采用向用户发问卷调查表的方式，以彻底弄清项目需求。问卷调查适合于开发方和用户方都清楚项目需求的情况。因为开发方和建设方都清楚项目的需求，则需要双方进一步沟通的需求（或问题）就比较少，通过采用简单的问卷调查就能使问题得到较好的解决。问卷调查方式比较简单、侧重点明确，能大大缩短需求获取的时间、减少需求获取的成本、提交工作效率。

（2）会议讨论。会议讨论是开发方和用户方召开需求讨论会议，达到彻底弄清项目需求的一种需求获取方式。会议讨论适合于开发方不清楚项目需求（一般开发方是刚开始做这种业务类型的工程项目）但用户方清楚项目需求的情况。因为用户清楚项目的需求，则用户能准确地表达出他们的需求，而开发方有专业的软件开发经验，对用户提供的需求一般都能准确地描述和把握。由于开发方不清楚项目需求，因此需要花较多的时间和精力进行需求调研和需求整理工作。

（3）界面原型。界面原型方式即开发方根据自己所了解的用户需求，描画出应用系统的功能界面后与用户进行交流和沟通，通过界面原型这一载体，使双方逐步明确项目的需求。界面原型适合开发方和用户方都不清楚项目需求的情况。因为开发方和用户方都不清楚项目需求，因此更需要借助于一定的"载体"来加快对需求的挖掘和双方对需求理解。

由于开发方和用户都不清楚项目需求，此时需求获取工作将会比较困难，可能导致的风险也比较大。采用这种界面原型的方式，能够加速系统开发项目需求的凸显和双方对需求的理解，从而减小由于需求问题可能给系统开发项目带来的风险。

6.2.2　数据收集与分析

数据或资料的收集与分析是系统分析的基础工作。数据收集和数据分析工作没有明显的界限，数据收集常伴以分析，而数据分析又常需要补充收集数据。

1. 数据收集

数据收集的工作量很大，需要掌握数据收集的基本方法与技巧。收集的数据包括各部门的正式文件，如各种卡片、报表、各种会议记录；现行系统的说明文件，如各种流程图、程序；各部门外的数据来源，如上级文件、计算机公司的说明书、外单位的经验材料等。

调查过程中得到的大量原始凭证、统计表、报表及相应的调查表等原始资料，基本上是由调查人员按组织结构或业务过程收集的，往往只是局部地反映某项管理业务对数据的需求和现有的数据管理状况。这些数据资料必须进行去粗取精、去伪存真的加工处理、汇总、整理和分析，使之协调一致，为整个系统数据资源的充分调用和共享数据资料奠定基础。

数据收集的内容涉及输入数据、过程处理、输出数据以及信息编码等。

(1) 输入数据。具体事项有：输入数据组的名称，输入目的和使用场合，采集手段（人工或自动），输入周期、时间，最大输入量、平均输入量，复制份数，送到何处，保存期限，产生输入数据组的部门及人员，数据项、位数、类型、上下界的值等。

(2) 处理过程。对每一处理和加工过程的具体事项有：处理加工的内容，处理过程名称，过程处理的部门，过程处理采用的方法、算法，过程处理的时间，产生的输出数据，处理时采用的核对检查措施，过程处理的必要性，对异常情况有无处理措施，如对异常情况有处理时，应进一步了解其处理方法、处理负责人、发生的频率、处理所需时间等。

(3) 输出信息。对每一组输出数据，调查输出数据的名称、输出数据的使用部门或使用者、输出数据的使用目的及必要性、产生输出数据的部门、产生输出数据的方法、制作输出数据的时间和周期、发行份数、处理的数据量、送交与核对方法，等。

(4) 信息编码。信息编码的具体方法和形式与所使用信息编码的方法和方式有密切关系。现有系统的信息编码对新系统的设计具有很大影响。对于现有系统的信息编码要调查信息编码的名称、信息编码的方法、规则、要领，信息编码序号的总数，信息编码的位数、段数，信息编码的起始码、最大码，信息编码的缺码率，追加或作废频率以及管理部门等。

可以通过表格形式将上述问题的调查结果整理成报告、报表和说明书等。

2. 数据分析

数据收集与调查只反映了管理业务数据的需求与现有数据的管理状况，要把这些数据加工成可以使用的信息，就必须做好数据分析工作。进行数据分析时应当注意如下原则：

(1) 围绕系统目标、组织结构与业务功能进行分析。围绕系统的目标、组织结构与业务功能，认真分析现已收集到的信息能否提供足够的支持。为了满足正常的信息处理业务，需要哪些信息，哪些信息是冗余的，哪些信息暂缺而有待进一步收集；为了满足科学管理的需要，分析这些信息的精度如何，信息的及时性如何，可行的处理区间如何，能否满足对生产过程及时进行处理的要求。

(2) 围绕系统信息环境进行分析。分清信息是从现有组织结构的哪个部门中来，目前用途如何，受周围哪些环境影响较大（例如有的信息受具体统计人员的计算方法影响较大；有的信息受检测手段的影响较大；有的受外界条件影响而起伏变化较大等），它的上一级信息结构是什么，下一级的信息结构是什么，等等。

(3) 围绕现有业务流程进行分析。围绕现有业务流程，分析现有报表的数据是否全面，是否满足管理的需要，是否正确地反映业务的实物流；现有的业务流程有哪些弊病，需要做哪些改进；做出这些改进后的信息与信息流应做出什么样的相应改进，对信息的收集、加工与处理有什么新要求，等等。根据业务流程分析哪些信息是多余的，哪些信息是系统内部可以产生的，哪些信息是需要长期保存的。

3. 数据汇总

数据汇总是一项较为繁杂的工作，通常按如下 4 个步骤进行：

（1）数据分类编码。将收集到的数据资料按业务过程进行分类编码，按处理过程的顺序排列。

（2）数据完整性分析。按照业务过程自顶向下对数据项进行整理，从本到源，直到记录数据的原始单据或凭证，确保数据的完整性和正确性。例如，对于成本管理业务，应从最终成本报表开始，检查报表中每栏数据的来源，一直查到最初的原始统计数据（如生产统计、成本消耗统计、产品统计、销售统计、库存统计等）或原始财务数据（如单据、凭证等）。

（3）将所有原始数据和最终数据分类整理出来。原始数据是新系统确定关系数据库基本表的主要内容，而最终输出数据则反映管理业务所需要的主要指标。

（4）确定数据的长度和精度。根据用户对数据的使用情况以及预计该业务的发展规模，统一确定数据的字长和精度。

6.2.3　用户需求的识别

需求（Requirement）是指用户要求管理信息系统必须满足的所有功能和限制。用户需求识别是系统开发的一个重要步骤，也是整个系统开发的基础。如果需求定义错误，不论以后各项工作的质量如何，都必然导致系统开发的失败。因此，系统开发中的需求定义是系统成功的关键一步，必须引起足够的重视。

1. 需求收集的内容

用户需求收集工作主要有信息需求、功能需求、性能需求、运行需求、未来需求等 5 个方面的内容。信息需求指出系统必须采集、处理、存储和输出的信息，包括信息的属性、格式、约束条件及它们之间的关系。功能需求指出系统必须具备的功能，即"做什么"。性能需求指出系统的技术性能指标，如响应时间、存储容量等，以及软件属性，如可靠性、保密性、可维护性等。运行需求指出系统对运行环境的要求，如支持系统运行的硬件、软件、机构、人员、故障处理、接口和控制、安全等。未来需求列出虽然不属于当前系统开发范畴，但据分析在可预见的将来用户可能会提出的要求，为将来的修改和扩充提前做准备，以便需要时能够很容易进行。

除此之外，还有用户界面需求、资源使用需求（如人、财、物）等其他专门需求。

2. 影响需求质量的因素

影响需求质量的因素主要有以下几个方面：

（1）用户需求不断增加。在管理信息系统开发过程中，最让开发人员头痛的问题就是用户需求的不断增加。用户一般对需求变更导致的系统质量问题认识不足，因此企业管理信息系统的需求变更总是很频繁的。在开发过程中用户通常会不断地补充需求，这会导致系统开发项目越来越庞大，乃至远远超过初始计划和预算的范围。

为了减少用户需求变更，需要从两个方面入手。首先，必须从一开始就对项目的范围、目标、规模、接口、成功标准给予明确的定义。其次，在项目管理上要制定需求变更控制规范，一旦用户需求发生变更，严格按照规范的流程进行一系列的分析和审查。通过审查方允许变更，否则不允许变更。

（2）模棱两可的需求。不同的开发人员对同一条需求产生不同的理解，这就是需求二义性问题。这会引起大量的返工，例如，在测试阶段，测试人员针对他理解的需求设计了测试数据，但是发现测试结果不是预期的，由此查找原因，发现了需求描述的二义性导致了错误的分析和设计。这时，要纠正需求二义性引起的错误，分析人员需要修改需求说明书，设计人员修改设计，编程人员重新编码，测试人员重新测试，同时还要修改所涉及的全部文档。

及早发现模棱两可的需求非常重要，在技术上可以用多种不同的方法描述需求，在审查时从不同角度审查需求。在审查需求时，一个人主讲需求，其他人聆听并对描述不清楚的地方及时提问常常会发现需求二义性的问题。在听众中最好请两名非本项目组的工程师，他们以旁观者的角度往往会提出大家比较容易忽视的问题。

（3）用户参与程度不够。用户的热情参与是管理信息系统开发成功的重要因素。对待这个问题主要是与用户方沟通，引导他们对正在做的事情感兴趣，同时，将做过的一些成功实例给用户演示，提高用户的信任度也是有效的方法。

（4）过于精简的需求说明。尽管开发人员和用户都认为应该花大精力进行需求分析，但是在实际系统开发项目中仍然会存在急于编程的现象。实际上，需求说明越详细，后面的工作就越顺利。可以采用以下方式进行系统说明：在初始阶段，将项目组成员分为两部分，一部分成员做需求分析，另一部分成员（主要是系统程序员）熟悉开发环境，专门解决开发中可能遇到的技术难题或其他一些问题。在需求审查时，所有项目组成员都参加。其中，系统程序员可以补充对需求的说明。

（5）忽略用户的分类。如果在系统开发的初始阶段进行需求分析时没有考虑用户分类，最终所开发的系统可能会不适用某类用户。系统分析人员应该根据水平和工作职责对用户进行分类，每类用户都要有恰当的描述。

（6）不准确的计划。用户在项目的初期，常常问开发人员"系统什么时候能够完成？"，而在需求不深入的时候这个问题是很难回答的。随着需求的深入，计划才能比较准确。实际上，在项目进行过程中总会遇到许多问题，如频繁变更需求、遗漏需求、与用户交流不够、对开发环境不熟悉、开发人员经验不足等。

（7）不必要的特性。有时系统开发人员会不根据用户需求自作主张添加一些额外的系统功能。这看上去似乎不错，但是对于规范化开发来讲是不允许的。这些额外的功能会使系统变得比较庞大，也会造成管理上的麻烦。

阅读6-2 **吐哈油田公司打造企业调度指挥管理系统**

6.2.4 信息编码系统

在管理信息系统领域中，信息编码是指对管理信息进行科学的分类并编制代码的过程。也就是说，信息编码就是将具有某种共同特征的管理信息归并在一起，同不具有这些共同特征的管理信息区别开来，然后设定某种符号体系编码，使得计算机系统或人员能够有效地管理这些信息。标准化的信息编码有助于实现信息共享和不同管理信息系统之间的互操作。

1. 信息编码的作用

在客观世界中，信息编码被普遍用来唯一标识某一事物，如某个人、某个单位、某种设备、某种产品等。工作证号、身份证号、设备编号、邮政编码等都是信息编码。

在管理信息系统开发过程中，信息编码为事物提供一个概要而不含糊的认定，便于数据的存储和检索。信息编码缩短了事物的名称，无论是记录、记忆还是存储，都可以节省时间和空间。使用信息编码可以提高处理的效率和精度。按信息编码对事物进行排序、累计或按某种规定算法进行统计分析，可以十分迅速。信息编码提高了数据的全局一致性。对同一事物，即使在不同场合有不同的叫法，都可以通过信息编码统一起来，提高了系统的整体性，减少了因数据不一致而造成的错误。

信息编码是人与计算机交换信息的工具。在手工处理系统中，许多数据如零件号、设备号、图号等早已使用信息编码。为了给尚无信息编码的数据项编码，为了统一和改进原有信息编码，使之适应计算机处理的要求，在建立新系统时，必须对整个系统进行信息编码设计。

现代化企业的编码系统已由简单的结构发展成为十分复杂的系统。为了有效地推动计算机应用和标准化工作的开展，中国十分重视制订统一编码标准的问题，并已公布了《中华人民共和国行政区划信息编码》（GB 2260—2013）、《信息处理交换的七位编码字符集》（GB 1988—80）等一系列国家标准编码，在系统应用时要认真查阅国家或有关部门已经颁布的各类标准。

信息编码设计在系统分析阶段就应当开始。由于信息编码的编制需要仔细调查和多方协调，是一项很费事的工作，需要经过一段时间，在系统设计阶段才能最后确定。

2. 信息编码的基本原则

信息编码的基本原则是进行信息编码工作最基本的要求，是确保信息编码科学、有效的重要手段。一般认为，信息编码需要遵循 8 项基本原则，即唯一性原则、正确性原则、分类性原则、扩展性原则、统一性原则、不可更改性原则、重用性原则和简单性原则。

（1）唯一性原则。一种信息只能有一个信息编码，不同的信息有不同的信息编码，不同的信息编码表示不同的信息，这是信息编码最本质的属性。最简单、最常见的例子就是职工编号。在人事档案管理中可以发现，人的姓名不管在一个多么小的单位里都很难避免重名。为了避免二义性，唯一地标识每一个人，需要编制职工信息编码。

（2）正确性原则。信息编码应当科学、合理，既遵循信息编码的基本原理，又符合组织的实际情况；既能够满足组织自身的需要，又能满足组织合作伙伴的特殊要求；既要符合国家的标准或规定，又应该尽可能地遵守国际标准和惯例。信息编码既不宜过长，也不宜过短。

（3）分类性原则。分类性原则要求信息应该按照合理的规则划分成不同的类别，使得同一类信息的编码在某一方面具有相同或相近的性质，以便于管理信息系统的管理和使用。例如，为了对固定资产进行分类管理，可以采取这样的编码方式，10 表示设备，101 表示电子设备，102 表示机械设备，1011 表示电子计算机设备。

（4）扩展性原则。随着组织的发展变化，组织中的管理信息也随之发生变化。信息编码不能仅仅考虑组织当前的信息状况，而且应该考虑组织未来的发展状况和需要。信息编码应该有足够的编码资源，以便满足组织不断增长的对信息编码的需求。

(5) 统一性原则。建立信息编码后，统一性原则要求组织中所有部门都应该使用唯一性的信息编码，不能出现各自为政、一码多用的现象，同一种信息只能有一种信息编码，只有这样才能准确地识别信息和充分地实现信息共享。

(6) 不可更改性原则。鉴于信息编码的重要性，信息编码规则确定并且使用之后，一般不允许改变，如果频繁地修改信息编码规则，就有可能引起管理信息系统无法正确地识别信息和无法有效地执行功能，最终可能导致整个组织处于无序状态。

(7) 重用性原则。重用即有效地利用以前的知识、经验、成果进行编码。为了避免同一种信息有不同的编码，信息编码应当包含信息特征。例如，在编码设备时，不宜使用自然序号、设备所属号方式，而应该依据设备的性质、特征来进行编码。这样可使相同性质和特征的设备有相同的编码，类似设备有类似编码，不同设备有不同编码。当新的设备需要编码时，就可以很容易地发现具有这和性质和特征的设备是否存在，从根本上解决一物多码的现象。

(8) 简单性原则。信息编码应当在满足其他原则的基础上，尽可能简单明了，容易识别、学习和使用。

3. 信息编码的表示形式

信息编码的表示形式很多，在实际应用中，常常根据需要采用几种或它们的组合。常用的信息编码有以下几种形式：

(1) 顺序码。顺序码又称系列码，是一种将连续数字或字母代表编码对象的简单信息编码，如职工编号，李红为 0001，王江为 0002，…。顺序码的优点是简单易懂，位数较少。但因为顺序码没有逻辑含义，它本身不能说明任何信息特征，仅代替对象名称，因此主要用作对象识别。

如果采用顺序码，新增加的信息编码只能列在最后，删除某个信息编码就会造成空码。通常，顺序码只作为其他信息编码分类中细分类的一种补充手段。用顺序码时，一定要准确估计某类事物的容量和未来的扩展规模，否则会出现信息编码空间不足和信息编码空间浪费的不合理现象，影响整个信息编码系统。

(2) 区间码。区间码把数据项分成若干组，每一区间代表一个组，码中数字的值和位置都代表一定意义。区间码的优点是码中数字的值和位置都代表一定意义，信息处理比较可靠，排序、分类、检索等操作易于进行，但码的长度与分类属性的数量有关，有时可能造成很长的码。在许多情况下，码有多余的数。同时，这种码的维修也比较困难。

区间码又可分为多面码、层次码（上下关联区间码）和十进制码。

一个数据项可能具有多方面的特性，如果在码的结构中，为这些特性各规定一个位置，就形成多面码。也就是从两个以上的属性识别和处理信息编码化的信息编码。表 6-1 是反映职工多方面情况的职工编码。

表 6-1	职 工 编 码		
参加工作年份	所属单位	性别	顺序号码
70 - 1970	1——车间	1 - 男	0001
71 - 1971	2 - 二车间	2 - 女	0002
……	……		……

根据表 6-1 所示的规则，73210002 代表 1973 年参加工作的二车间的 0002 号男职工。中国居民身份证号码也是属于此类编码方式。

层次码的结构中，为数据项的各个属性各规定一个位置（一位或几位），其结构一般是由左向右排列，构成一定的层次。例如：会计核算方面，用最左位代表核算种类，下一位代表会计核算项目。

十进制码是由层次码发展而来。中国图书分类法就是使用这种分类编码，小数点左边的数字组合代表主要分类，小数点右边的是子分类。例如：

500. 自然科学

510. 数学

520. 天文学

531. 机构

531.1 机械

531.11 杠杆和平衡

十进制码的优点是分类比较清晰，尤其是在图书资料方面。其缺点是所占位数长短不齐，不适合计算机处理。显然，如果将信息编码的长度固定下来，仍可利用计算机来处理。

（3）助记码。用文字、数字或文字数字结合起来描述，将编码对象的名称、规格等作为信息编码的一部分，以帮助记忆。如在开发一个成本管理信息系统中，在数据库设计时，所有的表名均以 C- 开始，视图名用 C-V- 开始。例如产生各种材料汇总的视图：材料成本表 C-CLCB，C-V-CLHZ。

助记码的优点是能原封不动地表示信息编码化对象属性，易记易读。缺点是位数太多，容易引起误解。

4. 信息编码系统设计

信息编码系统设计需要企业的相关领导和相关部门的密切配合，需要对企业运作、管理相当熟悉的人员参与。信息编码系统设计流程如下。

（1）确定信息编码需求。通常企业中需要设计信息编码的实体有许多，例如部门、职工、产品、零部件、材料、设备、固定资产、会计科目、客户、供应厂商、外部相关单位等，其中除固定资产、会计科目、外部相关单位外，其他一般是公共信息编码。

需要设计信息编码的实体属性也有许多，例如对职工实体来说，其属性有工种、民族、职务等都需要设计信息编码，至于性别则可以不要信息编码。

在管理信息系统中，有些信息编码对象，其信息编码系统设计不仅要考虑自身的特点（例如层次码要考虑自身是否有层次的分类特点）和管理的要求外，还要兼顾数据模型的设计。

（2）确定信息编码系统中需要包括的信息。根据信息编码设计的唯一性、正确性、简单性、稳定性、扩展性等原则，来确定需要在信息编码系统中包括的信息。

（3）估计需要信息编码的实例规模。对于不同的信息编码对象，需要对信息编码的实例数进行分析与估计，为确定信息编码系统的容量提供信息。例如设计一个企业的产品入库单的编号，在考虑企业采取月结的前提下，信息编码系统若为 10 位数字编码，且第 1～6 位表示入库发生的年份和月份，最后 4 位用入库先后次序表示同年同月的入库（取值为 0000～

9999），则意味着同年同月的入库次数不能超过 10 000 次。信息编码系统的实例规模的确定不但需要分析现行信息编码对象的规模，还需要分析今后可能发展的规模。

（4）信息编码的校验位设计。在人工录入数据的情况下，信息编码的校验是非常重要的，信息编码输入的正确与否影响到整个数据处理工作的质量，因此信息编码的校验位设计是信息编码设计中重要的一环。随着计算机技术的发展，数据输入方法种类越来越多、越来越方便，例如鼠标输入、条形码输入、光电笔输入和触摸输入等，因此在管理信息系统中，信息编码输入的次数很少，通常输入一次即可，信息编码的校验位设计工作也随之减少。

阅读 6-3　信息编码系统设计

6.3　功能与业务分析

组织结构及功能分析与业务流程分析是系统分析阶段的两项重要工作。组织结构及功能分析是用图表来描述调查中所了解的组织结构及组织内各项管理业务功能，业务流程分析是在业务功能的基础上将其细化，用一个完整的图形来表达业务处理过程中的每一步骤。

6.3.1　组织结构与功能分析

组织结构指的是一个企业的组成以及这些组成部分之间的隶属关系或管理与被管理的关系。组织结构与管理功能分析主要有组织结构分析、功能结构分析等。

1. 组织结构分析

组织结构分析就是要弄清企业内部的部门划分，以及各部门之间的领导与被领导关系、信息资料的传递关系、物资流动关系与资金流动关系，并了解各部门的工作内容与职责。以及各级组织存在问题以及对新系统的要求等。然后将了解和掌握的组织结构用组织结构图的方式描绘出来，供后续分析和设计参考。

组织结构图把企业组织分成若干部分，并且标明各部分之间可能存在的各种关系，这些关系包括上下级关系、物流关系、资金流关系和资料传递关系等。要在分析组织机构的基础上，把每种内在联系用一张图画出来，以更好地反映、表达各部门间的真实关系。

图 6-3　组织结构示例

组织结构图不是简单的组织机构表，在描述组织结构图时注意不能只简单地表示各部门之间的隶属关系。

图 6-3 表示某公司从行政管理和职能分工角度的组织结构示例。

2. 组织与功能关系分析

在组织结构图中的各个部门在系统中的职责，要进行说明。如针对固定资产管理，各部门的职责如表 6-2 所示。

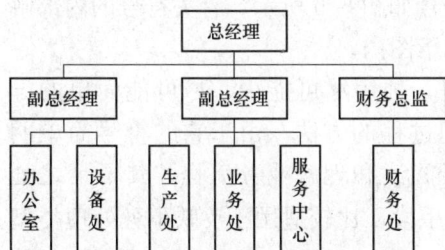

表6-2 各部门在固定资产管理中的职责

序号	部门名称	部　门　职　责
1	办公室	行政管理，部门间的协调
2	设备处	对固定资产的实物进行管理，定期对固定资产进行相应的维修和保养，新添固定资产的审批和采购
3	财务处	固定资产的卡片管理，对固定资产进行相应的财务处理
...		

6.3.2　业务流程分析

业务流程分析的基础是业务流程调查和现有信息载体的相关调查。业务流程分析的目的是通过剖析现行业务流程，经过调整、整合以后重构目标系统的业务流程。业务流程分析的基本工具是业务流程图，该图通过标准的符号进行绘制。业务流程分析是数据流程分析的基础，对整个系统分析具有基础性作用。

1. 业务流程分析工具

业务流程分析应顺着现行系统信息流动的过程逐步地进行，内容包括各环节的处理业务、信息来源、处理方法、计算方法、信息流经去向、提供信息的时间和形态（报告、单据、屏幕显示等）。业务流程分析工具有业务流程图及表格分配图。

（1）业务流程图。业务流程图（Transition Flow Diagram，TFD）是一种描述管理系统内各单位、人员之间的业务关系，作业顺序和管理信息流向的图表。它用一些规定的符号及连线表示某个具体业务的处理过程，帮助分析人员找出业务流程中的不合理流向。业务流程图基本上按业务的实际处理步骤和过程绘制，是一种用图形方式反映实际业务处理过程的"流水账"。绘制这本"流水账"对于开发者理顺和优化业务过程是很有帮助的。

系统业务流程图是分析和描述系统的重要工具，体现系统的界限、环境、输入、输出、处理和数据存储等内容，是掌握系统状况，确立系统逻辑模型不可缺少的环节。绘制业务流程图的步骤如图6-4所示。

业务流程图基本图形符号尚无统一的标准，但在同一系统开发过程中所使用的基本图形应是一致的。常用的基本图形符号如图6-5所示，有关符号的内部解释可直接用文字标于图内。

业务流程图是一种用尽可能少、尽可能简单的方法来描述业务处理过程的方法。由于它的符号简单明了，所以非常易于阅读和理解业务流程。其不足之处是对于一些专业性较强的业务处理细节缺乏足够的表现手段，比较适用于反映事务处理类型的业务过程。

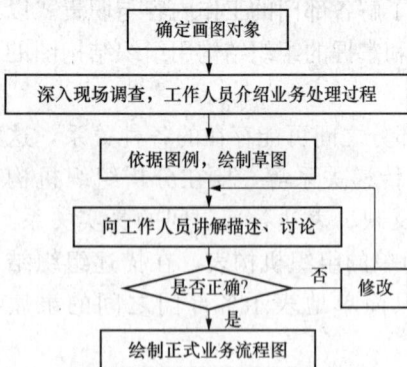

图6-4　绘制业务流程图的步骤

业务流程图应该表达输入、输出、处理以及相关数据文件。在绘制业务流程图时，一般以功能为中心展开，找出业务活动的主线，明确系统的边界和范围。对于功能较复杂的企业，可先绘制一个简单的业务流程总图，再按"自顶向下"的方法分层分级地向下展开，直到描述清晰为止。

(2) 表格分配图。表格分配图可以帮助分析员表示出系统中各种单据和报告涉及哪些部门的业务。图6-6是一个采购过程的表格分配图示例。其中每一列表示一个部门,箭头表示复制单据的流向,每张复制报告上都有编号,以示区别。如采购单一式4份,分别交给卖方、收货部门、财会部门及存档。表格分配图是业务流程图的一种补充。

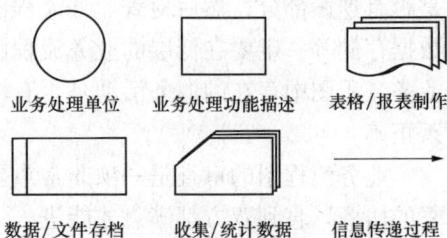

图6-5　业务流程图基本图形符号

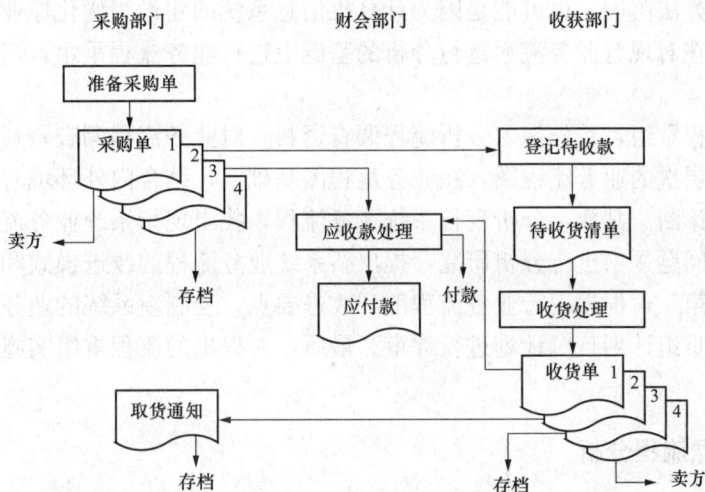

图6-6　表格分配图示例

2. 业务流程分析的内容

业务流程分析的目的是分析现行系统中存在的问题,以便在新系统建设中予以克服或改进。业务流程分析过程包括以下内容:分析原有的业务流程的各处理过程是否具有存在的价值,其中哪些过程可以删除或合并,原有业务流程中哪些过程不尽合理,可以进行改进或优化;现行业务流程中哪些过程存在冗余信息处理,可以按计算机信息处理的要求进行优化,流程的优化可以带来什么好处;画出新系统的业务流程图,新的业务流程中人与机器的分工,即哪些工作可由计算机自动完成,哪些必须有人员的参与。

例如,固定资产管理根据实际业务处理的内容,包括日常卡片处理、财务核算和报表查询等部分,其业务流程图如图6-7所示。

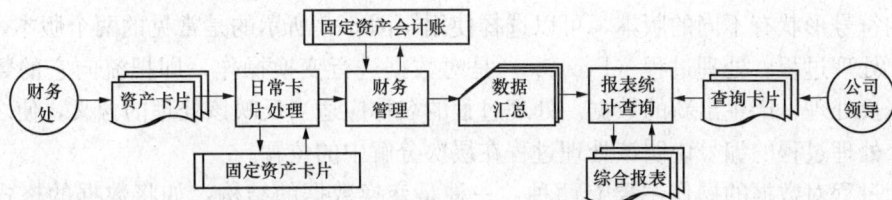

图6-7　固定资产管理业务流程图

业务流程图绘制完成后,要进行反复检查。首先检查业务流程图的工作流程是否正确,是否有遗漏部分；然后检查业务流程图的一致性，即高层流程图中出现的各类报表、单证、数据存储等一定要在低层的业务流程图中反映出来，并标出相应的操作人员；再检查低层的业务流程图中存在的业务活动是否有输入和输出的数据载体。最后，检查各类名称的命名是否正确。

业务流程图的审查是一项非常重要的工作，一定要有用户的积极配合，要同用户进行反复的协商，直到双方都满意才能进入下一步工作。

3. 业务流程重组

在业务流程调查和分析中，必定会发现业务流程不尽合理的现象。系统中存在的问题可能是管理思想和方法落后，也可能是因为计算机信息系统的建设为优化原业务流程提供了新的可能性。需要在对现有业务流程进行分析的基础上进行业务流程重组，产生新的更为合理的业务流程。

进行业务流程重组，首先深入分析流程调查资料，对业务流程调查资料进行规范化处理并且正确绘制各层次的业务流程图，在业务流程图基础上，结合内外环境对业务流程进行初步分析、概括和诊断。其次，分析现行系统业务流程，找出现行系统业务流程中存在的所有问题，对找出的问题逐项进行分析研究，提出新系统业务流程的改进模式和改进要点，形成流程改进报告。第三，根据现行业务流程图和改进要点，绘制新系统的业务流程图。在此基础上，制定流程重组计划且对计划进行评审。最后，对提出的流程重组实施计划进行可行性分析。

6.3.3 数据流程分析

数据流程分析把数据在组织内部流动的情况抽象地独立出来，不考虑具体的组织机构、信息载体、处理过程、物资和材料等，只从数据流动来考察实际的业务数据处理模式。

数据流程图（Data Flow Diagram，DFD）以图形的方式描绘数据在系统中流动和处理的过程，它只反映系统必须完成的逻辑功能，所以是一种功能模型。

数据流程图的主要特征是其抽象性和概括性。在数据流程图中具体的组织机构、工作场所、人员、物质流等都已去掉，只剩下数据的存储、流动、加工、使用的情况。这种抽象性能使人们总结出信息处理的内部规律性。数据流程图把系统对各种业务的处理过程联系起来考虑，形成一个总体。而业务流程图只能孤立地分析各个业务，不能反映出各业务之间的数据关系。

1. 数据流程图

数据流程图使用 4 种基本符号代表处理过程、数据流、数据存储和外部实体。数据流程图所用的符号形状有不同的版本，可以选择使用。图 6-8 所示的是常见的两个版本。

（1）处理过程。处理过程（Process）是对数据进行变换操作，即把流向它的数据进行一定的变换处理，产生出新的数据。处理过程的名称应适当反映该处理的含义，使之容易理解。每个处理过程的编号说明该处理过程在层次分解中的位置。

处理过程对数据的操作主要有两种：一种是变换数据的结构，如将数据的格式重新排列；另一种是在原有数据内容基础上产生新的数据内容，如对数据进行累计或求平均值等。

在数据流程图中，处理过程好像一个暗箱，只显示过程的输入、输出和总的功能，但隐藏了细节。处理功能必须有输入/输出的数据流，可有若干个输入/输出的数据流。但不能只

有输入数据流而没有输出数据流，或只有输出
的数据流而没有输入数据流的处理过程。

（2）数据流。数据流（Data Flow）就是一
束按特定的方向从源点流到终点的数据，它指
明了数据及其流动方向。数据流是数据载体的
表现形式，如信件、票据，也可以是电话等。
数据流可以由某一外部实体产生，也可以由处
理过程或数据存储产生。对每一条数据流都要
给予简单的描述，以便使用户和系统设计人员
能够理解它的含义。

数据流的种类很多，图 6-9 表示的是不同
的数据流。数据流不能从外部实体到外部实
体；不能从数据存储直接到外部实体或从外部
实体直接到数据存储；也不能从数据存储到数
据存储，中间必须经过数据处理。

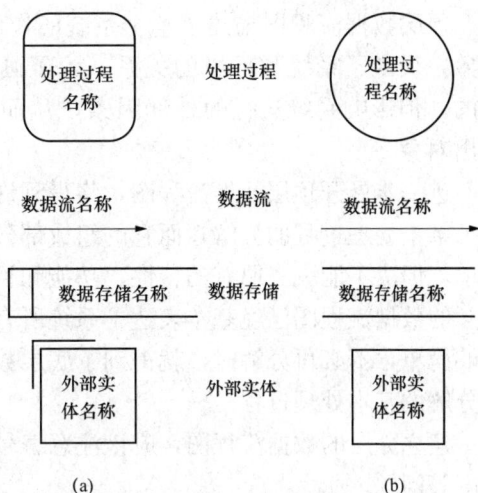

图 6-8　数据流程图的常用版本

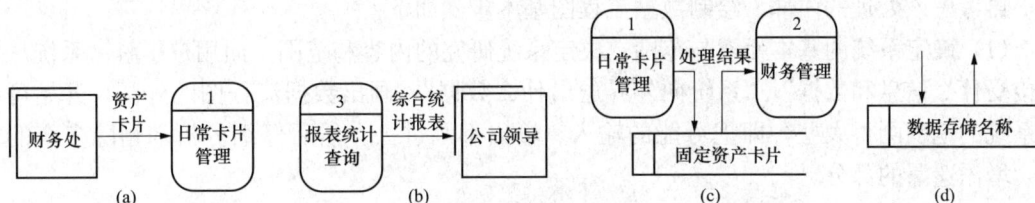

图 6-9　不同的数据流

（3）数据存储。数据存储（Data Store）不是指数据保存的物理存储介质，而是指数据
存储的逻辑描述。数据存储的命名要适当，以便用户理解。为区别与引用方便，除了名称
外，数据存储可另加一个标识，一般用英文字母 D 和数字表示。为避免数据流线条的交叉，
如果在一张图中会出现同样的数据存储，可在重复出现的数据存储符号前再加一条竖线。

指向数据存储的箭头表示将数据存到数据存储中，从数据存储发出的箭头表示从数据存
储中读取数据。数据存储可在系统中起"邮政信箱"的作用，为了避免处理之间有直接的箭
头联系，可通过数据存储发生联系，这样可以提高每个处理功能的独立性，减少系统的重复
性，图 6-9（c）中固定资产卡片就起着"邮政信箱"的作用。

（4）外部实体。外部实体（External Entity）是指在所研究系统外独立于系统而存在
的，但又和系统有联系的实体，可以是某个人员、企业、某一信息系统或某种事物，是系统
的数据来源或数据去向。确定系统的外部实体，实际上就是明确系统与外部环境之间的界
限，从而确定系统的范围。

2. 数据流程图的建立

数据流程图的建立过程必须遵循自顶向下、逐层分解的原则，这是控制系统复杂性的方
法，也是细化分析的基础。逐层分解的方式不是一下子引入太多的细节，而是有控制地逐步
增加细节，实现从抽象到具体的过渡，因而将有利于对问题的理解。

用自顶向下、逐层分解的原则来画数据流程图，就得到了一套分层的数据流程图，分层

的数据流程图总是由顶层、中间层和底层组成的。

顶层数据流程图描述了整个系统的作用范围，对系统的总体功能、输入和输出进行了抽象，反映了系统和环境的关系。为了画出顶层数据流程图，必须首先识别不受系统控制的，但影响系统运行的外部因素，从而确定出系统的外部实体和系统的数据输入源和输出对象。

进一步展开顶层数据流程图，将得到许多中间层的数据流程图。中层顶层数据流程图描述了某个处理过程的分解，而它的组成部分又要进一步被分解。中间层的展开应是化复杂为简单，但决不能失去原有的特性、功能和目标，而应始终保持系统的完整性和一致性。如果展开的数据流程图已经基本表达了系统所有的逻辑功能和必要的输入、输出，处理过程已经足够简单，不必再分解时，就得到了底层数据流程图。底层顶层数据流程图所描述的都是无需分解的基本处理过程。

建立分层的数据流程图，应该注意编号、父图与子图的关系、局部数据存储以及分解的程度等问题。

在绘制数据流程图时，首先画出系统的输入数据流和输出数据流，也就是先决定系统的范围，然后再考虑系统的内部。同样，对每个处理来说，也是先画出它们的输入输出数据流，再考虑该处理的内部。绘制数据流程图基本步骤如下：

（1）确定系统的基本元素与范围。决定系统研究的内容和范围，向用户了解"系统从外界接受什么信息和数据"，"系统向外界送出什么数据"，画出数据流程图的外围。开始可以将系统的范围画得大些，即把可能的输入、输出都画进去。然后仔细分析，删除多余的部分，增添遗漏的部分。

例如，固定资产管理系统的研究范围如图 6-10 所示。

图 6-10　固定资产系统关联图

（2）画数据流程图的内部。一开始不考虑事物应当如何出现，只反映实际情况。首先找出数据流。如果有一组数据一起到达，并一起处理，则应将这些数据画成一个数据流；反之，对不相关的数据，则应分成不同的数据流。找出数据流后，设法将它们与边界上的系统的输入、输出数据流连接起来，在需要对数据进行处理的地方画上处理过程。始终保持由输入到输出的方向，或者反过来，一旦在这个方向上遇到困难，就反过来处理。从开始的只代表整个系统从输入到输出的数据流中少量的处理过程开始构造数据流程图。接下来，再考虑每个处理过程中是否存在内部的数据流，是否需要用两到三个处理过程及数据流来替换它。每个数据流应检查它的组成，来自何处，能否从输入项得到输出项。如果有数据存储，应画出相应的图示，并了解其组成及输入输出，从而可以对每一个处理过程进行改进，描述其处理过程中的细节。需要说明的是，为了使数据流程图清晰且易于理解，当同一个数据存储多次出现时，可以把它根据需要绘制在图中多处画。最后，反复修改边界，删除多余的处理过程和数据流，补上遗漏的处理过程和数据流。

图 6-10 的固定资产管理系统关联图可以分解为图 6-11 所示的数据流程图。

（3）为数据流命名。数据流的命名影响着数据流程图的可理解性。为数据流命名时应避免使用空洞的名字，如"数据""信息""输出"等，因为这些名字并没有反映出任何实质性的内容。如果发现难以为数据流命名，则可能该数据流分得不合理，要考虑重新分解数据流或处理过程。名字要反映整个数据流的含义，而不是其中某一部分。

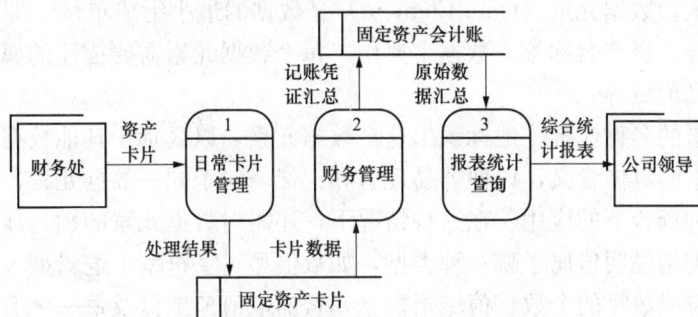

图 6-11 内部分解

（4）为处理过程命名。先命名数据流，再命名处理过程，这样的次序反映了自上而下方法的特性。

图 6-12（a）中，当数据流已经命名后，处理过程 P 的命名可以自然地给予"卡片分类处理"；而图 6-12（b）中处理过程已命名，但无法为几个数据流命名。

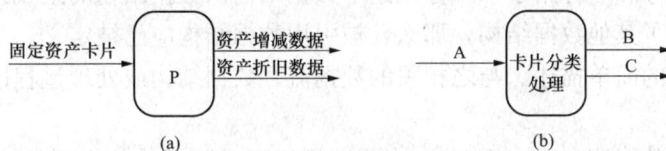

图 6-12 处理过程的命名

为处理过程命名时，其名称要反映整个处理过程，而不是它的一部分。遇到不能适当命名的处理过程，要考虑重新分解。名字中只需用一个动词，如果必须用两个以上的动词，则应该将它分成几个处理过程。

绘制数据流程图的过程是一种迭代的过程，不可能一次成功，需要不断完善，直到满意为止。因此绘制数据流程图通常需要多次的反复，不断要用改进的数据流程图来替代原有数据流程图。

3. 数据字典

数据流程图抽象地描述了系统数据处理的概貌，描述了系统的分解，即系统由哪些部分组成，各部分之间有什么联系等。但是，它还不能完整地表达一个系统的全部逻辑特征，特别是有关数据的详细内容。只有当图中出现的每一个成分都给出详细定义之后，才能较完整、准确地描述一个系统，因此需要有一些其他的工具对数据流程图加以补充。

数据字典（Data Dictionary，DD）的作用就是对数据流程图上的每个成分给以定义和说明。数据字典描述的主要内容包括数据元素、数据结构、数据流、数据存储、处理功能和外部实体等，其中数据元素是组成数据流的基本成分。数据字典是数据流程图的辅助资料，对数据流程图起注解作用。

尽管建立数据字典的工作量很大，而且相当烦琐，但是这项工作是必不可少的，在系统开发的各个阶段都具有重要作用。例如，在分析阶段用来发现遗漏的数据，在设计阶段用来进行数据库设计，在运行阶段是系统维护的必要依据。

数据字典中有 6 类条目，分别是数据元素、数据结构、数据流、数据存储、处理过程、外部实体。不同的条目有不同的属性需要描述。

（1）数据元素。数据元素（Data Element）是数据的最小组成单位，即不可再分的数据单位，如资产编号、资产名称等。数据字典中，每个数据元素需要描述的属性有名称、别名以及类型、长度和值域等。

每个数据元素的名称应唯一地标识出这个数据元素，以区别于其他数据元素。名称应尽量反映该数据元素的具体含义，以便容易理解和记忆。对于同一数据元素，其名称可能不止一个，以适用多种场合下的应用。在这种情况下，还需对数据元素的别名加以说明。

数据元素的类型说明值属于哪一种类型，如数值型、字符型、逻辑型等；长度规定该数据元素所占的字符或数字的个数；值域指数据元素的取值范围以及每一个值的确切含义。例如，按百分比计的"折旧率"的值域就是 0～100 之间的数值。如果用字母或缩写代替数据元素的值，需要说明字母或缩写的含义，亦即说明数据元素的取值含义。

（2）数据结构。数据结构（Data Structure）用来定义数据元素之间的组合关系。数据字典中的数据结构是对数据的一种逻辑描述，与物理实现无关。数据字典中，数据结构需要描述的属性有编号和名称、组成、描述等。

数据结构的编号和名称用于唯一标识这个数据结构。数据结构的组成包括数据元素或数据结构。如果引用了其他数据结构，那么，被引用数据结构应已被定义。对数据结构的属性描述包括数据结构的简单描述、与之相关的数据流、数据结构或处理过程以及该数据结构可能的组织方式。

（3）数据流。数据流（Data Flow）表明数据元素或数据结构在系统内传输的路径。在数据字典中，数据流需要描述的属性有来源、去向、组成、流通量、峰值等。

数据流的来源即数据流的源点，它可能来自系统的外部实体，也可能来自某一个处理过程或数据存储。数据流的去向即数据流的终点，它可能终止于外部实体、处理过程或数据存储。数据流的组成指它所包含的数据元素或数据结构。一个数据流可能包含若干个数据结构，这时，需在数据字典中加以定义。如果一个数据流仅包含一个简单的数据元素或数据结构，则该数据流无需专门定义，只需在数据元素或数据结构的定义中加以标明。

数据流的流通量指在单位时间内，该数据流的传输次数。例如，500 次/天。有时还需要描述高峰时的流通量（峰值）。

（4）数据存储。数据存储（Data Store）指数据结构暂存或被永久保存的地方。在数据字典中，只能对数据存储从逻辑上加以简单的描述，不涉及具体的设计和组织。在数据字典中定义数据存储内容有编号及名称、流入流出的数据流、数据存储的组成、存取分析以及关键字说明等。

（5）处理过程。对处理过程（Process）的描述有处理过程在数据流程图中的名称、编号，对处理过程的简单描述，该处理过程的输入数据流、输出数据流及其来源与去向，其主要功能的简单描述。

（6）外部实体。对外部实体（External Entity）的描述包括，外部实体的名称、对外部实体的简述及有关的数据流。一个信息系统的外部实体不应过多，否则会影响系统的独立性。此时，需重新考虑系统人机界面，设法减少外部实体。

上述 6 类条目构成了数据字典的全部内容，在实际应用中，常常将数据存储和处理过程的描述另立报告，而不在数据字典中描述。有时也可省去一些内容，如外部实体的描述。但是，数据项、数据结构和数据流必须列入数据字典中加以详细说明。

4. 数据字典的建立

数据字典的内容是随着数据流程图自顶向下、逐层扩展而不断充实的。数据流程图的修改与完善，将导致数据字典的修改，这样才能保持数据字典的一致性和完整性。

建立数据字典的基本要求是，对数据流程图上各种成分的定义必须明确、易理解、唯一；命名、编号与数据流程图一致，必要时可增加编码，方便查询检索、维护和统计报表；符合一致性与完整性的要求，对数据流程图上的成分定义与说明无遗漏项。数据词典中无内容重复或内容相互矛盾的条目。数据流程图中同类成分的数据词典条目中，无同名异义或异名同义者；格式规范、风格统一、文字精练，数字与符号正确。

为了准确、规范地描述各类条目，数据字典中采用如表 6-3 所示的符号。

表 6-3 数据字典中采用的符号

符 号	含 义	示 例 及 说 明
=	被定义为	
+	与	X=a+b 表示 X 由 a 和 b 组成
[|]	或	X=［a|b］表示 X 由 a 或 b 组成
{}	重复	X=｛a｝表示 X 由 0 个或多个 a 组成
m {} n	重复	X=2｛a｝5 表示 X 中最少出现 2 次，最多出现 5 次 a
()	可选	X=（a）表示 a 可在 X 中出现，也可不出现
""	数据元素	X="a" 表示 X 是取值为字符 a 的数据元素
…	连接符	X=1…9 表示 X 可取 1 到 9 中任意一个值
* *	注释	*a* 表示 a 为说明或注释

数据字典的建立，便于人们认识整个系统和随时查询系统中的信息，对于系统分析员、系统设计员或是用户均有好处，他们可以分别从数据字典中获得自己所需要的信息。

根据固定资产管理系统的数据流程图，得到数据流、数据存储、处理过程、外部实体等的数据字典，参见表 6-4～表 6-7。

表 6-4 数据流：记账凭证汇总

系统名：固定资产管理系统　　　　　　　　　编号：
条目名：记账凭证汇总　　　　　　　　　　　　别名：

来源：固定资产卡片　　　　　　　　　去向：固定资产明细账、总账

数据流结构：
记账凭证汇总=｛（凭证编号）+摘要+科目名称+借方金额+贷方金额+合计金额，制单人，日期｝所有让账凭证

简要说明：
系统根据资产卡片的变动情况，自动生成记账凭证，然后根据凭证生成资产明细账和总账，供财务人员使用。

表 6-5　　　　　　　　　　**数据存储：固定资产卡片**

| 系统名：固定资产管理系统 | 编号： | |
| 条目名：固定资产卡片 | 别名： | |

存储组织： 每个固定资产一张资产卡片，按卡片号码顺序排列	记录数：约 100 数据量：约 400KB	主关键字： 资产卡片，编号

记录组成：

项名：	卡片编号	资产名称	使用部门	资产原值	月折旧额	…
长度：	6	20	12	20	20	

简要说明：
固定资产卡片是本系统的核心，固定资产的一切工作都是围绕资产卡片来展开的。

表 6-6　　　　　　　　　　**处理过程：日常卡片管理**

| 系统名：固定资产管理系统 | 编号： |
| 条目名：日常卡片管理 | 别名： |

输入： 资产卡片的增减信息，资产原值的变动情况，每月计 提折旧金额	输出： 变动后的资产卡片

处理逻辑：
1. 根据资产的增减情况、原值的变动信息，将增减、变动数据写进资产卡片，使资产卡片实时变动；
2. 对每月进行计提折旧计算，并变动资产卡片上的相关数据。

简要说明：
本系统的主要操作部分，是下面工作的基础。

表 6-7　　　　　　　　　　**外部实体：财务处**

| 系统名：固定资产管理系统 | 编号： |
| 条目名：财务处 | 别名： |

输入数据流： 固定资产变动信息	输出数据流： 各种查询报表，固定资产账

主要特征：
会计人员的姓名、权限

简要说明：
本系统的所有功能都是根据财务处的实际固定资产处理业务所置的，具有很强的针对性。

6.3.4　处理功能分析

处理功能指的是业务人员处理业务的算法和逻辑关系。处理功能分析是对业务流程分析和数据流程分析的补充，也是系统设计处理模块的设计依据。

系统的最小功能单元就是最低层数据流程图的每个处理加工，称为基本处理（功能单元）。只有描述清楚所有基本处理的逻辑功能，才能表述清楚整个系统的功能。

1. 处理功能及其作用

对基本处理的说明应准确地描述基本处理"做什么"，包括处理的激发条件、加工逻辑、优先级、执行频率、出错处理等。其中最基本的是加工逻辑。加工逻辑是指用户对这个加工的逻辑要求，即输出数据流与输入数据流之间的逻辑关系。加工逻辑的描述从另一个侧面刻画了系统的局部和细节，对数据流程图作了必要的补充。数据流程图、数据字典和加工逻辑的描述三者构成了系统的逻辑模型。

对加工逻辑的描述即为处理功能的分析，包括数学运算、数据交换、逻辑判断。数学运算和数据交换可以用一种精确的语言予以描述，而逻辑判断可能涉及到一些非精确的、意义不明确的描述，反映一种决策的选择，往往不能用精确的语言来表达。

2. 处理功能的描述工具

用文字表达业务处理功能这种多元的逻辑关系，不仅十分繁琐，而且难以看清。采用结构式语言、判断表、判断树等方法可以清晰地表达条件、决策规则和应采取的行动之间的逻辑关系，容易为管理人员和系统分析人员所接受。

（1）结构式语言。结构式语言（Structured Language）是专门用来描述功能单元逻辑功能的一种规范化语言，它不同于自然语言，也区别于任何一种程序设计语言。结构式语言与自然语言的最大不同是它只使用极其有限的词汇和语句，以便简洁而明确地表达功能单元的逻辑功能。

结构式语言的结构分为内层和外层，内层一般采用祈使语句的自然语言短语，使用数据字典中的名词和有限的自定义词，其动词含义要具体，尽量不使用形容词和副词来修饰。外层用来描述控制结构，采用顺序、选择、重复三种基本结构。

顺序结构是一组祈使语句、选择语句、重复语句的顺序排列。例如：

输入原始卡片
登记卡片

选择结构一般用 IF-THEN-ELSE-ENDIF、CASE-OF-ENDCASE 表示。例如，用户登录的控制结构如下：

输入口令
IF 合法用户 THEN
进入系统
ELSE
退出系统
ENDIF

重复结构一般用 DO-WHILE-ENDDO，REPEAT-UNTIL 表示。例如，用户登录的控制结构可以写成：

DO WHILE 非合法用户
输入口令
记录验证
ENDDO
进入系统

（2）判断表。判断表（Decision Table）是一个二维表，它能清楚地表示复杂的条件组合与应做动作之间的对应关系，常用于存在多个条件复杂组合的判断问题。判断表能将在什么条件下系统应做什么动作准确无误地表示出来，但不能描述循环的处理特性，循环的处理特性还需要结构式语言描述。

生成判断表可采取的步骤有：提取问题中的条件，标出条件的取值，计算所有条件的组合数，提取可能采取的动作或措施，制作判断表，以及完善判断表。

（3）判断树。判断树（Decision Tree）是判断表的变形，一般比判断表更直观、易于理解。判断树代表的意义是：左边是树根，是决策序列的起点；右边是各个分支，即每一个条件的取值状态；最右侧为应该采取的策略。从树根开始，自左至右沿着某一分支，能够做出一系列的决策。

例如，某企业的库存量监控处理规则如表 6-8 所示。

表 6-8　　　　　　　　　　　　　　　　库存量监控处理规则

规则号	条　件	处理方式
1	库存量≤0	缺货处理
2	库存下限＜库存量≤储备定额	订货处理
3	储备定额＜库存量≤库存上限	正常处理
4	库存量＞库存上限	上限报警
5	0＜库存量≤库存下限	下限报警

决策表参见表 6-9。

表 6-9　　　　　　　　　　　　　　　　决 策 表 示 例

	决策规则	1	2	3	4	5
条件	库存量≤0	Y	N	N	N	N
	库存量≤库存下限	Y	Y	N	N	N
	库存量≤储备定额	Y	Y	Y	N	N
	库存量≤库存上限	Y	Y	Y	Y	N
采取的行动	缺货处理	√				
	下限报警		√			
	订货处理			√		
	正常处理				√	
	上限报警					√

决策树如图 6-13 所示。

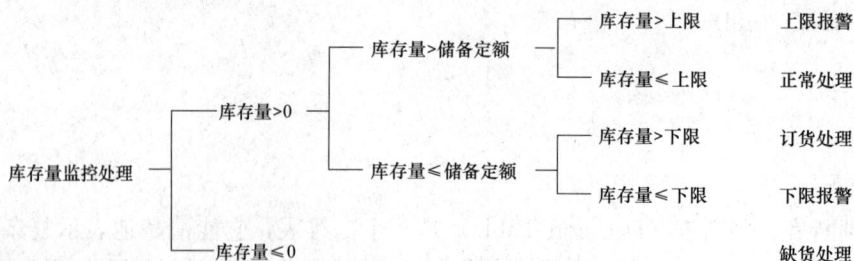

图 6-13　判断树示例

阅读 6-4　结构化系统分析示例

6.4 面 向 对 象 分 析

随着计算机技术的发展，面向对象技术越来越被人重视。面向对象方法的基本原则是尽可能地模拟人类思维习惯，尽可能地接近人类认识和解决问题的方法和过程。

6.4.1 面向对象分析技术

面向对象（Object Oriented，OO）技术，就是以对象观点来分析现实世界中的问题。从普通人认识世界的观点出发，把事物归类、综合，提取共性并加以描述。在面向对象的系统中，世界被看成是独立对象的集合，对象之间通过过程相互通信。面向对象方法是一种运用对象、类、继承、封装、聚合、消息传送和多态性等概念来构造系统的软件开发方法。

1. 面向对象的基本概念

面向对象方法涉及一些重要概念，对其理解掌握是面向对象分析设计的基础。

（1）对象。面向对象方法就是以对象为中心和出发点的方法，因此对象的概念相当重要。在应用领域中有意义的、与所要解决的问题有关系的任何人或事物（即实体）都可以作为对象，它既可以是具体的物理实体的抽象，也可以是人为的概念，或者是任何有明确边界和意义的事物或东西。

在面向对象方法中，对象是一组数据（属性）和施加于这些数据上的一组操作代码（操作）构成的独立类体。换言之，对象是一个有着各种特殊属性（数据）和行为方式（方法）的逻辑实体。对象是一个封闭体，它向外界提供一组接口界面，外界通过这些接口与对象进行交互，这样对象就具有较强的独立性、自治性和模块性。

（2）类。将具有相同特征和行为的对象归在一起就形成了类。类是对一组对象的抽象归纳与概括，更确切地说，类是对一组具有相同数据成员和相同操作成员的对象的定义或说明，而每个对象都是某个类的一个具体实例。

在面向对象程序设计中，每个对象由一个类来定义或说明，类可以看作生产具有相同属性和行为方式对象的模板。在面向对象系统中，一般根据对象的相似性来组织类。简而言之，按照对象的相似性，把对象分成一些类和子类，将相似对象的集合即称为"类"。

（3）消息。对象通过对外提供服务发挥自身作用，对象之间的相互服务是通过消息来连接实现的。消息是为了实现某一功能而要求某个对象执行其中某个功能操作的规格说明。它一般含有下述信息：提供服务的对象标识、服务标识、输入信息和响应信息。对象接收消息，根据消息及消息参数调用自己的服务，处理并予以响应，从而实现系统功能。

消息是对象之间相互作用和相互协作的一种机制，更通俗地讲，面向对象中的术语"消息"只不过是现实世界中的"请求"、"命令"等日常生活用语的同义词。

（4）方法。"方法"对应于对象的能力，它是实现对象所具有的功能操作代码段，是响应消息的"方法"。方法与消息是一一对应的，每当对象收到一个消息，它除了能用其"智能化"的选择机制知道和决定应该去做什么（What to Do）外，还要知道和决定该怎样做（How to Do）。而方法正是与对象相连决定怎么做的操作执行代码。所以方法是实现每条消息具体功能的手段。

（5）继承。继承是对象类间的一种相关关系，指对象继承它所在类的结构、操作和约束，也指一个类继承另外一个类的结构、操作和约束。继承体现了一种共享机制。

继承机制既是一个对象类获得另一对象类特征的过程，也是一个以分层分级结构组织、构造和重用类的工具。它是解决客观对象"相似但又不同"的妙法。继承机制具有能清晰体现相似类间的层次结构关系；能减小代码和数据的重复冗余度，大大增强程序的重用性；能通过增强一致性来减少模块间的接口和界面，大大增强程序的易维护性等特点。

如果没有继承概念的支持，则面向对象中所有的类就像一盘各自为阵、彼此独立的散沙，每次软件开发都要从"一无所有"开始。

（6）封装。封装即信息隐藏。它保证软件部件具有较好的模块性，可以说封装是所有主流信息系统方法学中的共同特征，它对于提高软件清晰度和可维护性，以及软件的分工有重要的意义。

当设计一个程序的总体结构时，程序的每个成分应该封装或隐藏为一个独立的模块，定义每一模块时应主要考虑其实现的功能，而尽可能少地显露其内部处理逻辑。

封装表现在对象概念上。对象是一个很好的封装体，它把数据和服务封装于一个内在的整体。对象向外提供某种界面（接口），可能包括一组数据（属性）和一组操作（服务），而把内部的实现细节（如函数体）隐藏起来，外部需要该对象时，只需要了解它的界面就可以，即只能通过特定方式才能使用对象的属性或对象。这样既提供了服务，又保护自己不轻易受外界的影响。

（7）多态性。多态性指相同的操作（或函数，过程）可作用于多种类型的对象并获得不同的结果。在面向对象方法中，可给不同类型的对象发送相同的消息，而不同的对象分别做出不同的处理。例如给整数对象和复数对象定义不同的数据结构和加法运算，但可以给它们发送相同的消息"做加法运算"，整数对象接收此消息后做整数加法运算，复数对象则做复数加法运算，产生不同的结果。多态性增强了软件的灵活性、重用性、可理解性。

2. 面向对象分析的过程

面向对象分析过程包含认定对象、组织对象、描述对象间的相互作用、定义对象的操作、定义对象的内部信息等活动。

（1）认定对象。在应用领域中，按自然存在的实体确立对象。在定义域中，首先将自然存在的"名词"作为一个对象，这通常是研究问题、定义域实体的良好开始。通过实体间的关系寻找对象常常没有问题，而困难在于寻找（选择）系统关心的实质性对象，实质性对象是系统稳定性的基础。例如在银行应用系统中，实质性对象应包含客户账务、清算等，而门卫值班表不是实质性对象，甚至可不包含在系统中。

（2）组织对象。分析对象间的关系，将相关对象抽象成类，其目的是为了简化关联对象，利用类的继承性建立具有继承性层次的类结构。抽象类时可从对象间的操作或一个对象是另一个对象的一部分来考虑，如房子由门和窗构成。由对象抽象类，通过相关类的继承构造类层次，所以说系统的行为和信息间的分析过程是一种迭代表征过程。

（3）分析对象间的相互作用。描述出各对象在应用系统中的关系，如一个对象是另一个对象的一部分，一个对象与其他对象间的通信关系等。这样可以完整地描述每个对象的环境，由一个对象解释另一个对象，以及一个对象如何生成另一个对象，最后得到对象的界面描述。

（4）定义基于对象的操作。当考虑对象的界面时，自然要考虑对象的操作。其操作有从对象直接标识的简单操作，如创建、增加和删除等；也有更复杂的操作，如将几个对象的信息连接起来。一般而言，避免对象太复杂比较好，当连接的对象太复杂时，可将其标识为新对象。当确定了对象的操作后，再定义对象的内部，对象内部定义包括其内部数据信息、信息的存储方法、继承关系以及可能生成的实例数等属性。

分析阶段最重要的是理解问题域的概念，其结果将影响整个工作。经验表明，从应用定义域概念标识对象是非常合理的，完成上述工作后写出规范文档，其可确定每个对象的范围。

6.4.2　面向对象模型

面向对象模型是一种新兴的数据模型，它采用面向对象的方法来设计数据库。面向对象的数据库存储对象是以对象为单位，每个对象包含对象的属性和方法，具有类和继承等特点。

1. 面向对象的模型

面向对象模型包括对象模型、动态模型和功能模型。

（1）对象模型。对象模型表示了静态的、结构化的系统数据性质，描述了系统的静态结构，它是从客观世界实体的对象关系角度来描述，表现了对象的相互关系。该模型主要关心系统中对象的结构、属性和操作，它是分析阶段三个模型的核心，是其他两个模型的框架。

对象建模的目的就是描述对象，通过将对象抽象成类，可以使问题抽象化，抽象增强了模型的归纳能力。

对象模型是由一个或若干个模板组成，模板是类、关联、一般化结构的逻辑组成。模板将模型分为若干个便于管理的子块，在整个对象模型和类及关联的构造块之间，模板提供了一种集成的中间单元。

（2）动态模型。动态模型是与时间和变化有关的系统性质。该模型描述了系统的控制结构，它表示了瞬间的、行为化的系统控制性质，它关心的是系统的控制，操作的执行顺序，它表示从对象的事件和状态的角度出发，表现了对象的相互行为。

动态模型描述的系统属性是触发事件、事件序列、状态、事件与状态的组织。使用状态图作为描述工具。状态图反映了状态与事件的关系。当接收一事件时，下一状态就取决于当前状态和所接收的该事件，由该事件引起的状态变化称为转换。

（3）功能模型。功能模型描述了系统的所有计算。功能模型指出发生了什么，动态模型确定什么时候发生，而对象模型确定发生的客体。功能模型表明一个计算如何从输入值得到输出值，它不考虑计算的次序。功能模型由多张数据流图组成。数据流图用来表示从源对象到目标对象的数据值的流向，它不包含控制信息，控制信息在动态模型中表示，同时数据流图也不表示对象中值的组织，值的组织在对象模型中表示。

2. 建立对象模型

首先标识和关联，因为它们影响了整体结构和解决问题的方法，其次是增加属性，进一步描述类和关联的基本网络，使用继承合并和组织类，最后操作增加到类中去作为构造动态模型和功能模型的副产品。

（1）确定类。构造对象模型的第一步是标出来自问题域的相关的对象类，对象包括物理实体和概念。所有类在应用中都必须有意义，在问题陈述中，并非所有类都是明显给出的。有些是隐含在问题域或一般知识中的。按图 6-14 所示的过程确定类。

图 6-14　确定类

（2）准备数据字典。为所有建模实体准备一个数据字典。准确描述各个类的精确含义，描述当前问题中的类的范围，包括对类的成员、用法方面的假设或限制。

（3）确定关联。两个或多个类之间的相互依赖就是关联。一种依赖表示一种关联，可用各种方式来实现关联，但在分析模型中应删除实现的考虑，以便设计时更为灵活。关联常用描述性动词或动词词组来表示，其中有物理位置的表示、传导的动作、通信、所有者关系、条件的满足等。从问题陈述中抽取所有可能的关联表述，把它们记下来，但不要过早去细化这些表述。

（4）确定属性。属性是个体对象的性质，属性通常用修饰性的名词词组来表示．形容词常常表示具体的可枚举的属性值，属性不可能在问题陈述中完全表述出来，必须借助于应用域的知识及对客观世界的知识才可以找到它们。只考虑与具体应用直接相关的属性，不要考虑那些超出问题范围的属性。首先找出重要属性，避免那些只用于实现的属性，要为各个属性取有意义的名字。

（5）使用继承来细化类。使用继承来共享公共机构，以此来组织类，可以用两种方式来进行。一是自底向上通过把现有类的共同性质一般化为父类，寻找具有相似的属性，关系或操作的类来发现继承。二是自顶向下将现有的类细化为更具体的子类。具体化常常可以从应用域中明显看出来。应用域中各枚举字情况是最常见的具体化的来源。例如：菜单，可以有固定菜单、顶部菜单、弹出菜单、下拉菜单等，这就可以把菜单类具体细化为各种具体菜单的子类。

（6）完善对象模型。对象建模不可能一次就能保证模型是完全正确的，系统开发的整个过程就是一个不断完善的过程。模型的不同组成部分多半是在不同的阶段完成的，如果发现模型的缺陷，就必须返回到前期阶段去修改，有些细化工作是在动态模型和功能模型完成之后才开始进行的。

3. 建立动态模型

对象模型建立后，就需要考察对象和关系的动态变化序列，对象和关系的生存周期用动态模型来描述。动态模型描述对象和关系的状态、状态转换的触发事件、对象的服务。建立动态模型的步骤如下所述：

（1）准备脚本。动态分析从寻找事件开始，然后确定各对象的可能事件顺序。在分析阶段不考虑算法的执行，算法是实现模型的一部分。

（2）确定事件。确定所有外部事件。事件包括所有来自或发往用户的信息、外部设备的信号、输入、转换和动作，可以发现正常事件，但不能遗漏条件和异常事件。

（3）准备事件跟踪表。把脚本表示成一个事件跟踪表，即不同对象之间的事件排序表，对象为表中的列，给每个对象分配一个独立的列。

（4）构造状态图。对各对象类建立状态图，反映对象接收和发送的事件，每个事件跟踪都对应于状态图中一条路径。

4. 建立功能模型

功能模型用来说明值是如何计算的，表明值之间的依赖关系及相关的功能，数据流图有助于表示功能依赖关系，其中的处理应于状态图的活动和动作，数据流对应于对象图中的对象或属性。

建立功能模型，可进行下面的步骤。确定输入值、输出值。先列出输入、输出值，输入、输出值是系统与外界之间的事件的参数；建立数据流图。数据流图说明输出值是怎样从输入值得来的，数据流图通常按层次组织；确定操作。在建立对象模型时，确定了类、关联、结构和属性，还没有确定操作。只有建立了动态模型和功能模型之后，才可能最后确定类的操作。

本章提要

系统分析是在系统规划的基础上，回答新系统"做什么"这个具体而详细的关键性问题。其主要任务是：了解用户需求，确定系统逻辑模型。系统分析阶段的成果是系统分析报告。

系统分析一般包括如下步骤：现行系统的详细调查；组织结构与业务流程分析；系统数据流程分析；系统处理功能分析；建立新系统的逻辑模型；提出系统分析报告。

系统开发的关键是对现行系统进行详细的调查。详细调查的目的是搞清楚现行系统在做什么（What）、怎么做（How）、何时做（When）、存在什么问题（Problem）等。系统详细调查的主要内容涉及输入信息、过程处理、输出信息以及信息编码等。

需求分析是系统分析最关键的环节。需求分析的过程包括：问题识别、问题分析与综合、文档编制、需求分析评审。影响需求质量的因素有：用户需求不断增加、模棱两可的需求、用户配合不好、过于精简的需求说明、忽略了用户的分类、不准确的计划、不必要的特性等。

信息编码是人为确定的代表客观事物（实体）名称、属性或状态的符号或者是这些符号的组合。合理的信息编码系统结构是管理信息系统是否具有生命力的一个重要因素。

组织结构分析就是将了解和掌握的组织结构用图形方式描绘出来，供后续分析和设计参考。业务流程分析的目的是通过剖析现行业务流程，经过调整、整合以后重构目标系统的业务流程。业务流程图是一种描述管理系统内各单位、人员之间的业务关系，作业顺序和管理信息流向的图表，是业务流程分析的基本工具。

数据流程分析用数据流程图（DFD）的方式描绘数据在系统中流动和处理的过程，反映系统必须完成的逻辑功能。数据字典（DD）的对数据流程图上的每个成分给以定义和说明。

处理功能分析是对业务流程分析和数据流程分析的补充，是系统设计处理模块的设计依据。用文字很难表达业务处理功能这种多元的逻辑关系，一般采用结构式语言、判断表、判断树等方法来表达条件、决策规则和应采取的行动之间的逻辑关系。

思考与练习

1. 系统分析的主要内容是什么？系统分析有哪几个主要步骤？
2. 为什么要进行详细调查？详细调查的内容有哪些？
3. 用户需求识别的基本任务是什么？影响需求质量的因素有哪些？
4. 信息编码系统的设计原则是什么？设计代码系统有哪些步骤？
5. 业务流程分析的任务和内容是什么？
6. 什么是数据流程图？它主要刻画了系统哪个方面的特征？

自测与作业（6）

第7章 系 统 设 计

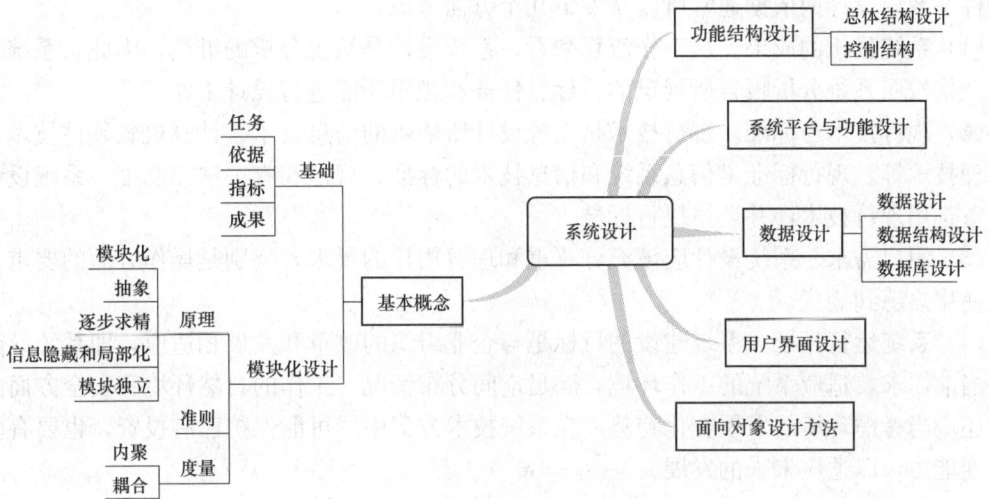

```
                                    功能结构设计 ┬ 总体结构设计
                                                └ 控制结构

                                    系统平台与功能设计

        任务 ┐                                       ┌ 数据设计
        依据 ├ 基础                      数据设计 ──┼ 数据结构设计
        指标 ┤                                       └ 数据库设计
        成果 ┘        系统设计
模块化 ┐                                    用户界面设计
  抽象 │
逐步求精 ├ 原理                             面向对象设计方法
信息隐藏和局部化 │      基本概念
  模块独立 ┘        模块化设计

        准则 ┐
  内聚 ┐     ├ 度量
  耦合 ┘
```

7.1 系 统 设 计 基 础

系统设计（System Designs）是管理信息系统开发的一个重要阶段，在系统分析的基础上，回答系统"怎么做"（How to do）的问题，即赋予系统分析所确定的逻辑功能一种具体的实现方法和技术。系统设计工作技术性强、涉及面广，且内容复杂，必须要有科学的方法和工具做指导，以便确定系统应具有的功能和性能要求。

7.1.1 系统设计概述

系统设计是在系统分析提出的逻辑模型基础上，科学、合理地描述、组织和构造系统部件的过程。系统设计的优劣直接影响新系统的质量和效益。

1. 系统设计的主要任务

系统设计的主要任务是从管理信息系统总体目标出发，以系统分析报告为依据，结合经济、技术和运行环境等方面的条件，确定系统的总体结构和各组成部分的技术方案，并用适当的工具将设计成果表达出来。系统设计包括总体结构设计和物理模型设计两部分。

（1）总体结构设计。在系统分析的基础上，对整个系统的划分、资源（包括硬件和软件）配置、数据的存储规律以及整个系统实现计划等方面做出合理安排。其中系统划分的基本思想是自顶向下地将系统划分成若干子系统，子系统再分子模块，层层划分，然后自下而上地逐步设计。要根据总体方案以及投入的资金和实际需求来确定设备的规模、性能以及分布方式，并根据可靠性、可维护性、兼容性、方便性、扩充性、性能价格比等方面进行评定。总体结构设计包括由数据流程图转换为控制结构图，对控制结构图进行优化等过程。

（2）物理模型设计。为每个具体任务选择适当的技术手段和处理方法，包括代码设计、体系结构设计、数据库设计、人机界面设计、处理过程设计、安全设计等。

系统设计阶段的工作目标是提出系统实施方案，该方案即系统设计说明书，是系统设计阶段工作成果的体现，经批准后将成为系统实施阶段的工作依据。

2. 系统设计的依据

系统设计是在系统分析的基础上由抽象到具体的过程，同时还应该考虑系统实现的环境和条件。系统设计的依据通常可以从发下几个方面考虑：

（1）系统分析的成果。从工作流程来看，系统设计是系统分析的继续。因此，系统设计应该严格按照系统分析报告所规定的目标、任务和逻辑功能进行设计工作。

（2）现行技术与标准。现行技术是系统设计所依赖的信息技术、计算机软硬件技术、数据管理技术等。现行标准是信息系统和信息技术的标准、规范和有关法律制度。系统设计应当注重选用现行技术，并严格执行标准。

（3）用户需求。系统设计应该充分尊重和理解用户的要求，特别是操作方面的要求，尽可能使用户感到满意。

（4）系统运行环境。系统建设的目标是与企业组织的改革和发展相适应，即系统设计要适合当前需求，适应系统的工作环境，满足空间分布情况、工作的自然环境和安全方面的要求，还应当考虑环境的发展变化趋势。在系统技术方案中尽可能保护已有投资，也要有较强的应变能力，以适应未来的发展。

3. 系统设计的指标

系统设计的优劣直接影响新系统的质量及经济效益。系统设计应在保证实现逻辑模型的基础上，尽可能地提高系统的各项性能。系统设计应该考虑以下几个指标：

（1）系统的效率性。系统的效率是指系统的处理能力、处理速度、响应时间等与时间有关的指标。对于不同处理方式的系统，其工作效率有不同的含义。如联机实时处理系统的工作效率为响应时间（从发出处理要求至得到应答信号的时间），批处理系统的工作效率为处理速度（处理单个业务的平均时间）。对于一个实时录入、成批处理的事务处理系统，又常用处理能力（标准时间周期内处理的业务个数）来表示系统的工作效率。

一般来说，影响效率性的因素取决于：系统中硬件及其组织结构；人机接口是否合理；计算机处理过程的设计质量（如中间文件的数量、文件的存取方式、子程序的安排及软件的编制质量）等。

（2）系统的可靠性。系统的可靠性指系统在运行过程中，抗干扰（包括人为的和机器的故障）和保证正常工作的能力。这种能力，体现在工作的连续性和工作的正确性。系统的可靠性包括：检错、纠错能力，在错误干扰下不会发生崩溃性瘫痪，重新恢复及重新启动的能力，硬件、软件的可靠性及存储数据的精度等。系统的平均无故障时间是衡量可靠性的一个指标。

提高系统可靠性的途径主要有：选取可靠性较高的主机和外部设备；硬件结构的冗余设计，即在高可靠性的应用场合，应采用双机或双工的结构方案；对故障的检测、处理和系统安全方面的措施，如对输入数据进行校验，建立运行记录和监督跟踪，规定用户的文件使用级别，对重要文件进行复制等。

（3）系统的准确性。系统的准确性是指系统所能提供信息的准确程度。系统的准确性与系统硬件、软件的功能直接有关。此外，也与编程质量、人工处理质量和效率等有关。

（4）系统的可维护性。系统的可维护性是指系统易于理解、易于修改和扩充。由于系统环境的不断变化，系统本身也需要不断修改和完善。一个可维护性好的系统，各部分独立性强，容易进行变动，从而提高系统的性能，不断满足对系统目标的变化要求。此外，如果一个管理信息系统容易被修改以适应其他类似组织的需要，这无疑将比重新开发一个新系统成本要低得多。

（5）系统的经济性。系统的经济性是指系统的收益应大于系统支出的总费用。系统支出费用包括系统开发所需投资和系统运行、维护的费用之和。系统收益除有货币指标外，还有非货币指标。在系统设计时，系统经济性经常是确定设计方案的一个重要因素。

上述指标在一定程度上既互相矛盾又相辅相成。例如，为了提高可靠性而采取各种校验和控制措施，则会延长机器工作时间，降低工作效率或提高成本。从系统开发和维护的角度考虑，系统的可维护性是最重要的指标，只有可维护性好，才能使系统容易被修改以满足对其他指标的要求，从而使系统始终具有较强的生命力。

对于不同的系统，由于功能及系统目标的不同，因此对上述各指标的要求会有所侧重。如对联机情报检索系统，效率性是最重要的指标；而对银行系统，可靠性则是首要考虑的指标。

4. 系统设计阶段的成果

系统设计阶段的主要成果是系统设计报告。一个完整的管理信息系统的设计报告应该包括三个部分内容：应用系统的设计，包括应用程序的设计和数据库的设计；系统运行平台，即信息系统运行模式和软、硬件配置的设计；系统运行网络结构、设备等的设计。业务系统的设计是设计阶段的重点和中心，而技术系统的设计是为业务系统的实现服务的。系统设计报告是系统实施的蓝图和依据。系统设计报告能根据系统分析报告中所完成的功能和性能分析给出实现相应功能和性能的方法、技术和方案。

系统设计报告的基本内容如下：

（1）引言。引言说明所涉及的系统名称、目标和功能。简要介绍项目的承担者、用户、本项目和其他系统或机构的关系和联系。说明工作条件与限制，包括硬件、软件、运行环境方面的限制；保密和安全的限制；有关部门业务人员提供确切的数据及其定义；有关系统软件文本；网络协议标准文本；国家安全保密条例；等等。并对参考和引用资料、专门术语定义进行说明。

（2）系统总体技术方案。这是系统设计报告的主体部分，主要包括计算机系统配置与设计、代码设计、输入设计、输出设计、数据库设计、模块设计、安全保密设计和故障防范措施等。

（3）实施方案。实施方案包括实施方案说明、实施的总计划和实施方案的审批等。实施的总计划要说明工作任务的分解、进度、预算等。

阅读 7-1　系统设计报告的参考格式

7.1.2　模块化设计

解决一个复杂的问题，最有效的方法是把问题分解成几个部分，然后再分别解决。在管理信息系统的软件开发中，实现分解的方法是模块化设计。

1. 模块化设计原理

模块化设计原理涉及模块化、抽象、逐步求精、信息隐藏和局部化、模块独立等概念。

（1）模块化。模块化就是把程序划分成独立命名且可独立访问的模块，每个模块完成一个子功能，把这些模块集成起来构成一个整体，可以完成指定的功能满足用户的需求。

采用模块化原理可以使软件结构清晰，不仅容易设计也容易阅读和理解。由于程序错误通常局限在有关的模块及它们之间的接口中，所以模块化使软件容易测试和调试，因而有助于提高软件的可靠性。模块化使变动只涉及少数几个模块，因此能够提高软件的可修改性。模块化也有助于系统开发的组织管理，一个复杂的大型程序可以由许多程序员分工编写不同的模块，并且其中难度较大的模块可以由技术熟练的程序员来编写。

（2）抽象。抽象是人类在认识复杂现象的过程中使用的最强有力的思维工具。抽象的实质就是抽出事物的本质特性而暂时不考虑它们的细节。由于人类思维能力的限制，如果每次面临的因素太多，是不可能做出精确思维的。处理复杂系统的唯一有效的方法是用层次的方式构造和分析它。一个复杂的系统首先可以用一些高级的抽象概念构造和理解，这些高级概念又可以用一些较低级的概念构造和理解，如此进行下去，直至最低层次的具体元素。

在对任何问题的模块化解法时，可以提出许多抽象的层次。在抽象的最高层次使用问题环境的语言，以概括的方式叙述问题的解法；在较低抽象层次采用更过程化的方法，把面向问题的术语和面向实现的术语结合起来叙述问题的解法；最后，在最低的抽象层次用可以直接实现的方式叙述问题的解法。

（3）逐步求精。逐步求精是人类解决复杂问题时采用的基本方法。逐步求精方法的作用在于，它能帮助系统开发人员把精力集中在与当前开发阶段最相关的方面，而忽略那些对整体解决方案来说虽然是必要的，但目前还不需要考虑的细节，这些细节将留到以后再考虑。

事实上，可以把逐步求精看作是一项把一个时期内必须解决的种种问题按优先级排序的技术。逐步求精方法确保每个问题都将被解决，而且每个问题都将在适当的时候被解决，但是，在任何时候一个人都不需要同时处理太多的问题。

抽象与求精是一对互补的概念。抽象使得设计者能够说明过程和数据，同时却忽略低层细节。事实上，可以把抽象看作是一种通过忽略多余的细节同时强调有关的细节，而实现逐步求精的方法。求精则帮助设计者在设计过程中逐步揭示出低层细节。这两个概念都有助于设计者在设计演化过程中创造出完整的设计模型。

（4）信息隐藏和局部化。应用模块化原则时，为了得到最好的一组模块，应该设计和确定模块，使得一个模块内包含的信息对于不需要这些信息的模块来说是不能访问的，这就是信息隐藏。需要说明的是，隐藏的不是有关模块的一切信息，而是模块的实现细节。

局部化的概念和信息隐藏概念是密切相关的。所谓局部化，是指把一些关系密切的元素放得彼此靠近。在模块中使用局部数据元素是局部化的一个例子。显然，局部化有助于实现信息隐藏。

（5）模块独立。模块独立的概念是模块化、抽象、信息隐藏和局部化概念的直接结果。开发具有独立功能而且和其他模块之间没有过多的相互作用的模块，就可以做到模块独立。

模块的独立性在系统设计中占重要地位，主要表现在有效的具有独立的模块容易开发出来，独立的模块容易测试和维护，修改设计和程序需要的工作量比较小，错误传播范围小，需要扩充功能时能够"插入"模块。模块独立是设计的关键，而设计又是决定系统质量的关键环节。

2. 模块独立性的度量

模块的独立性程度可由耦合和内聚两个定性标准度量。耦合衡量不同模块间互相依赖的紧密程度，内聚衡量一个模块内部各个元素彼此结合的紧密程度。

（1）模块的耦合。耦合强弱取决于模块间接口的复杂程度，进入或访问一个模块的点，以及通过接口的数据。在设计中应该追求尽可能低耦合的系统。

一般模块之间可能的耦合方式有 7 种类型，如图 7-1 所示。

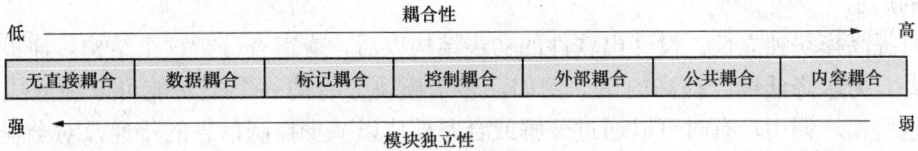

无直接耦合	数据耦合	标记耦合	控制耦合	外部耦合	公共耦合	内容耦合

图 7-1 耦合的种类

如果两个模块中的每一个都能独立地工作而不需要另一个模块的存在，那么它们彼此完全独立，这意味着模块间无任何连接，即无直接耦合。数据耦合指两个模块之间有调用关系，传递的是简单的数据值。标记耦合指两个模块之间传递的是数据结构。控制耦合指一个模块调用另一个模块时，传递的是控制变量，被调用的模块内应具有多个功能，哪个功能起作用受调用模块控制。模块之间通过软件之外的环境联结时称为外部耦合。公共耦合指通过一个公共数据环境相互作用的模块的耦合。当一个模块使用另一个模块的内部数据，或通过非正常入口转入另一个模块内部时，模块之间的耦合称为内容耦合。

设计应该采取的原则是，尽量使用数据耦合，少用标记耦合和控制耦合，限制外部耦合和公共耦合，完全不用内容耦合。

（2）模块的内聚。内聚标志一个模块内各个元素彼此结合的紧密程度，它是信息隐藏和局部化概念的自然扩展。设计时应该力求做到高内聚。简单地说，理想内聚的模块只做一件事情。

内聚和耦合是密切相关的，模块内的高内聚往往意味着模块间的低耦合。内聚和耦合都是进行模块化设计的有力工具，但是实践表明内聚更重要，应该把更多注意力集中到提高模块的内聚程度上。

一般模块之间可能的耦合方式有 7 种类型，如图 7-2 所示。

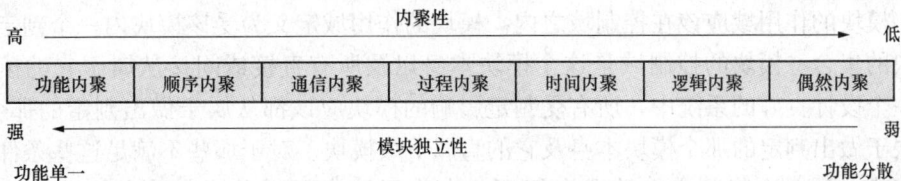

功能内聚	顺序内聚	通信内聚	过程内聚	时间内聚	逻辑内聚	偶然内聚

图 7-2 内聚的种类

在偶然内聚的模块中，各种元素之间没有实质性联系。在逻辑内聚的模块中，不同功能混在一起，合用部分程序代码。如果一个模块包含的任务必须在同一段时间内执行，即为时间内聚。如果一个模块内的处理元素是相关的，而且必须以特定次序执行，则称为过程内聚。如果模块中所有元素都使用同一个输入数据或产生同一个输出数据，则称为通信内聚。

如果一个模块内的处理元素和同一个功能密切相关，而且这些处理必须顺序执行，则称为顺序内聚。如果模块内所有处理元素属于一个整体，完成一个单一的功能，则称为功能内聚。

系统设计时应力争做到高内聚，并且能够辨认出低内聚的模块，并能够通过修改设计提高模块的内聚程度以及降低模块间的耦合程度，从而获得较高的模块独立性。

3. 模块化设计准则

人们在系统开发的长期实践中积累了丰富的经验，总结这些经验得出了一些启发式规则。这些启发式规则虽然不像基本原理和概念普遍适用，但是在许多场合仍然能给开发人员以有益的启示。

（1）提高模块独立性。设计出软件的初步结构以后，应审查分析这个结构，通过模块分解或合并，力求降低耦合提高内聚。例如，多个模块公有的一个子功能可以独立成一个模块，由这些模块调用；有时可以通过分解或合并模块以减少控制信息的传递及对全程数据的引用，并且降低接口的复杂程度。

（2）模块规模应该适中。模块分解不充分会使模块规模过大，但是进一步分解必须符合问题结构。一般说来，对模块分解后不应该降低模块独立性。一方面，模块过小开销会增大，另一方面，模块数目过将使系统接口复杂度提高。因此，过小的模块有时不必单独存在，特别是只有一个模块调用它时，通常可以把它合并到上级模块中去。

（3）深度、宽度、扇出和扇入都应适当。深度表示软件结构中控制的层数，它往往能粗略地标志一个系统的大小和复杂程度。如果层数过多则应该考虑是否有许多管理模块过分简单，能否适当合并。宽度是软件结构内同一个层次上的模块总数的最大值。一般说来，宽度越大系统越复杂。对宽度影响最大的因素是模块的扇出。

扇出是一个模块直接控制（调用）的模块数目，扇出过大意味着模块过分复杂，需要控制和协调过多的下级模块。经验表明，一个设计良好的典型系统的平均扇出通常是 3 或 4（扇出的上限通常是 7～9）。扇出太大一般是因为缺乏中间层次，应该适当增加中间层次的控制模块。扇出太小时可以把下级模块进一步分解成若干个子功能模块，或者合并到它的上级模块中去。当然分解模块或合并模块必须符合问题结构，不能违背模块独立原理。

一个模块的扇入表明有多少个上级模块直接调用它，扇入越大则共享该模块的上级模块数目越多，这是有好处的，但是，不能违背模块独立原理单纯追求高扇入。

设计良好的软件结构通常顶层扇出比较大，中层扇出比较小，底层扇入到公共的实用模块中去（底层模块有高扇入）。

（4）模块的作用域应该在控制域之内。模块的作用域定义为受该模块内一个判定影响的所有模块的集合。模块的控制域是这个模块本身以及所有直接或间接从属于它的模块的集合。在一个设计良好的系统中，所有受判定影响的模块应该都从属于做出判定的那个模块，最好局限于做出判定的那个模块本身及它的直属下级模块。对于那些不满足这些条件的软件结构的修改办法是，将判定上移或者把那些在作用域内但不在控制域内的模块移到控制域内。

（5）力求降低模块接口的复杂程度。模块接口复杂是软件发生错误的一个主要原因。应该仔细设计模块接口，使得信息传递简单并且和模块的功能一致。

（6）设计单入口、单出口的模块。这条规则提醒人们防止内容耦合。当从一个入口进入模块并且从一个出口退出模块时，软件是比较容易理解的，也是比较容易维护的。

（7）模块功能应该可以预测。模块的功能应该能够预测，但也要防止模块功能过分局限。只要输入的数据相同就产生同样的输出，这个模块的功能就是可预测的。而那些带有内部记忆的模块可能是不可预测的，因为它可能记载了某些内部标志且利用这些标志去选择处理方案，由于这些标志对上级模块来说是看不见的，因而可能会引起混乱。

阅读 7-2 自然保护区综合管理信息系统设计

7.2 系 统 结 构 设 计

管理信息系统是由逻辑功能明确的软件模块和相应的文档组成。系统功能结构设计的主要任务，就是根据系统的总体目标和功能，将整个系统合理划分成若干个功能模块，正确处理模块之间的调用关系和数据关系，并根据评价标准对模块结构进行优化。

7.2.1 系统总体结构设计

系统总体结构设计是要依据系统分析的要求和组织的实际情况，对新系统的总体结构形式和可利用的资源进行大致设计，这是一种宏观的总体上的设计。

1. 系统结构的设计原则

为保证总体结构设计的顺利完成，应当遵循以下几条原则：

（1）层次分解原则。系统必须按其功能目标予以分解，将一个大系统按其设定的功能分解成较小的处理模块，使系统成为具有层次关系的结构。

（2）耦合力原则。进行系统功能的层次分解时，要使各处理模块与处理模块间的关联性最少。各处理模块间的关联性越少，就越能降低处理模块之间彼此的相互影响，有助于系统的调试。

（3）内聚力原则。进行系统功能的层次分解时，应尽量使每一个处理模块都具有一个特定的功能目标，即模块内各指令的相关程度最高，以增加各处理模块的独立性。

（4）模块说明原则。对于系统分解后的各项处理功能，应该用有意义的文字加以标示。例如，对处理模块命名时，用足以表示处理模块功能的名称命名。

（5）适度大小原则。对于进行系统功能层次分解后所形成的各项处理功能，其内部指令行数以能够打印于一面报表纸的范围为宜，一般 50 行指令左右比较适当，这样有利于程序员阅读。

（6）控制范畴原则。进行系统功能层次分解时，要注意到上层处理功能所控制的下层处理模块数量，以不大于 7 个为宜，一般 5 个比较恰当，这样可以降低处理模块的复杂性。

（7）模块共享原则。处理模块尽量不要单独设立的，而是运用模块化思想将其设计成可共享模块，以达到减少程序代码的目的。

2. 子系统划分

系统结构设计按照结构化系统分析与设计的基本思想，根据数据流图和数据字典，借助一套标准的设计准则和图表工具，按照自顶向下逐层把整个系统划分为若干个大小适当、功能明确，具有相对独立性，并容易实现的子系统，从而把复杂系统的设计转变为多个简单模块的设计。然后再自下而上地逐步设计。组成系统的子模块间彼此独立、功能明确，系统应能够对大部分模块进行单独维护和修改，因此合理进行系统划分、定义和数据协调是结构化设计的主要内容。

子系统划分一般遵循以下原则：

（1）具有相对独立性。子系统的划分必须使得子系统内部功能、信息等各方面的凝聚性较好，子系统之间数据的依赖性尽量小。划分时应将联系较多的都划入子系统内部，剩余的一些分散、跨度比较大的联系，就成为这些子系统之间的联系和接口。

（2）数据冗余较小。子系统划分的结果应使数据冗余较小。否则，可能引起相关的功能数据分布在各个不同的子系统中，大量的原始数据需要调用，大量的中间结果需要保存和传递，大量计算工作将要重复进行。数据冗余不但给软件编制工作带来很大的困难，而且系统的工作效率也会降低。

（3）考虑管理发展的需要。为了适应现代管理的发展，对于原系统的缺陷，在新系统的研制过程中应设法将它补上。只有这样才能使系统实现以后不但能够更准确、更合理地完成现存系统的业务，而且还可以支持更高层次、更深一步的管理决策。

（4）便于系统分阶段实现。子系统的划分应该考虑到管理信息系统的开发分期分步进行的特点。子系统的划分还必须兼顾组织机构的要求，以便系统实现后能够符合现有的情况和人们的习惯，更好地运行。

（5）考虑到各类资源的充分利用。子系统划分还要考虑各种设备资源在开发过程中的合理搭配，以及各类信息资源的合理分布和充分利用，以减少系统对资源的过分依赖，以及减少输入、输出、通信等设备的压力。

根据系统的划分原则，子系统的划分方法有6类，如表7-1所示。

表7-1　　子系统划分方法

方法分类	划分方式	联结形式	可修改性	可读性	紧凑性
功能划分	按业务处理功能划分	好	好	好	非常好
顺序划分	按业务先后顺序划分	好	好	好	非常好
数据拟合	按数据拟合的程度划分	好	好	较好	较好
过程划分	按业务处理过程划分	中	中	较差	一般
时间划分	按业务处理时间划分	较差	较差	较差	一般
环境划分	按实际环境和网络分布划分	较差	较差	较差	较差

表7-1中的比较指标是根据一般情况而言的，在实际对系统进行设计时仍应以具体系统分析的结果而定，不能笼统、绝对地去评价好坏。

3. 系统的结构化描述

结构化系统设计以系统分析的数据流分析为基础来构造、描述系统。控制结构图是结构化设计的图形工具。控制结构图与数据流图有着本质的区别，数据流图反映的是系统的逻辑模型，是从数据在系统中的流动情况来考虑系统的；而控制结构图则是描述系统的物理模型及系统的功能是怎样逐步完成的，它是从系统的功能层次上来考虑系统的。

控制结构图（Control Structure Diagram，CSD）是一种强有力的图形表达工具，用于表达系统功能模块层次的分解关系、调用关系、数据流和控制流。

控制结构图中，模块之间有三种调用关系，分别是顺序调用、选择调用和重复调用。图 7-3（a）是顺序调用，模块 B、C、D 是模块 A 的下层模块，它们由模块 A 调用，并协同完成模块 A 的功能。A 模块先调用 B 模块，然后依次是 C 和 D 模块。图 7-3（b）是选择调用，模块 A 根据情况选择调用 B、C、D。图 7-3（c）是重复调用，模块 A 对 B 多次反复调用。

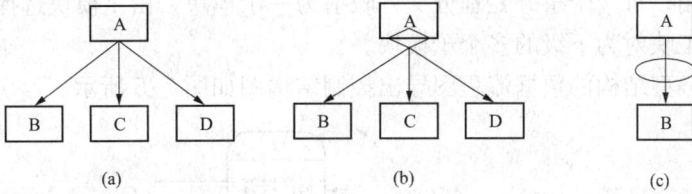

(a)　　　　　　(b)　　　　　(c)

图 7-3　模块间的调用关系

7.2.2　数据流图导出控制结构图

控制结构图的依据就是在系统分析阶段产生的数据流程图。数据流程图一般有两种典型的结构：变换型结构和事务型结构。针对两种不同的数据流程图，可以采取不同的方法来绘制控制结构图。

1. 变换分析

变换型结构的数据流图是一种线性状结构，可以明显地区分输入、处理、输出三部分。变换分析就是从变换型数据流图映射出模块结构图。首先找出主要处理功能，即变换中心，它对应于主加工。变换中心往往是几股数据流的汇合处或者一个数据流的分流处，是输入数据转为输出数据的处理。主模块确定后，再自顶向下、自左至右设计输入、变换、输出等分支。这样就确定了第一层模块图。再由第一层模块自顶向下，逐步细化。在分支分解中，模块与数据流图中的加工并不是绝对的一对一的映射关系，根据实际情况，有时也将数个加工映射成一个模块，有时一个加工映射成两个模块，有时也会根据需要添加模块。

例如，从变换型结构的数据流程图导出控制结构图，如图 7-4 所示。

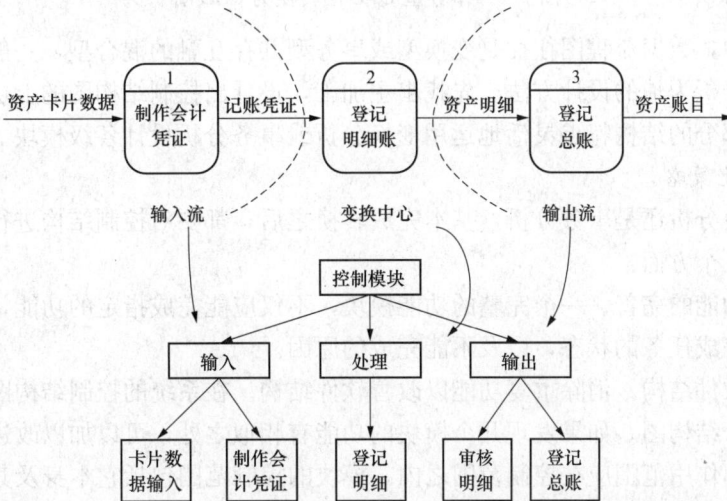

图 7-4　变换型 DFD 转换为 CSD 图

2. 事务分析

在数据流程图中，如果数据沿输入通道到达某个处理 T，处理 T 根据输入数据的类型在若干个动作序列中选出一个来执行，则处理 T 就称为事务中心。变换时首先根据事务中心确定顶层主模块；数据接收和最终输出可直接映射为主模块的两个输入模块和输出模块，由主模块顺序调用；每一个事务处理分支各映射为一个模块，由主模块选择调用；每一个事务分支的多个加工映射为下级的多个子模块。

例如，从事务型结构的数据流程图导出控制结构图如图 7-5 所示。

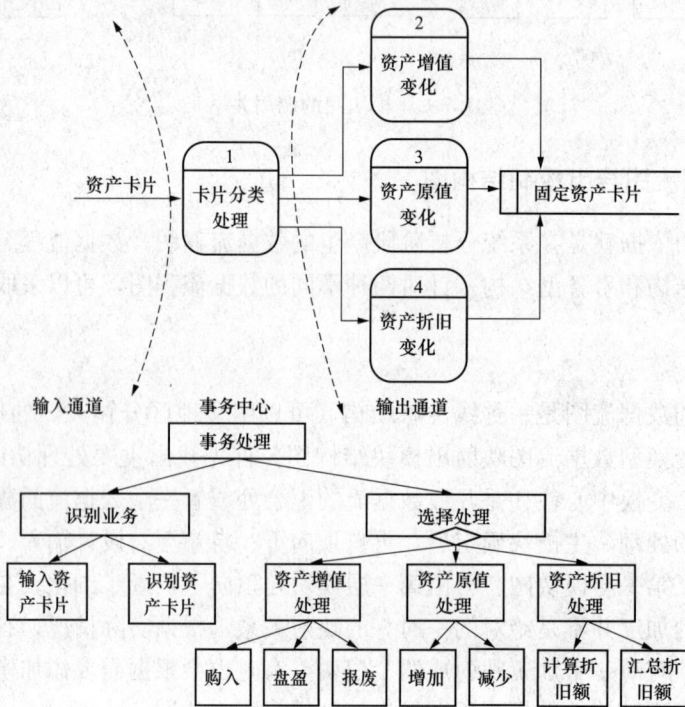

图 7-5　事务型 DFD 图转换为 CSD 图

实际应用中，数据流程图往往是变换型或事务型共存互融的混合型，一般采用以变换分析为主，事务分析为辅的设计方法。先找出主加工，设计出控制结构图的上层模块，再根据数据流程图各部分的结构特点灵活地运用变换分析或事务分析设计各级模块。

3. 设计优化策略

无论是变换分析还是事务分析，基本完成转换之后，都要对控制结构进行优化。优化策略大致有以下几个方面：

（1）模块功能的完善。一个完整的功能模块，不仅应能完成指定的功能，而且还应当能够告诉使用者完成任务的状态，以及不能完成的原因。

（2）改善软件结构。消除重复功能以改善软件结构。在系统的控制结构图得出之后，应当审查分析这个结构图。如果发现几个模块的功能有相似之处，可以加以改进。

（3）模块的作用范围应在控制范围之内。模块的控制范围包括它本身及其所有的从属模块。模块的作用范围是指模块内一个判定的作用范围，凡是受这个判定影响的所有模块都属于这个判定的作用范围。如果一个判定的作用范围包含在这个判定所在模块的控制范围之内，则这种结构是简单的，否则，它的结构是不简单的。

（4）尽可能减少高扇出结构。经验证明，一个设计良好的软件模块结构，通常上层扇出比较高，中层扇出较少，底层扇入到有高扇入的公用模块中。

（5）模块的大小要适中。限制模块的大小是减少复杂性的手段之一，因而要求把模块的大小限制在一定的范围之内。

（6）设计功能可预测的模块。一个功能可预测的模块，不论内部处理细节如何，对相同的输入数据，总能产生同样的结果。但是，如果模块内部蕴藏有一些特殊的鲜为人知的功能时，这个模块就可能是不可预测的。对于这种模块，如果调用者不小心使用，其结果将不可预测。调用者无法控制这个模块的执行，或者不能预知将会引起什么后果，最终会造成混乱。但也要避免过分受限制的模块。

（7）适应未来的变更。为了能够适应将来的变更，软件模块中局部数据结构的大小应当是可控制的，调用者可以通过模块接口上的参数表或一些预定义外部参数来规定或改变局部数据结构的大小。另外，控制流的选择对于调用者来说，应当是可预测的；而且与外界的接口应当是灵活的，可以用改变某些参数的值来调整接口的信息。

7.3 系统平台与功能设计

管理信息系统是以信息技术为基础的人机系统，系统平台设计是管理信息系统开发与应用的基础。系统功能设计是管理信息系统完成"如何做"的核心任务。

7.3.1 系统平台设计

管理信息系统的平台设计包括计算机处理方式、网络结构设计，网络操作系统的选择，数据库管理系统的选择等软、硬件选择与设计工作等。

1. 系统平台的设计依据

系统平台的设计应当着重考虑下述几个因素：

（1）系统吞吐量。系统吞吐量，即每秒钟执行的作业数。系统吞吐量越大，则系统的处理能力就越强。系统吞吐量与系统硬、软件的选择有着直接的关系，如果要求系统具有较大的吞吐量，就应当选择具有较高性能的计算机和网络系统。

（2）系统响应时间。系统响应时间是从用户向系统发出一个作业请求开始，经系统处理后给出应答结果的时间。如果要求系统具有较短的响应时间，就应当选择运算速度较快的CPU及具有较高传递速率的通信线路，如实时应用系统。

（3）系统安全性及可靠性。主要针对如何保证系统能够长期可靠运行，发生故障如何自动恢复而不致死机，对系统内的数据如何保证安全等方面。

（4）结构模式。如果一个系统采用集中式的处理方式，则信息系统既可以是主机系统，也可以是网络系统；若系统处理方式是分布式的，则应采用微机网络，还要根据系统覆盖的范围决定采用广域还是局域网。

（5）数据管理方式。如果数据管理方式为文件系统，则操作系统应具备文件管理功能。

2. 计算机硬件与软件的选择

计算机硬件的选择取决于数据的处理方式和运行的软件。管理信息系统对计算机的基本要求是速度快、容量大、通道能力强、操作灵活方便，但计算机的性能越高，其价格也就愈昂贵，因此，在计算机硬件的选择上应全面考虑。一般来说，如果系统的数据处理是集中式的，系统应用的主要目的是利用计算机的强大计算能力，则可以采用主机终端系统，以大型机或中小型机作为主机，可以使系统具有较好的性能。若对企业管理等应用，其应用本身就是分布式的，使用大型主机主要是为了利用其多用户能力，则不如微机网络更为灵活、经济。

选择计算机硬件时可以参考以下原则，技术上成熟、可靠；处理速度快，数据存储容量大；具有良好的兼容性、可扩充性与可维修性；有良好的性能/价格比；厂家或供应商的技术服务与售后服务好；操作方便。为了保证系统在一定时间内的先进性，在硬件选择时可以"适度超前"。

选择软件可以参考以下原则，能够满足用户的需求；有足够的灵活性，以适应管理需求的不确定性、系统应用环境的变化，以及系统平台升级的要求；稳定的技术支持。同时，考察相关企业对软件的选择情况，也可以帮助和指导软件的选择。

3. 网络平台设计

网络平台设计主要解决如何将系统中的各个子系统从内部用计算机网络连接起来，以及以后系统如何与外部系统相连接的问题。这里并不是设计与开发一个网络，而是根据实际业务的需要考虑如何设计网络应用方案，以及配置和选用相应的网络产品。

网络平台设计首先要根据用户的要求选择网络结构和相应的网络协议。然后根据系统结构划分对结果，安排网络和设备的分布，即什么地方要什么设备、哪些设备需要联网、网络的结构采用什么方式、选用什么网络产品等。再根据系统内部的布局来考虑联网布线和配件。最后根据实际业务的要求划分网络节点的级别、管理方式、数据读写的权限、选择相应的软件系统等。

网络平台设计及具体实施中，应注意以下因素：

（1）场地规划。设计网络时，必须对网络所要安装的场地进行充分考虑，注意危险区域、潮湿区域、强振动源和强噪声源、强电磁场等。

（2）设备规划。选择能够实现网络功能和性能要求，同时又能适应现有网络安装场地地理环境的各种网络软件、硬件设备以及网络的结构。如选取网络拓扑结构，选择网络操作系统以及网络应用软件、网络服务器，并根据网络连接要求选择网络的传输介质和对应的交换机、路由器等。

（3）配置规划。对网络中预计包含的各种软硬件设备以及用户等做出配置规划，如确定网络中各服务器和客户机的名称、所在位置、功能等，或者确定用户在访问网络时的用户名、口令。

4. 应用软件体系结构设计

应用软件体系结构是指应用程序中各个部分和外界环境的不同关联方式之间各种不同的有效组合。在经济全球化和信息化条件下，Internet 是管理信息系统应用的基本环境。管理信息系统应用软件的体系结构主要有客户/服务器模式、浏览器/服务器模式及多层网络模式等结构。

（1）客户-服务器结构。客户-服务器（Client/Server，C/S）结构模式定义了前台客户端计算机与后台服务器相连，以实现数据和应用的共享，并利用前台客户端计算机的处理能力将数据和应用分布到多个处理机上。这种模式被用于工作组和部门的资源共享。

客户-服务器结构有三个主要部件：数据库服务器、客户机应用程序和网络通信软件。其中，服务器的主要任务集中在数据库安全性控制、数据库访问并发控制、数据库前端的客户机应用程序的全局数据完整性规则、数据库的备份与恢复等；客户机应用程序的主要任务是提供用户与数据库交互的界面、向数据库服务器提交用户请求并接收来自数据库服务器的信息、利用客户应用程序对存在于客户端的数据执行应用逻辑要求；网络通信软件的主要作用是完成数据库服务器和客户机应用程序之间的数据传输。

客户-服务器结构的应用中，客户端应用程序是针对一个特定的小数据集（如某个表的数据行）进行操作的，而不像文件服务器那样针对整个文件进行操作；它对某一条记录进行封锁，而不对整个文件进行封锁，因此保证了系统的并发性，并使网络上传输的数据量减少到最小，从而改善了系统的性能。

客户-服务器结构的不足之处是对客户端设备要求较高，同时系统的升级维护不方便。系统升级维护时，必须升级维护所有的客户端；另外，客户-服务器结构所采用的软件产品大都缺乏开放的标准，一般不能跨平台运行，当把客户-服务器结构的软件应用于广域网时就会暴露出更大的不足。

（2）浏览器-服务器结构。浏览器-服务器（Browser/Server，B/S）结构改善了客户-服务器应用不足，客户端只需安装通用浏览器，所有的处理都由后台服务器进行处理，处理结果按照规范的标准格式传到客户端显示。

浏览器-服务器结构由浏览器、Web 服务器、应用服务器、数据库服务器等层次组成。浏览器安装在客户端，是用户操作的界面。Web 服务器提供对客户请求的响应，与将请求传给应用服务器。应用服务器完成对响应的处理，通过内部通道实现对数据库服务器的数据存取，并将处理结果传给 Web 服务器。

浏览器-服务器结构突破了传统的文件共享模式，具有很高的信息共享度，其优势在于使用简单；易于维护和升级、保护企业投资、信息共享度高；扩展性好；广域网支持和安全性好。

（3）多层网络模式。随着企业规模的日益扩大，应用程序复杂度不断提高，浏览器-服务器结构也日益暴露出一些不足，主要存在信息并发处理能力和安全策略问题。多层网络计算模式对这些问题提供了很好的解决方案。

目前流行的三层网络计算模式，可表示为：

三层网络计算模式＝浏览器＋Web 服务器＋多数据库服务器＋动态计算

在三层模式中，Web 服务器既作为一个浏览服务器，又作为一个应用服务器，在这个中间服务器中可以将整个应用逻辑驻留其上，而只有表示层存在于客户机上，这种结构被称为"瘦客户机"，无论是应用的 HTML 页还是 Java Applet 都是运行时刻动态下载的，只需随机地增加中间层的服务（应用服务器），就可以满足系统扩充时的需要，因此，可以用较少的资源建立起具有较强伸缩性的系统，这正是网络计算模式带来的重大改进。

5. 数据存储管理模式设计

管理信息系统的主要任务是通过大量的数据获得管理所需要的信息，这就意味着要存储与管理大量数据，对数据进行存储分配和组织管理就成为系统设计的重点工作。

由于系统一般都运行在网络环境之下，所以必须考虑系统的数据资源在网络各节点上的存储、管理和分配问题。一般要求，同一子系统的数据应尽量放在本子系统所使用的机器上；只有需要公用的数据和最后统计汇总类数据才放在服务器上。数据存储管理模式的选取必须遵循上述原则，否则数据资源分配不当，将会造成整个网络系统数据通信紧张，从而降低系统的运行效率。

数据管理中应选择适当的数据库管理系统。选择数据库管理系统时可以参考以下原则：支持先进的处理模式，具有分布式处理数据、多线索查询、优化查询数据、联机事务处理的能力；具有高性能的数据处理能力；具有用户界面良好的开发工具包；具有较高的性能价格比；具有良好的技术支持和培训等。

7.3.2　系统安全可靠性设计

系统安全可靠性设计包括系统的安全性设计和系统保密性设计，在现代基于网络管理信息系统中，安全可靠性设计对系统的正常运行起着重要作用。

1. 系统的安全性设计

系统的安全性是指系统对自然灾害、人为破坏、操作失误或系统故障的承受能力。系统的安全性设计包括以下几个方面：

（1）系统环境安全设计。运用计算机安全技术，设计安全运行环境，如设置防病毒设备、防火墙等。保证公用设施安全，使系统能够不间断地提供服务的硬件不受损害。

（2）数据安全设计。即保证数据不被更改和破坏，如系统的备份和恢复措施，计算机病毒的防范与检测制度，实时监控系统日志文件，记录与系统可用性相关的问题等。

（3）运行与维护的管理规范。坚持受权最小化、受权最分散化、授权规范化原则，只授予操作人员为完成本职工作必需的最小授权，包括对数据文件的访问，计算机和外设的使用等。对于关键的任务必须在功能上进行划分，由多人来共同承担，保证没有任何个人具有完成任务的全部授权或信息。建立起申请、建立、发出和关闭用户授权的严格制度，以及管理和监督用户操作责任的机制。

（4）审计与跟踪。审计与跟踪系统，维护一个或多个系统运行的日志记录文件，记录系统应用、维护活动记录文件，是进行系统安全控制的重要手段。用户活动记录应支持事后对发生的事件进行调查，包括分析事件的原因、时间、相关的维护标识、引发事件的程序或命令等；应对日志记录文件进行专门的保护，对于联机访问日志记录文件要作严格控制。

2. 系统的保密性设计

系统的保密性是指系统对信息资源的存取、修改、复制及使用等权限的限制。如利用系统环境提供的管理软件，对不同用户分配不同的环境使用权，设置入网口令，设置目录权限限制、时间限制等；有选择地隔离和限制对资源的使用，如数据和模块执行的权限设置、防火墙、代理服务器等；对一般用户采用伪藏措施，如文件名匿藏、伪数据技术、密钥算法等；制定系统保密管理的规章制度。如系统管理员与操作员的权限控制管理（查询权限、录入权限、分析权限、管理权限等），系统文档资料与备份数据的保管等。系统的保密性设计包括逻辑访问控制、用户标识和认证等。

逻辑访问控制是基于系统的安全机制，确定某人或某个进程对于特定系统资源访问的授权。根据授予用户能够完成指定任务的最小特权的原则，设定用户的角色和最小特权的范围；对访问控制表建立定期审核制度，及时取消用户为完成指定任务已不再需要的特权；对重要任务进行划分，避免个人具有进行非法活动所必需的全部授权；限制用户对于操作系统，应用和系统资源进行与本职工作无关的访问；如果应用系统使用了加密技术，要对加密方法，加密产品的来源，密钥的管理等问题专门评估；由于信息系统要连接到因特网，要分析是否使用了另外的硬件或技术对网络进行安全保护，对路由器、安全网关、防火墙等的配置，端口的保护措施等进行评估。

用户标识用于用户向信息系统表明自己的身份，应该具有唯一性。系统必须根据安全策略，维护所有用户标识。认证用于验证用户向系统表明身份的有效性，通常采用的方法有：用户个人所掌握的秘密信息（如口令字，电子签名密钥，个人标识号 PIN 等）；用户所拥有的物品（如磁卡，IC 卡等）；用户的生理特征（如声音，动态手写输入的特征模式，指纹、虹膜、脸部等），信息系统可以组合使用几种方法。

阅读 7-3　电子政务系统的安全设计

7.3.3　处理过程设计

计算机处理过程的设计是要确定每个模块的内部特征，即内部的执行过程，包括局部的数据组织、控制流、每一步的具体加工要求及各种实施细节。通过处理过程的设计，为编写程序制定了一个周密的计划。

系统的处理过程设计是分析如何将系统的输入数据转换为输出数据的过程。其任务是设计出所有模块和他们之间的相互关系（即联结方式），并具体地设计出每个模块内部的功能和处理过程，为程序员提供详细的技术资料。

1. 处理模块的基本功能

管理信息系统处理方式的合理选择，就是一个处理过程的设计。选择处理方式就是根据系统的任务、目标和环境条件，合理地选择信息活动的形态及其具体方法。管理信息系统的基本处理功能有数据处理、数据文件处理、数据利用、计算、表现等。

（1）数据处理。这类处理功能包括传递、核对、变换，其基本功能是完成数据的输入、校验，以及将输入、输出文件变换成格式文件。传递即数据输入。核对就是将两个文件的有关内容进行对比校核。变换主要指介质的变换，即输入或输出介质的转换处理。

（2）数据文件处理。这类处理功能包括分类、合并、更新、存储，是数据文件的主要处理方式，为数据的检索和再利用提供条件。分类即排序，它是根据数据项目中包含和指定的关键字，将文件项目整理成逻辑序列的一种处理。合并是在同类文件中进行的一种处理方式。它把两个以上文件中的同类数据合并在一个文件中进行处理。更新是把原文件的数据及时加以追加、删除和置换成新数据的处理过程。存储即将数据存储于内存或外存中。

（3）数据利用。这类处理功能包括检索、抽出、分配、生成，是为数据的利用进行的一些处理方式，也就是检索出所需要的文件记录（检索），然后按一定的要求抽出，分配或生成其他文件。

检索即查找，可以有各种不同的方式，如顺序查找、随机查找等。抽出就是将原文件中有关的数据取出，作为新文件中数据内容的一种处理方式。如从发货文件中抽出已到交货期的记录。分配是把文件按照分配条件，分配为两个或两个以上文件的处理过程。如把销售费用分配到产品销售成本中去。生成是将不同性质的文件的数据按需要配合成新文件数据的处理过程。如用凭证事务文件登账生成明细账文件。

（4）计算。计算是指信息处理过程中，如统计、成本核算，加、减、乘、除等一系列的数值计算处理。

（5）表现。表现即通过输出工具输出文件的格式，如输出报表、处理结果等。

实际上，不同的信息系统可能只含有上述基本处理功能的一部分，也可能具有大部分或所有的处理功能。

2. 处理过程的设计工具

处理过程的设计工具很多，常见的有程序流程图、盒图、问题分析图和 PDL 语言等。

（1）程序流程图。程序流程图又称为框图，是迄今为止使用最广泛、最频繁、最出色的系统设计工具。它能比较直观和清晰地描述过程的控制流程，易于学习掌握。程序流程图的不足主要表现在，利用流程图使用的符号不够规范，使用的灵活性极大，程序员可以不受任何约束，随意转移控制。这些问题常常很大的影响了程序质量。为了解决这些问题，应该严格地定义流程图所使用的符号，不允许随意画出各种不规范的程序流程图。

程序流程图中用方框表示处理步骤，菱形框表示选择，有向箭头表示程序的控制流。能表达顺序结构、选择结构和循环结构三种基本程序控制结构，如图 7-6 所示。

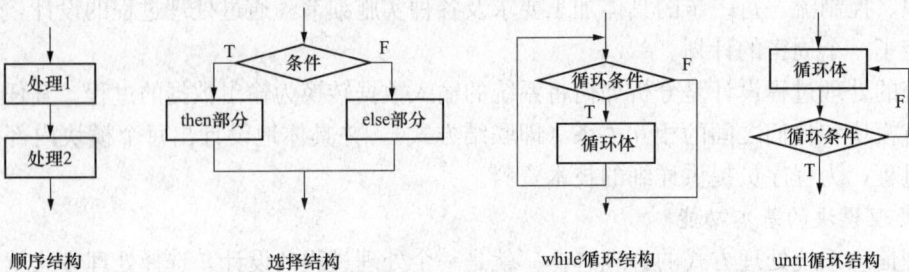

图 7-6　程序流程图的基本控制结构

（2）盒图。盒图也称 N-S 图，是由 Nassi 和 Shneiderman 提出的一种符合结构化程序设计原则的图形描述工具。盒图没有控制流，仅需通过方框与方框的嵌套调用，就能完全体现顺序结构、选择结构和循环结构等基本控制结构（如图 7-7 所示）。

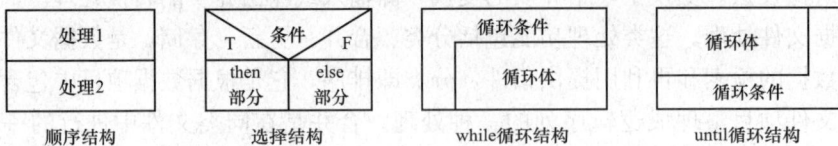

图 7-7　盒图的基本控制结构

（3）问题分析图。问题分析图（Problem Analysis Diagram，PAD）是由日本日立公司发明和推广的一种过程设计图形工具，PAD 图体现了自顶向下、自左向右、逐步细化、逐层的设计过程。PAD 图同样体现了顺序结构、选择结构和循环结构等基本控制结构，如图 7-8 所示。

（4）IPO 图。IPO（Input-Process-Output）图是由 IBM 公司发起并逐渐完善起来的一种工具，用来表述每个模块的输入、输出和数据加工。在由系统分析阶段产生数据流程图，经转换和优化形成系统模块结构图的过程中会产生大量的模块，IPO 图帮助系统设计员为每

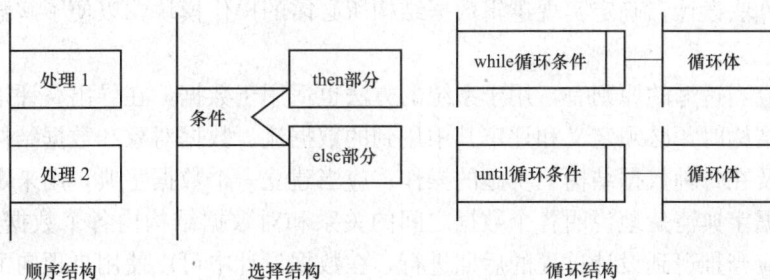

图 7-8 PAD 图的基本控制结构

个模块写出一份说明。

IPO 图包括输入、处理、输出，以及与之相应的数据库/文件在总体结构中的位置等信息。

例如，固定资产管理系统"资产增加"模块的 IPO 图，如图 7-9 所示。

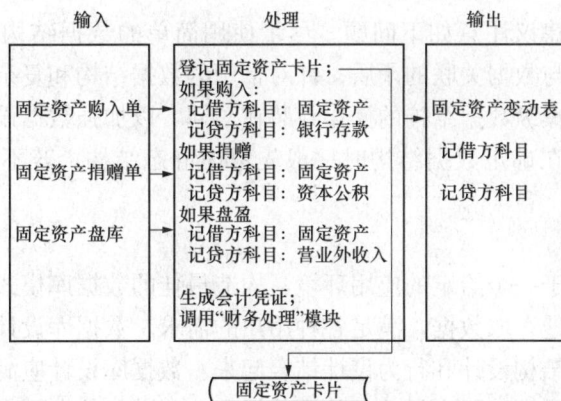

图 7-9 IPO 图示例

IPO 图的主体是处理过程说明。可以用任一种设计工具来，如判断树、判断表，以及问题分析图、控制流程图等工具进行描述。IPO 图是系统设计中一种重要的文档资料。

7.4 数 据 设 计

管理信息系统的主要任务是通过大量的数据获得管理所需要的信息，必须存储和管理大量的数据，因此数据设计是系统设计的重要部分。

7.4.1 数据设计概述

数据设计是指对于一个给定的应用环境，提供一个确定最佳数据模型与处理模式的逻辑设计，以及一个确定数据合理存储结构与存取方法的物理设计，建立起既能反映现实世界信息和信息联系，满足各种用户需求（信息要求和处理要求），又能在某个数据库管理系统实现系统目标并有效存取数据的数据库。

1. 数据设计原则

数据设计是为在系统分析阶段所确定的数据对象定义逻辑数据结构，并且对不同的逻辑数据结构进行算法设计，确定实现逻辑数据结构所必需的操作模块，以便了解数据结构的影响范围。

数据设计应当遵循的原则有，用于系统的方法也适用于数据，在导出、评审定义系统需求和系统体系结构时，必须定义和评审其中用到的数据流、数据对象和数据结构；确定所有的数据结构以及在每种数据结构上实施的操作；应当建立一个数据字典，用来定义数据与系统的设计，数据字典清楚地说明各个数据之间的关系和对数据结构内各个数据元素的约束；底层数据设计应当推迟到设计过程的后期进行，在数据设计中可以使用自顶向下、逐步求精的方法；数据设计要遵从信息隐藏原则，只有相关的模块才能访问相应的数据结构；应当创建一个存放数据结构和相关操作的库；软件设计与程序设计语言应当支持抽象数据类型的定义和实现。

2. 数据结构设计

选择合适的数据结构会使程序的控制结构简洁，易于理解和维护，占用的系统资源少，程序运行效率高。

确定数据结构时，建议注意如下问题。尽量使用简单的数据结构；注意数据之间的关系，特别平衡数据冗余与数据关联的矛盾；针对常用的数据结构和复杂的数据结构设计抽象类型，并将数据结构与操纵数据结构的操作封装在一起，以加强数据设计的可复用性；尽量使用经典的数据结构；在确定数据结构时一般先考虑静态结构，若不能满足，再考虑动态结构。

3. 数据库设计

数据库设计是指对于一个给定的应用环境，构造最佳的数据库模式，建立数据库及其应用系统，使其能够有效地存取数据，满足各种用户的需求。数据库设计应与应用系统设计结合起来，设计过程应把结构设计和行为设计结合起来。数据库设计应满足以下目标：

（1）满足用户应用需求。用户最关心的是数据库能否满足信息要求和处理要求。在进行数据库设计时，设计者必须充分理解用户各方面要求与约束条件，准确定义系统需求，以便度量。定义系统需求时要注意经济效益。

（2）良好的数据库性能。数据库是存储器上合理存放的结构化的大宗数据的集合，具有数据独立性、共享性、最小冗余、数据安全、完整、一致、可靠等特点。这些特点在数据库设计中要时刻考虑到，使设计出来的数据库确实具有这些特点。为了解决性能问题，需熟悉各级数据模型和存取方法，特别是物理模型和数据的组织与存取方法。

（3）对现实世界模拟的精确程度。数据库通过数据模型来模拟现实世界的信息类别与信息间的联系。数据库模拟的精确程度越高，就越能反映实际。这是设计的一个质量指标。

（4）能被某个现有数据库管理系统接受。数据库设计的最终结果，是确定数据库管理系统支持下能运行的数据模型与处理模型，建立起实用、有效的数据库。在设计中，必须透彻了解所选用数据库管理系统的特点、数据组织与存取方法、效率参数、安全性、合理性限制等等，才能设计出充分发挥数据库管理系统优点的最优模型。

7.4.2　数据库设计过程

数据库设计和使用的过程，是信息从现实世界经过人为的加工和计算机处理后又回到现实世界中去的过程。完整的数据库系统的建立过程包含了从需求分析到运行维护的全过程。

当数据库设计作为管理信息系统设计的组成环节时，主要就考虑数据库的概念设计、逻辑结构设计和物理结构设计，而将需求分析和数据库实施纳入管理信息系统的需求和应用程序的设计与实施中，从而将数据库设计过程与管理信息系统设计过程进行有效的结合，并去掉重复的设计阶段。

1. 数据库设计步骤

数据库设计过程主要包括 4 个阶段，即需求分析（分析用户需求）、概念设计（信息分析与信息模型）、逻辑设计（设计实施）和物理设计（物理数据库设计）。这种设计方法的基本思想是过程迭代和逐步求精，符合结构化设计的要求。

数据库设计步骤如图 7-10 所示。

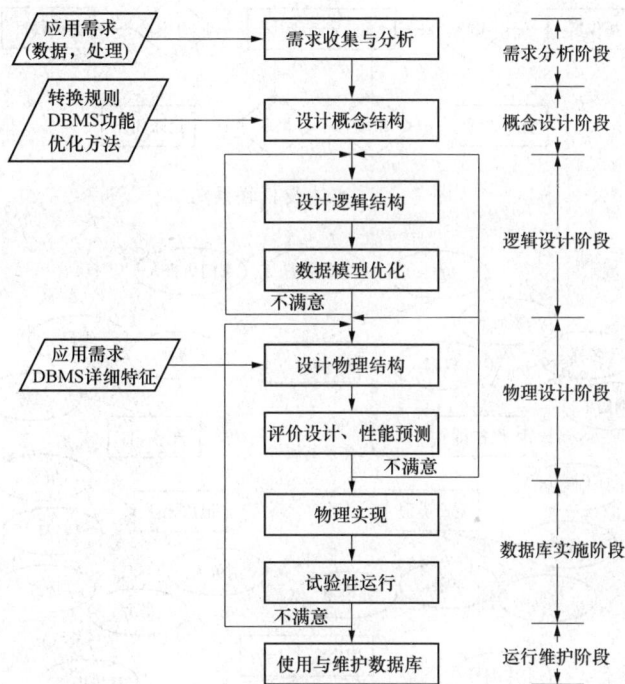

图 7-10 数据库设计步骤

2. 概念数据库设计

概念数据库设计的任务是产生反映企业组织信息需求的数据库概念结构。概念结构是对现实世界的一种抽象，即对实际的人、物、事和概念进行人为处理，抽取人们关心的共同特性，忽略其本质的细节。概念结构不依赖于计算机系统和具体的数据库管理系统。

概念数据库设计的主要步骤是，首先根据系统分析的结果（数据流图、数据字典等）对现实世界的数据进行抽象，设计各个局部视图即局部实体-关系（Entity Relationship，E-R）图，然后将局部 E-R 图合并成全局 E-R 图。

（1）设计局部 E-R 图。在系统分析阶段，对应用环境和要求进行了详尽的调查分析，并用多层数据流程图和数据字典描述了整个系统。设计局部 E-R 图的第一步，就是要根据系统的具体情况，在多层的数据流图中选择一个适当层次的数据流图，让这组图中每一部分对应一个局部应用，从这一层次的数据流图出发，设计局部 E-R 图。由于高层的数据流程图只能反映系统的概貌，而中层的数据流程图能较好地反映系统中各局部应用的子系统组成。因此往往以中层的数据流程图作为设计局部 E-R 图的依据。

　　每个局部应用都对应了一组数据流图，局部应用涉及的数据都已经收集在数据字典中了，设计局部 E-R 图就是要将这些数据从数据字典中抽取出来，参照数据流程图，标定局部应用中的实体，实体的属性、标识实体的码，确定实体之间的联系及其类型。

　　例如，固定资产管理系统的 E-R 图示例如图 7-11 和图 7-12 所示。

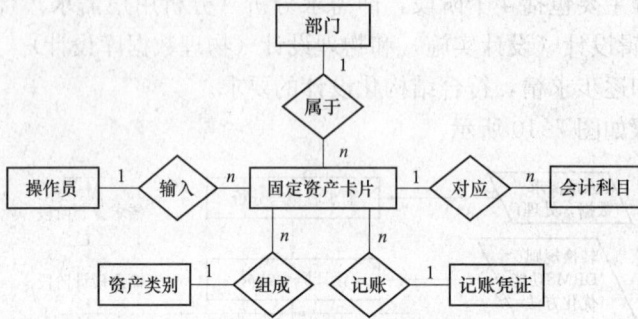

图 7-11　实体及其联系图

图 7-12　实体及其属性图

　　（2）E-R 图的集成。各个局部 E-R 图建好后，还必须进行合并，集成为一个整体的数据概念结构，即全局 E-R 图。E-R 图集成一般采用逐步累积的方式，即首先集成两个局部 E-R 图（通常是比较关键的两个局部 E-R 图），以后每次将一个新的局部 E-R 图集成进来。如果局部视图简单，也可以一次集成多个局部 E-R 图。

　　一般集成局部 E-R 图需要合并、修改和重构等步骤。合并局部 E-R 图不是简单将所有局部 E-R 图画到一起，而是要消除局部 E-R 图中的不一致，以形成一个能为全系统中所有用户共同理解和接受的统一的概念模型。合理消除各局部 E-R 图的冲突是合并局部 E-R 图的主要工作与关键所在。

　　局部 E-R 图经过合并生成的是初步 E-R 图，其中可能存在冗余的数据和冗余的实体之间的联系。冗余数据和冗余联系容易破坏数据库的完整性，给数据库维护增加困难。因此得到初步 E-R 图后，应当进一步检查 E-R 中是否存在冗余，如果存在则应设法予以消除。有时为了提高某些应用效率，不得不以冗余信息作为代价。在设计数据库概念结构时，需要根据用户的整体需求来确定哪些冗余的信息该消除。

视图集成后形成一个整体的数据库概念结构，对该整体概念结构还必须进一步验证，确保它能够满足：整体概念结构内部必须具有一致性，即不能存在互相矛盾的表达；整体概念结构能准确地反映原来的每个视图结构，包括属性、实体及实体之间的联系；整体概念结构能满足需求分析阶段所确定的所有要求。

3. 逻辑数据库设计

逻辑数据库设计的目的，是从概念模型导出特定的数据库管理系统可以处理的数据库的逻辑结构，这些模式在功能、性能、完整性和一致性约束及数据库可扩充性等方面均应满足用户提出的要求。

关系数据库的逻辑设计过程如下。

（1）导出初始关系模式。将 E-R 图按规则转换成关系模式。

（2）规范化处理。消除异常，改善完整性、一致性和存储效率，一般达到第三范式（3NF）即可。规范化过程实际上就是单一化过程，即一个关系描述一个概念，若多于一个概念的就把它分解出来。

（3）模式评价。目的是检查数据库模式是否满足用户的要求。包括功能评价和性能评价。

（4）优化模式。优化模式如新增疏漏的要新增关系或属性，合并、分解性能不好的关系模式或用另外结构代替性能不好的关系模式等。对于具有相同关键字的关系模式，如它们的处理主要是查询操作，而且经常在一起使用，可将这类关系模式合并。对于虽已规范化但因某些属性过多的关系模式，可以将其分解成两个或多个关系模式。其中按照属性组分解的称为垂直分解，垂直分解要注意得到的每一个关系都要包含主码。

例如，根据图 7-11 和图 7-12 所示的 E-R 模型，设计逻辑模型如下：

部门（部门编号，部门名称，部门负责人）

操作员（操作员编码，操作员名称，密码，权限）

会计科目（会计科目编码，会计科目名称，级次）

记账凭证（凭证编号，摘要，科目，借方，贷方，制单人）

固定资产类别（类别编码，类别名称，单位，年限，残值率）

固定资产卡片（卡片编号，资产名称，类别编码，部门编号，购置日期，资产原值，月折旧额）

4. 物理数据库设计

物理数据库设计是对已确定的逻辑数据库结构，研制出一个有效、可实现的物理数据库结构的过程。物理数据库设计常常包括某些操作约束，如响应时间与存储要求等。

物理数据库设计的主要任务是对数据库中数据在物理设备上的存放结构和存取方法进行设计。数据库物理结构依赖于给定的计算机系统，而且与具体选用的数据库管理系统密切相关。物理数据库设计可以分为以下步骤：

（1）存储记录的格式设计。存储记录的格式设计包括分析数据项类型特征，格式化相信记录，并确定数据压缩或代码化的方法等。此外，可以使用垂直分割方法，对含有较多属性的关系按照属性使用频率的不同进行分割；可以使用水平分割方法，对含有较多记录的关系按某些条件进行分割，并把分割后的关系定义在相同或不同类型的物理设备上，或者定义在相同设备的不同区域上，从而使访问数据库的代价最小，提高数据库的性能。

（2）存储方式设计。物理数据库设计中重要的一个考虑，是把存储记录在物理设备上的存储方式，常见的存储方式有顺序存储、散列存储、索引存储及聚簇存储等。

（3）访问方式设计。访问方式设计为存储在物理设备上的数据提供存储结构和访问路径，这与数据库管理系统有很大关系。

（4）完整性和安全性设计。根据逻辑数据库设计提供的对数据库的一致性约束条件、以及所采用的数据库管理系统的性能、功能和硬件环境，设计数据库的完整性和安全性措施。

在物理数据库设计中，应充分注意物理数据的独立性，即对物理数据结构设计的修改不要引起对应用程序的修改。物理数据库设计的性能可以用用户获得及时、准确的数据和有效利用计算机资源的时间、空间及可能的费用来衡量。

5. 数据库访问方式设计

在网络环境下，客户端通过服务器访问数据库。开放数据库互连（Open Database Connectivity，ODBC）已成为广泛应用的数据库访问接口。在浏览器-服务器结构下，由于所有的数据库信息都以 HTML 格式通过 Web 发布，因此建立 Web 服务器与数据库之间的连接尤为重要。

（1）公共网关接口技术。公共网关接口（Common Gateway Interface，CGI）技术是传统的 Web 与数据库连接技术，它规定了浏览器、Web 服务器及 CGI 程序之间的数据交换格式和标准，是在服务器端运行的程序。用户通过浏览器向 Web 服务器提出查询和修改数据请求，CGI 负责提取信息并将其组织成结构化查询语言（Structured Query Language，SQL）查询或修改数据语句，然后将它们发送到数据库服务器，在数据库管理系统对数据进行处理之后将结果传回 Web 服务器，再传送到客户端浏览器。CGI 脚本程序可用多种编程语言实现，性能良好，但运行速度慢。

（2）Java 数据库连接技术。Java 数据库连接（Java Database Connectivity，JDBC）技术是Java 语言编写的访问数据库的接口，它具备三种连接数据库的途径：与数据库直接连接、通过 JDBC 驱动程序连接、与 ODBC 数据源直接连接。JDBC 的工作原理如图 7-13 所示，浏览器从服务器下载含有 JavaApplet 的 HTML 文档，然后浏览器直接与数据库建立连接，不需要通过服务器与数据库相连，因而减少了服务器的压力。

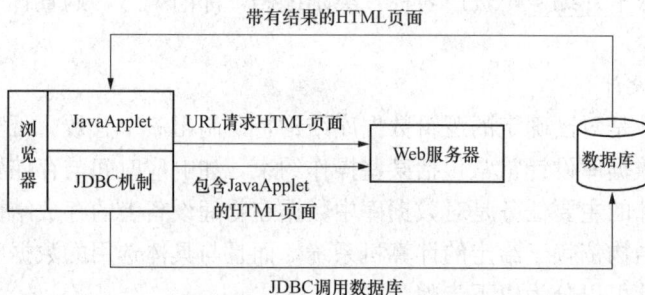

图 7-13　JDBC 的工作原理

（3）ASP 技术。ASP（Active Server Pages）技术可以将脚本语言集成到 HTML 页面，通过 ASP 可以结合 HTML 网页、ASP 指令和 ActiveX 元件建立动态的、交互式的 Web 服务器应用程序。ASP 是通过 ActiveX 数据对象（Active Data Objects，ADO）实现数据库访问的。当用户申请一个 *.asp 页面时，Web 服务器响应该 HTTP 请求，启动 ASP，读取 *.asp页面内容，执行 ASP 脚本命令，利用 ADO 进行数据库访问，将所得结果生成 HTML页面返回到浏览器。ASP 脚本不需要编译，易于编写，可以在服务器端直接执行，从而减轻了客户端浏览器的负担，大大提高了交互的速度，而且 ASP 脚本的源程序不会被下载到浏览器，保证了脚本的安全性。

ASP 的实现流程如图 7-14 所示。

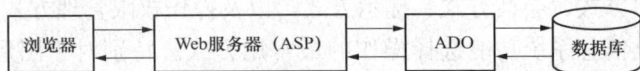

图 7-14　ASP 的实现流程

阅读 7-4　数据库管理系统的选择原则

7.5　用 户 界 面 设 计

人与计算机进行信息交流的接口就是用户界面。用户界面设计好比商品的包装设计、商店的橱窗布置，给用户一个直观印象。因此，用户界面设计的好坏，关系到系统的应用和推广，友好的用户界面是管理信息系统成功的因素之一。

7.5.1　用户界面设计基础

用户界面（User Interface，UI）是人机对话的窗口，设计时应注重交互友好、简便使用、易于操作，避免烦琐、花哨的界面。界面设计要面向预期用户，充分理解用户环境和标准设置的含义，满足不同类型用户的要求。

1. 用户界面设计的原则

用户界面设计的基本原则是为用户操作着想，而不应该从设计人员设计方便来考虑。因此，用户界面设计应遵循以下原则：

（1）清楚、简单。界面要能够方便地处理基本的对话，容易理解，操作方便，要符合用户观点和习惯。

（2）适应不同类型的用户。不同类型的用户（如初学者，经验用户，专家用户）对界面的要求是不同的，因此必须有针对性地根据用户的特点设计相应的用户界面。为适应不同用户的需求，用户界面应该有不同的操作方式。在用户刚开始使用时，可以为用户提供带有详细说明的用户界面，使用户易于操作。在用户对系统的熟悉后，可以为用户提供简明的用户界面。

（3）错误信息的设计要有建设性。判断用户界面是否友好，当发生错误时系统的反应是一个重要因素。一个好的错误信息设计用词应当友善，简洁清楚，并富有建设性，即尽可能告知用户产生错误的可能原因。

（4）关键操作要有强调和警告机制。对于某些关键操作，无论用户是否是误操作，系统都应该进一步确认，进行强制发问，甚至警告，而不能操作一发生就立即处理，以致造成难以挽回的后果。这种强调和警告机制由于能预防误操作，因而具有更加积极的意义。

（5）应用程序和用户界面分离。从系统设计人员的角度来说，人机界面的布局、显示、用户操作等应该由专门的用户界面管理系统来完成，而应用程序的代码设计则由专门的程序设计语言来完成，从而可以大大减少系统设计的复杂性，并增加系统的可维护性。

（6）增加图形表示。图形具有直观、形象、信息量大等特点。因此使用图形表示用户界面，可以增加用户使用系统的兴趣，降低操作难度。

2．用户界面设计的方式

用户界面设计包括菜单方式、会话方式、提示方式，以及操作权限管理方式等。

（1）菜单方式。菜单是信息系统功能选择操作的最常用方式。特别对于图形用户界面，菜单集中了系统的各项功能，直观，易操作。菜单的形式可以是下拉式、弹出式或快捷菜单，也可以是按钮选择方式等。

菜单设计时应和系统的划分结合起来，尽量将一组相关的菜单放在一起。同一层菜单中，功能应该尽可能多，而菜单设计的层次则应该尽可能少。在菜单中两个邻近的功能之间进行选择时，要使用高亮度或强烈的对比色显示，使它们的选择状态醒目。

（2）会话方式。在系统运行过程中，当用户进行错误的操作时，系统要向用户发出提示和警告的信息；当系统执行用户操作后出现多种可能时，系统要提示用户做进一步的说明；根据系统定量分析的结果通过屏幕向用户发出控制性的信息；等等，都需要使用会话方式。使用会话方式时通常是让系统开发人员根据实际系统操作过程将会话语句写入程序。

除了说明性会话外，在开发决策支持系统时还会遇到大量的具有一定因果逻辑关系的会话。这类会话反映了一定的因果关系，具有一定的含义，是双向的。对于这类会话，可以将会话设计成数据文件中的一条条记录，系统在运行时根据用户的会话回答内容执行相应的判断，并据此调出和显示下一句会话。这种会话的分析和判断过程复杂，一般只用于决策支持系统、专家系统或基于知识的分析推理系统。

（3）提示方式。为了方便用户使用系统，系统应该能提供相应的操作提示信息和帮助。提示的形式多样，既可以将提示以小标签的形式显示在屏幕上，也可以将提示以文字的形式显示在屏幕的旁边。此外，还可以将系统操作说明输入系统文件，建立联机帮助。

（4）权限管理。为了保证系统的安全，可以控制用户对系统的访问。可以设置用户登录界面，通过用户名和口令及使用权限来控制对数据的访问。

3．用户界面设计问题

进行用户界面设计时，总会遇到以下问题，即系统响应时间、帮助设施、错误信息处理、菜单和命令标记。

（1）系统响应时间。系统响应时间是指用户开始执行动作到软件以预期的输出和动作形式给出响应的这段时间，系统不能令人满意是交互式系统用户经常抱怨的问题。系统响应时间有两方面的属性，即时间长度和可变性。如果系统响应时间过长，用户就会感到焦虑。系统时间的可变性是指相对于平均时间的偏差，低可变性有助于用户建立稳定的交互节奏。例如，稳定在 1s 的命令响应时间，比从 0.1～2.5s 不定的响应时间要好。

（2）帮助设施。交互式系统的用户往往需要帮助，考虑帮助设施需要解决如下问题：是否在任何时候对任何系统功能都能得到帮助？用户如何请求帮助？如何表达帮助？用户如何回到正常的交互方式？如何构建帮助信息？

（3）错误信息处理。出错信息和警告是指出现问题时系统反馈给用户的"坏消息"。如果做不好，出错信息和警告会给出无用和误导的信息，反而增加了用户的沮丧感。通常，交互式系统给出的出错信息和警告应具备的特征有，以用户可以理解的语言描述问题；应提供如何从错误中回复的建设性意见；应指出错误可能导致的不良后果；应该伴随着警告声或者用闪烁方式显示，或以明显的表示错误的颜色来显示；不能指责用户。

（4）菜单和命令标记。在提供菜单和命令标签交互方式时，必须考虑的问题有，每个菜单选择是否都有对应的命令？以何种方式提供命令？学习和记忆命令的难度有多大？忘记命令怎么办？用户是否可以定制和缩写命令？在界面环境中菜单标签是不是自解释的？子菜单是否与主菜单所指的功能相一致？

4. 图形用户界面设计

在系统开发中，图形用户界面（Graphical User Interface，GUI）越来越受到用户的欢迎。从用户的角度来讲，图形用户界面比基于字符的界面更容易使用。设计图形用户界面时要反映以下内容：

（1）应用程序反馈。应用程序反馈是指计算机信息系统对用户的动作所采取的响应。系统应该将正在做什么的信息随时告诉用户，尤其是在响应时间较长的情况下，如果没有应用程序反馈，用户就难以知道是否是应用系统出现了问题，因而容易做出错误的判断。

（2）系统信息显示。随时将系统给用户的信息通过文字、图标或声音的形式反馈给用户。系统要及时向用户提供反馈信息，以便使用户知道下一步该做什么。通过及时显示系统信息，可以使用户执行正确的操作。例如，在屏幕上显示信息："请输入数据"，让用户将数据录入系统，数据录入正确后，显示"输入正确"等信息。对于需要较长时间处理的过程，要及时给用户显示提示信息。例如，显示"系统正在处理，请稍候……"等。系统信息的显示应该在屏幕上停留适当的时间，使用户能够了解显示的内容。

（3）状态。状态（Status）告诉用户正处于系统的什么状态。一些系统，尤其是大型系统往往涉及多种工具和使用环境，在这种情况，显示出状态信息可以使用户在正确的环境下使用正确的工具进行工作。

（4）跳出。跳出（Escape）允许用户终止一种操作，并从该操作中跳出。有些操作是用户的误操作，而一个不良的图形界面设计往往会使系统死锁在这些误操作中。

（5）最少工作。图形用户界面设计时应该尽量减少用户进行界面操作的工作量。因此，图形用户界面应该使用最少的对话步骤以及略语和代码来减少用户的阅读量和击键次数。

（6）默认值。默认值（Default）也称缺省值，对于一般情况设置默认值，可以节省用户的操作时间。

（7）帮助。应该尽量提供在线帮助（On-line Help）。对于刚使用系统的用户，帮助是一个有用的学习辅导；对于有使用系统经验的用户，帮助是一个方便的助手。帮助应该设计成分层或嵌套的形式，以使帮助信息更清晰，更有针对性。

（8）复原。用户在操作时，某一步可能会出错，想退回去并且重新开始。图形用户界面应该提供恢复先前状态的功能，即复原（Undo）。对于系统而言，应该具有较强的容错能力，即使用户某一步操作错误，也不会对系统产生致命的、不可恢复的影响。对于一些具有破坏性的操作，如删除等，设计图形用户界面时应该给用户确认的机会，防止误操作对系统造成破坏。

（9）一致性。图形用户界面的一致性（Consistency）主要体现在输入-输出的一致性，具体是指在应用程序的不同部分，甚至不同应用程序之间，具有相似的界面外观和布局，相似的人机交互方式以及相似的信息显示格式等。一致性有助于用户迅速掌握系统操作，减少用户的记忆量和操作量。例如，各个应用程序的跳出命令应该使用同一代码，并且具有相同的效果。

7.5.2　输出设计

对于用户而言，输出是系统开发的目的和评价系统开发成功与否的标准。输出设计的目的，就是正确及时地反映和组成用于生产和服务部门的有用信息。

1. 输出设计的原则

输出设计的目标是从输出角度在量和质两个方面满足用户的信息需求。从量上看，输出设计所定义的报表必须覆盖现行系统使用的所有报表，报表格式必须与现行报表基本一致，符合主管部门的要求和用户习惯；从质上看，报表数据项与数据必须完整、准确，与手工计算的正确结果完全一致。

输出设计应该掌握用户第一、灵活性、需求多样性、统一性等原则。用户第一的原则即从质和量上满足用户的需要，符合现有报表的要求。输出的报表数目有增有减，报表中的数据项也会发生变化，报表系统需要具有灵活性，可扩展、可定义，尤其是用户可定义，根据发展需要定义一些新的报表。随着信息急剧增加，输出要求趋向多样化，除最重要报表外，有的需要图形、有的需要输出到文件或导出到其他系统，必须满足输出多样性要求。统一性原则即按照输出设计的标准，统一输出设计风格，使输出设计标准化、系统化。

输出设计要在一定规范指导下进行，以便产生易于理解的输出。这些规范包括输出设计的基本规定和个性化规定。

输出设计的基本规定包括报表格式定义标准、报表数据基本规定和报表管理的有关规定，如报表注册管理等。对于开放式报表系统，须对用户自定义报表做出规定，对于提供二次开发接口的也需要对数据格式做规定，提供帮助说明。对于导出数据给其他电子表格输出的，如 Excel，Lotus 等，需要提供动态数据交换（Dynamic Data Exchange，DDE）接口功能的说明。对于图形输出的，要规定哪些数据采用何种图形输出或多种输出。

输出设计的个性化规定是指报表管理系统功能的个性化规定、系统界面的个性化规定及具体输出内容的个性化规定。输出设计的个性化规定必须遵循基本标准，不与基本标准冲突。

2. 输出设计的内容

输出设计的主要内容有，输出信息的内容，包括输出数据项、位数、数据形式（文字、数字）；输出信息的格式，包括报表、凭证、单据、公文、图形或文件等；输出信息使用内容，使用者、使用目的、报表量、有效期、日期时间、保管方法、密级和复写份数等；输出设备可以有多种，如显示屏、磁带、光盘、打印机、绘图仪等；输出介质，输出到磁盘还是光盘，输出用纸等。

为了提高系统的规范化程度和编程效率，在输出设计上应尽量保持输出流内容和格式的统一性。即同一内容的输出，对于屏幕、打印机、文本文件和数据库文件应具有一致的形式。屏幕输出用于查询或预览，打印机输出提供报表服务，文本文件格式用于为办公自动化系统提供剪辑素材，而数据库文件可满足数据交换的需要。

3. 输出设计的步骤

系统的输出设计，可以归纳为下列 4 个步骤：

(1) 确定系统的输出需求。除了要考虑用户的特别要求外，主要考虑屏幕数据与报表文件的输出需求。屏幕的输出需求主要在于能够按照用户的需求来提供相关数据内容的查询。报表文件的输出需求，需要了解的问题有，用户想要得到的输出报表；各输出报表的名称、目的与需要提供的信息；各输出报表的产生周期与输出的份数；各输出报表印制与发送的负责单位；各输出报表的使用单位与处理流程；各输出报表的保存期限、使用限制与机密等级。

(2) 定义各输出数据的内容与输出的格式。在确定系统的输出需求之后，便要对各输出需求的内容与格式加以分析。屏幕的输出受传统使用的屏幕输出设备所限制，而输出报表的安排则较有弹性。在输出报表的内容与输出格式的定义上，要搜集的信息有，各输出报表的形式；各输出报表的格式安排；在报表中各数据项的放置；在报表中各字段的长度与数据类型；在报表中各字段间的关系与其相关的数据结构；报表中的各字段数据取得方法，需经过的程序与确认过程。

(3) 选择合适的输出媒体。除了特别指定外，按输出的特性与用户的需求来决定采用的输出设备。输出媒体主要有打印机（Printer）、屏幕（Monitor）、磁盘（Disk）、磁带（Tape）、微缩胶片（Computer Output Microfilm System）等。

(4) 进行系统输出设计。当上述各个步骤完成之后，就可以进行输出设计部分的整体性规划。在此步骤应该注意各项输出数据的作业程序；各输出数据的控制程序及其相关性；各输出数据错误时的处理程序；进行数据输出时的准备工作及前续工作，相关数据的保密性、用户等级的划分等。

4. 报表设计

报表是将系统内部数据处理后具体表现的一种形式，它用简单明了、美观、易于了解的形式反映用户所要得到的信息。报表设计除注意数据的正确性外，还要精心安排数据的输出位置，以合乎一般用户的阅读习惯。

根据报表内容的性质和用途，报表可分为明细表、业务文件、管理报表等三种。明细表主要记录企业和组织某一时期内来往的数据内容或某一类数据的明细，如进出货交易明细报表、员工基本信息清单等。业务文件主要输出企业或组织正式的交易文件，如职工工资单、种类收据发票等。管理报表主要是作为管理使用的统计报表，可以是摘要的统计报表，也可以是统计图形。如业务状况统计图、生产情况统计表等。

报表的格式与组成内容，主要可分为表头、内容明细、表底、备注等 4 个部分。

表头（Heading）位于一份报表的最上端，主要由报表的名称、使用单位名称、报表的印制时间、报表的页次、报表的编号所组成。

内容明细（Detail）位于一份报表的表头与表底之间，主要叙述此份报表的详细内容，如交易明细、统计结果等。内容明细是一份报表的组成主体。

表底（Footing）位于一份报表的底部，主要由一些总结性的数据所组成，如总计、合计等数据项，有时页码也可能放置于此。

备注（Note）一般位于一份报表的表底之下，主要针对这份报表内的数据来由及其意义做一些说明，如表中数据的计算方式、各数据项包含的意义等。

7.5.3 输入设计

输入设计对系统的质量有着决定性的重要影响。输入设计是信息系统与用户之间交互的纽带，决定着人机交互的效率。输入设计不合理或输入数据有误，就无法获得正确的输出信息。

1. 输入设计的原则

人机交互方式是最常用的输入方式。特点是输入时提供多种方式，快速准确，直观明确。系统可以与用户会话，发现错误可以及时更正。输入设计时应该遵循的原则如下：

（1）操作简单容易。设计操作方法时必须让用户容易学会使用。在良好的系统界面设计中，用户不需要记忆很多命令和规则。设计操作方法的一个基本原则是尽可能地仿照现实作业的工作方式，来设计计算机上的人机对话流程。例如在现实工作中查找某职工档案时，应首先找到该职工所在的档案册，然后按某种顺序（如职工号）来查找。在设计这个操作的用户界面时，也应该如此设计，即先显示职工档案文件的文件名、主要内容等全局信息，然后请用户选择查找的方法。在图形化用户界面设计上，设计可以得到生动的体现。例如，对于档案的查找可以先在屏幕上画出几个档案柜或档案夹的图案，让用户对它们进行选择。选定其中某一册后，对其中职工档案的显示就变为卡片的形式。

设计操作方法的另一个原则是必须给用户以简明易懂的反馈信息。例如，当系统工作可能费时较多时，系统应显示反馈信息。如在打印时需要有准备时间，系统可以显示出一个画面，告诉用户系统正在干什么。

（2）表示的合理性。菜单是一种重要的输入方式。在设计菜单时应注意其中功能表示的合理性，即相关功能应尽可能地放在一起。例如，数据文件的增加、删除和修改应当放在一起，否则用户就会操作不便。此外，系统还可以提供宏功能，让用户自己将常用的一系列操作定义为一个宏，或定义一个热键来完成常用的动作。

（3）表示的一致性。在设计输入界面时应特别注意表示的一致性，保持一种统一的风格。例如，对报表的设计，如果每一种报表都是一种特定的格式，都采用不同的字体和颜色，就会给用户造成不便。

（4）对输入的容错性。系统应该表现出比较强的容错性。首先，对于用户的输入应该做到任何输入值都不会对系统造成影响。其次，应该根据系统的要求对输入进行必要的检查，如去掉无意义的空格、对数据格式进行校验等。例如，对于一个两汉字人名的输入，用户可能在两个汉字的前面、中间或后面加空格，而系统可以使用统一的原则对其进行处理，如统一将姓名中间的空格去掉，这样就不会因为输入空格而导致查找失败。

2. 输入设计的步骤

系统的输入设计，大致可以分为以下 6 个步骤：

（1）分析系统的各种输入需求。系统的输入需求可以从两个方面的分析结果中得到：一是输出报表的字段内容，另一是系统环境所使用的输入单据。设计人员必须了解：在现场工作环境中使用的输入单据；各输入单据的作用，主要记录的事项；各输入单据的发生时机，负责填写的部门；各输入单据一次应产生的份数；各输入单据的处理流程等。

（2）确定各输入单据的内容与格式。当各输入单据搜集完成时，设计人员应先分析这些输入单据的格式与字段内容，定义各表单的数据长度与类型，并与用户确认数据分析的结果。在本阶段中必须了解的问题有，各输入单据的格式；各输入单据的字段长度与字段数据类型；各输入数据的来源与限制条件；各字段间的关系及其数据结构等。

（3）分析输入数据的内容。在确定了各输入单据的字段内容之后，设计人员应该将结果与输出报表进行对照，分析各字段的异同，删除那些可以通过计算得到的字段，剩下的便是系统需要的输入数据。

在这一步骤中必须分析各数据字段的数据结构；各数据字段的计算方式或取得方式；删除可以通过计算或转换得到的字段，过滤出需要用户输入的数据等。

（4）加上输入数据的控制条件。为了确保输入数据的正确性，设计人员要尽可能考虑到所有用户在输入时可能发生的错误，在用户输入数据时加上输入控制。

（5）选择适当的输入方式。系统设计员确定输入的方式时，可以考虑每种输入方式的优缺点，并以系统整体评估最好的输入方式作为主要输入方式。其他输入方式作为辅助输入方式。

（6）进行系统输入设计。在最后一个步骤，就是将上述规划的结果予以整合。这一步骤需要注意的问题是：各数据输入的相关输入程序是否已经拟定完成；输入错误数据时的处理程序是否拟定完成；各数据间的相关性是否已经确定；数据验证方式是否已完成；进行每一项数据输入前要先行准备的工作。

3. 图形用户界面的输入设计

图形用户界面的输入设计通常采用面向对象的设计方法。在这种方法中，通过输入控件实现简化用户输入操作、减少输入错误的目的。常见的输入控件包括文本框、列表框、复选框、单选按钮等。

（1）文本框。使用文本框可以表示一个带可调节滚动条的区域，用户可以在其中输入文本。文本框没有大小限制，因此可以用作应用程序（如字处理程序或 Web 浏览器）的主要显示区域。

（2）列表框。使用列表框可以表示一系列选项或设置。列表框可以一次显示多个可用选项，并可允许用户同时选择两个或更多的值。

（3）复选框。如果用户需要从一组选项中选择不止一种选项，则可以使用复选框输入控件。使用复选框可以表示选中和未选中、启用或禁用状态。

（4）单选按钮。单选按钮是用户可以从一组选项中选中某一个选项的输入控件。使用单选按钮可以表示选中或未选中、启用或禁用。一组单选按钮表明若干个不同的、互斥的可用状态，如当前文件的不同视图。如果只能选择一个选项，则可以使用单选按钮。在需要一次在屏幕上显示所有可能的选项时也可以使用单选按钮。

4. 输入质量与输入校验

尽可能减少数据输入中的错误，既是输入设计的目标，也是输入设计的原则。在输入设计中，要对全部输入数据所有可能发生的错误进行校验。

在数据输入时中，最主要的输入错误是数据本身的错误。如原始数据填写错误、数据多余或不足等，这些错误大多发生在数据收集过程中。数据延误也是数据收集过程中常见的一类错误，不过在这类错误中数据的内容和数量都是正确的，只是由于时间上的延误而产生错误。在管理信息系统中，这种错误多由开票、传送等环节的延误而引起，严重时导致输出数据失去利用价值。因此，数据的收集与运行必须注意时效性，而且要事先确定产生数据延迟时的应对措施。

数据校验可以由人工校验、由计算机程序校验或者人和计算机相互查对校验。常用的校验方法如表 7-2 所示，可以根据具体数据与数据域的特点进行选择一种或多种方法。

表 7-2　　　　　　　　　　　　常用的校验方法

类　　别	说　　明
重复校验	将同一数据先后输入，计算机程序自动予以对比校验
视觉校验	在输入的同时打印或显示输入数据，与原始单据进行比较
检验位校验	主要用于代码数据项的校验
控制总数校验	先求出数据的总值，在输入过程中累计总值，将两者进行对比校验
数据类型校验	校验数据是数字型还是字符型，结合数据输入控件设计检验程序
格式校验	校验数据记录中各数据项的位数和位置，是否符合预先规定的格式
逻辑校验	根据业务上各种数据的逻辑性，检查是否有矛盾之处
界限校验	检查某项输入数据的内容是否位于规定范围之内
顺序校验	检查记录的顺序，发现被遗漏或者重复的数据
记录计数校验	通过计算记录个数，检查是否有遗漏和重复的记录
平衡校验	检查相反数据项间是否平衡
对照校验	将输入的数据与基本文件的数据进行比较，检查两者是否一致

阅读 7-5　用户界面设计需要检查的内容

7.6　面向对象设计

面向对象的方法不强调分析与设计之间严格的阶段划分，系统开发的各阶段交叠回溯，整个生命期的概念一致，表示方法也一致，因此从分析到设计无需表示方式的转换。当然，分析和设计也有不同的分工与侧重。

7.6.1　面向对象设计基础

由于面向对象分析与面向对象设计在概念、术语、描述方式上的一致性，建立一个针对具体实现的面向对象设计模型，可以看作是按照设计的准则，对分析模型进行细化。虽然这些设计准则并非面向对象的系统独用，但对面向对象设计起着重要的支持作用。

1. 面向对象的设计准则

面向对象设计出除了应遵循传统系统设计的基本原则外，还要考虑面向对象的特点。

（1）抽象。抽象是指强调实体的本质、内在的属性，而忽略了一些无关紧要的属性。在系统开发中，分析阶段使用抽象仅仅涉及应用域的概念，在理解问题域以前不考虑设计与实现。而在面向对象的设计阶段，抽象概念不仅用于子系统，在对象设计中，由于对象具有极强的抽象表达能力，而类实现了对象的数据和行为的抽象。

（2）信息隐蔽。信息隐蔽在面向对象的方法中也即"封装性"，封装性是保证软件部件具有优良的模块性的基础。封装性是将对象的属性及操作（服务）结合为一个整体，尽可能屏蔽对象的内部细节，软件部件外部对内部的访问通过接口实现。

类是封装良好的部件，类的定义将其说明（用户可见的外部接口）与实现（用户内部实现）分开，而对其内部的实现按照具体定义的作用域提供保护。对象作为封装的基本单位，比类的封装更加具体、更加细致。

（3）弱耦合。按照抽象与封装性，弱耦合是指子系统之间的联系应该尽量得少。子系统应具有良好的接口，子系统通过接口与系统的其他部分联系。

（4）强内聚。指子系统内部是由一些关系密切的类构成，除了少数的"通信类"外，子系统中的类应该只与该子系统中的其他类协作，构成具有强内聚性的子系统。

（5）可重用。重用是提高系统开发生产率和目标系统质量的重要途径。重用基本上从设计阶段开始。重用有两方面的含义。一是尽量使用自己已有的类（包括开发环境提供的类库，及以往开发类似系统时创建的类），二是如果确实需要创建新类，则在设计这些新类的协议时，应该考虑将来的可重复使用性。

2. 面向对象设计的启发规则

面向对象设计的启发规则是人们在长期的基于面向对象思想的系统开发实践中总结出来的经验，有利于提高开发人员系统设计的质量。

（1）设计结果应该清晰易懂。使设计结果清晰、易懂、易读是提高软件可维护性和可重用性的重要措施。应当注意：用词一致；使用已有的协议；减少消息模式的数量；避免模糊的定义。

（2）设计简单类。应该尽量设计小而简单的类，这样便于开发和管理。为了保持简单，应注意：避免包含过多的属性；有明确的定义；尽量简化对象之间的合作关系；一个类不要提供太多服务。

（3）使用简单的协议。减少消息的参数个数是减少类间耦合程度的有效手段。一般来说，消息中参数不要超过 3 个。

（4）使用简单的服务。控制服务中源程序语句的行数及语句嵌套层数，可以简化服务。面向对象设计出来的类中的服务通常都很小，一般只有 3 至 5 行源程序语句，可以用仅含一个动词和一个宾语的简单句子描述它的功能。

（5）把设计变动减至最小。通常，设计的质量越高，设计结果保持不变的时间也越长。即使出现必须修改设计的情况，也应该使修改的范围尽可能小。

7.6.2　面向对象的设计

面向对象设计再细分为系统设计和对象设计。系统设计确定实现系统的策略和目标系统的高层结构。对象设计确定解空间中的类、关联、接口形式及实现操作的算法。

1. 系统设计

系统设计是问题求解及建立解答的高级策略。必须制定解决问题的基本方法，系统的高层结构形式包括子系统的分解、它的固有并发性、子系统分配给硬软件、数据存储管理、资源协调、软件控制实现、人机交互接口。

设计阶段先从高层入手，然后细化。系统设计要决定整个结构及风格，这种结构为后面设计阶段的更详细策略的设计提供了基础。

（1）系统分解。系统中主要的组成部分称为子系统，子系统既不是一个对象也不是一个功能，而是类、关联、操作、事件和约束的集合。

（2）确定并发性。分析模型、现实世界及硬件中不少对象均是并发的。

（3）处理器及任务分配。各并发子系统必须分配给单个硬件单元，要么是一个一般的处理器，要么是一个具体的功能单元。

（4）数据存储管理。系统中的内部数据和外部数据的存储管理是一项重要的任务。通常各数据存储可以将数据结构、文件、数据库组合在一起，不同数据存储要在费用、访问时间、容量及可靠性之间做出折中考虑。

（5）全局资源的处理。必须确定全局资源，并且制定访问全局资源的策略。

（6）选择软件控制机制。分析模型中所有交互行为都表示为对象之间的事件。系统设计必须从多种方法中选择某种方法来实现软件的控制。

（7）人机交互接口设计。设计中的大部分工作都与稳定的状态行为有关，但必须考虑用户使用系统的交互接口。

2. 对象设计

在面向对象的系统中，模块、数据结构及接口等都集中地体现在对象和对象层次结构中，系统开发的全过程都与对象层次结构直接相关，是面向对象系统的基础和核心。面向对象的设计通过对象的认定和对象层次结构的组织，确定解空间中应存在的对象和对象层次结构，并确定外部接口和主要的数据结构。

对象设计是为每个类的属性和操作进行详细设计，包括属性和操作的数据结构以及实现算法，以及类之间的关联。另外，在分析阶段，将一些与具体实现条件密切相关的对象，如与图形用户界面（GUI）、数据管理、硬件及操作系统有关的对象推迟到设计阶段考虑。

在进行对象设计的同时也要进行消息设计，即设计连接类与它的协作者之间的消息规约。

3. 设计优化

对设计进行优化，主要涉及提高效率的技术和建立良好的继承结构的方法。提高效率的技术包括增加冗余关联以提高访问效率，调整查询次序，优化算法等技术。建立良好的继承关系是优化设计的重要内容，通过对继承关系的调整实现。

阅读 7-6　面向对象分析与设计示例

本章提要

系统设计的依据是系统分析的结果、现有技术状况、现有与信息管理和信息技术有关的法律法规、用户的需求以及系统运行环境等。系统设计的目标是在保证实现逻辑模型的基础上，尽可能提高系统的各项指标。系统设计阶段的主要成果是系统设计报告。

　　在开发管理信息系统的过程中，实现系统分解的方法是模块化设计。模块化设计的原则涉及模块化、抽象、逐步求精、信息隐藏和局部化、模块独立等概念。

　　系统设计主要包括系统总体结构设计，以及系统平台设计、系统安全可靠性设计、处理功能设计、数据库设计和用户界面设计等。

思考与练习

1. 系统设计的主要任务是什么？
2. 评价和衡量系统目标实现程度主要包括哪些指标？
3. 模块化设计的基本原理是什么？有哪些特点？
4. 数据流程图导出控制结构图的方法有哪几类？
5. 数据库设计的目标是什么？数据库设计包括哪些过程？
6. 用户界面设计的原则有哪些？

自测与作业（7）

第8章 系统实施

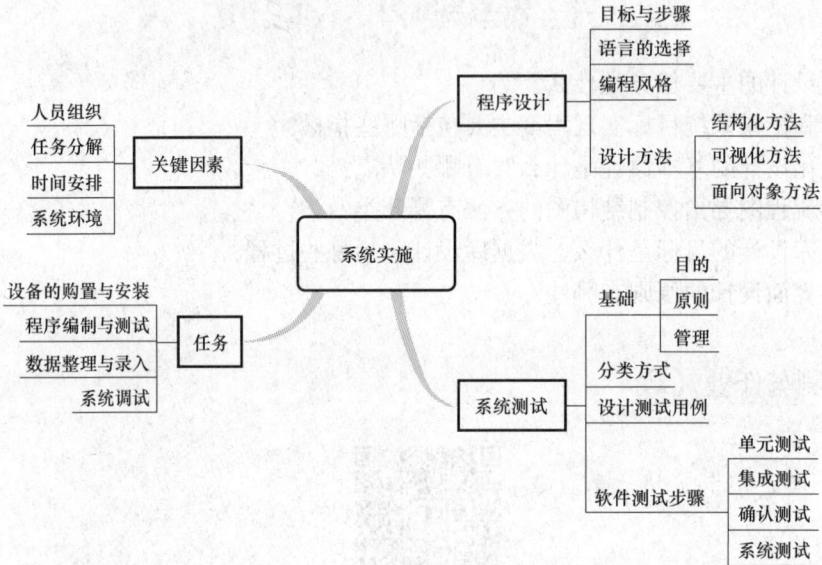

```
                                                            ┌─ 目标与步骤
                                                            ├─ 语言的选择
                                          ┌─ 程序设计 ───────┼─ 编程风格
                                          │                 │           ┌─ 结构化方法
              ┌─ 人员组织                 │                 └─ 设计方法 ─┼─ 可视化方法
              ├─ 任务分解                 │                             └─ 面向对象方法
   关键因素 ──┤                           │
              ├─ 时间安排                 │
              └─ 系统环境                 │
                           系统实施 ──────┤
              ┌─ 设备的购置与安装         │                             ┌─ 目的
              ├─ 程序编制与测试           │                 ┌─ 基础 ────┼─ 原则
   任务 ──────┤                           │                 │           └─ 管理
              ├─ 数据整理与录入           │                 ├─ 分类方式
              └─ 系统调试                 └─ 系统测试 ───────┼─ 设计测试用例
                                                            │                 ┌─ 单元测试
                                                            │                 ├─ 集成测试
                                                            └─ 软件测试步骤 ──┼─ 确认测试
                                                                              └─ 系统测试
```

8.1 系统实施概述

系统实施阶段既是成功地实现新系统，又是取得用户对系统信任的关键阶段。管理信息系统的规模越大，实施阶段的任务就越复杂。在系统正式实施开始之前，就要制定出周密的计划，即确定出系统实施的方法、步骤、所需的时间和费用。并且要监督计划的执行，做到既有计划又有检查，以保证系统实施工作的顺利进行。

8.1.1 系统实施的任务与方法

系统实施阶段的任务是在系统分析完成系统"做什么"，系统设计完成系统"如何做"的基础上，解决系统"具体做"的问题，是实现在计算机上实际运行系统的过程。

1. 系统实施的任务

系统实施的主要任务包括如下几个方面：

（1）设备的购置与安装。根据系统配置方案选购计算机网络设备、计算机硬件及软件，需要考虑的问题有，系统是否有合理的性能价格比，是否有良好的可扩充性，是否有良好的售后服务与技术支持。在安装这些设备后，需要对这些设备进行调试，并由供应商对用户进行培训，使用户熟悉设备的性能与使用方法。网络设备的安装包括大楼的智能布线、主干线的通信线路的敷设、楼宇之间的连接、与公共网络的连接等，并要进行网络性能调试，使整个网络正常运行。

（2）程序的编制与测试。选择开发环境及开发工具，或选择成熟的软件产品，对系统进行编程或在软件产品的基础上进行二次开发。对已实现的系统进行全面的软件测试，排除一些设计中的错误和不完善的地方，并予以纠正。

（3）数据整理与录入。一般说来，确定数据库物理模型之后，就应进行数据的整理、录入。选择适当的数据库管理系统，建立系统数据库系统并进行测试。

（4）系统调试。程序设计完成后，要进行全面的系统调试。通过调试后，将现场数据装载到系统中，对系统进行试运行，对不符合用户实际要求的地方进行局部调整，同时要编写相应的技术手册及用户手册，制定系统的管理制度及操作制度，对系统操作与维护人员、终端用户及管理人员进行进一步的培训。

2. 系统实施的特点与方法

系统实施是管理信息系统开发工作的后期阶段，是一项涉及到各级管理人员、系统开发技术人员、系统测试人员、系统操作和维护人员的组织协调，以及系统应用场地、设备和资金的调配管理，持续时间长且十分复杂的系统工程。

与系统分析、系统设计阶段相比，工作量大，投入的人力、物力多，组织管理工作繁重是其主要的特点。

对于规模不同的系统，应采用不同的实施方法。简单系统内模块相对来说比较少，可先实现层次结构图中的上层模块，逐步向下，最后实现基础功能模块。实现上层模块时，其下层模块可视为"有名无实"的"空缺"模块，即可先设置模块名、输入输出参数，而本身的处理有待今后实现或做象征性的表示出某些显示信息。

复杂系统内模块较多，不易全面铺开，应分阶段实施。分阶段实施是将整个系统划分为几个"版本"，分期分批地去实现。首先实现系统的轮廓或框架，然后在此基础上不断添加新的功能，逐步完善，最后达到系统所要求的全部功能。

8.1.2 物理系统的实施

物理系统的实施包括硬件环境、软件环境和网络环境的建立等方面的工作。

1. 计算机系统的安装与调试

按照系统物理配置方案的要求，选择购置该系统所必需的硬件设备（计算机系统）和软件系统。硬件设备包括主机、外围设备、稳压电源、空调装置、机房的配套设施以及通信设备等，软件系统包括操作系统、数据库管理系统、各种应用软件和工具软件等。

计算机硬件设备选择的基本原则是在功能、容量、性能等方面能够满足所开发的管理信息系统的设计要求。值得注意的是，选择计算机系统时要充分进行市场调查，了解设备运行情况及厂商所能提供的服务等。

在建立硬件环境的基础上，还需建立适合系统运行的软件环境，包括购置系统软件和应用软件包。按照设计要求配置的系统软件包括操作系统、数据库管理系统、程序设计语言处理系统等。在企业管理系统中，有些模块可能有商品化软件可供选择，也可以提前购置，其他则需自行编写。在购买或配置这些软件前应先了解其功能、适用范围、接口及运行环境等，以便作好选购工作。

计算机硬件和软件环境的配置，应当与计算机技术发展的趋势相一致，硬件选型要兼顾升级和维护的要求；软件选择特别是数据库管理系统，应选择 C/S 或 B/S 模式下的主流软件产品，为提高系统的可扩展性奠定基础。

2. 网络环境

计算机网络是现代管理信息系统建设的基础，网络环境的建立应根据所开发的系统对计算机网络环境的要求，选择合适的网络操作系统产品，并按照目标系统将采用的 C/S 或 B/S 工作模式，进行有关的网络通信设备与通信线路的架构与连接、网络操作系统软件的安装和调试、整个网络系统的运行性能与安全性测试及网络用户权限管理体系的实施等。

3. 软件工具的选择

各种各样的软件及程序的自动设计、生成工具日新月异，为各种管理信息系统的开发提供了强有力的技术支持和方便的实用手段。利用这些软件生成工具，可以大量减少手工编程环节的工作，避免各种编程错误的出现，极大提高系统开发的效率。

一般来说，比较流行的工具有：一般编程语言工具、数据库系统工具、程序生成工具、专用系统生成工具、客户/服务器型工具及面向对象编程工具等。其各自性能特点简述如下。

（1）一般编程语言工具。主要指各种常用的程序设计语言，如 C、C++、COBOL、LISP、PROLOG 等，利用这类工具进行程序设计的基本形式是手工编程；

（2）数据库系统工具。指流行的数据库软件产品，可分为微机上的小型 DBMS（如：XBASE 系列、VFP、Access 等）和大型数据库系统工具（如：ORACLE 系统、SYBASE 系统、IMFORMIX 系统、DB2 系统、SQL Server 系统等）。前者适用于小型系统（EDP/TPS）的开发，后者则可以支持基于局域网、Intranet 和 Internet 的大型管理信息系统的开发；

（3）程序生成工具。主要指基于常用数据处理功能与程序相对应的自动编程工具，一般称为第四代程序生成语言（4GL）工具，大多结合在流行软件产品中，构成其中的一部分，它能实现系统中的某些模块程序代码的自动生成；

（4）专用系统生成工具。是指在程序生成工具基础上发展的、除了具有 4GL 的各种功能外、更大、综合化程度更高的、具有图形化及其他功能的集成工具。一般可归为两类：专用功能开发工具（包括各类套装软件、专用图表生成工具等）和综合系统开发工具（如 CASE、Jasmine、Team Enterprise Developer 等）；

（5）客户/服务器型工具。是指可进行基于网络环境的系统开发工具，它是完全符合管理信息系统发展趋势和要求的新型系统开发工具。如：Delphi Client/Server、Power Builder Enterprise、Java、Visual C++等；

（6）面向对象编程工具。是指与面向对象开发方法相对应的各类 OOP 工具，主要代表性产品如：Java、Visual C++、Smalltalk 等。这类工具针对性强，必须与面向对象开发方法相结合，很可能成为今后的主流系统开发工具。

8.1.3　系统实施关键因素

系统的实施具有一定的风险，尤其是大型的管理信息系统，实施阶段的任务比较复杂，风险程度更大。影响系统实施的因素众多，人员的组织、任务的分解和开发环境的建立是系统实施阶段的关键因素。

1. 合理的人员组织

系统开发的成功必须有一个结构合理、团结协作的开发小组。系统实施中需要的人员涉及多方面，包括网络实施、计算机硬件安装和配置、软件开发特别是程序设计等方面的人员。

程序编码是实施阶段的主要任务,它需要较大数量熟悉某种或几种程序设计语言或软件开发工具的人员。由于大型应用软件具有很大的开发工作量,必须由多个人员共同合作来完成彼此紧密联系和相关的程序任务,因此必须有所有参与开发人员共同遵守的规范,而且要求参与编码的程序人员能遵守软件开发的共同规范,能开发出具有统一风格的软件。达到上述目标的方法是开展早期培训,在培训中建立起统一的方法,通用规范的技术手段,乃至采用统一的开发工具来完成各自负责的任务。要达到成果的风格一致,除要求参与人员对设计文档的理解和领会统一外,还要求能用统一的方式、方法和工具来实现程序的开发,而更重要的是应在培训中倡导并认可这种统一和一致的必要性。

2. 任务分解与时间安排

系统实施阶段所面临的可能是一个庞大而复杂的系统,在系统设计阶段已将其分解为子系统和模块。在实际实施中,仍然需要将不同技术内容的工作、同一类工作中不同性质、有完成顺序要求的工作,加以进一步分析并排列好先后顺序,任务分解和排序后,才可能按任务的性质和技术内容分配给能完成相应任务的人员来完成。在任务分解中除按在分析和设计中已经明确的划分外,还会在实施中遇到必须完成的,而在系统分析和设计中却未明确的任务,如数据的收集和准备、系统的调试和测试、业务人员的培训等,也应列入任务并排列在进度表中。

做好实施阶段的计划安排是完成实施的基本保证。由于任务复杂和工作量大,因此要求计划的编制应运用科学的方法,并着重于提高效率的同时能保证质量。

3. 系统环境的准备与实施

任何一个管理信息系统的运行都离不开特定的系统环境,这个环境通常包括硬件环境、软件环境和网络环境等。

按照系统物理配置方案的要求,选择购置该系统所必需的硬件设备。硬件设备包括主机、外围设备、稳压电源、空调装置、机房的配套设施以及通信设备等,软件系统包括操作系统、数据库管理系统、各种应用软件和工具软件等。计算机硬件设备选择的基本原则是在功能、容量、性能等方面能够满足所开发的信息系统的设计要求。

软件环境包括购置系统软件和应用软件包。为了降低风险,应尽可能选择成熟的软件产品,以保证系统的高性能及高可靠性。选择基础软件或软件产品时,需要考察软件的功能,它的扩充性、模块性、稳定性,它为二次开发所提供的工具及售后服务与技术支持等,在此基础上再考虑价格因素及所需运行平台等。

选择适宜的系统开发工具,是保证效率和质量的根本途径。应保证开发的环境及工具符合应用系统的环境,最好可以适应跨平台的工作环境;开发工具的功能及性能,如对数据管理的能力,能否处理多媒体信息,用户界面的生成能力,报表制作的能力,与其他系统接口的能力,对事务处理的开发能力等;当应用系统需要扩充时,开发工具应支持对原系统的修改与功能的增加,同时要使用符合国际标准的接口和有关协议,使得能与其他系统集成为一个系统;采用面向对象的方法,减少编程的工作量,提高系统的开发效率,缩短开发周期,开发出的系统便于测试和维护。

计算机硬件和软件环境的配置,应当与计算机技术发展的趋势相一致,硬件选型要兼顾升级和维护的要求;软件选择特别是数据库管理系统,应选择主流软件产品,为提高系统的可扩展性奠定基础。

计算机网络是现代管理信息系统建设的基础，网络环境的建立应根据所开发的系统对计算机网络环境的要求，选择合适的网络操作系统产品，并按照目标系统将采用的 C/S 或 B/S 工作模式，进行有关的网络通信设备与通信线路的架构与连接、网络操作系统软件的安装和调试、整个网络系统的运行性能与安全性测试及网络用户权限管理体系的实施等。

阅读 8-1　管理信息系统的实施保障

8.2　程　序　设　计

程序设计的任务就是将系统设计阶段得到的系统物理模型，用某种程序设计语言进行编码，以完成每个模块乃至整个系统的代码开发。其主要依据是系统总体结构图、数据库结构设计、代码设计方案、HIPO 图等。

在进行程序设计工作中，应尽量采用各种开发工具进行编码，以加快开发进程。

8.2.1　程序设计基础

系统实施阶段最主要的工作是程序设计。程序设计就是按系统设计中规定的系统各模块的功能、要求进行程序的编制工作。程序的编写可以利用最新的技术、软件和方法，也可以采用购买成套软件或平台，再编写一些接口程序的方式来完成。

程序设计就是根据系统设计报告中模块处理过程描述以及数据库结构，选择合适的程序设计语言和软件开发工具，编制出正确、清晰、容易理解、容易维护、工作效率高的程序源代码。

1. 程序设计的目标

对于管理信息系统的程序来说，设计目标可简述如下：

（1）程序正确，功能可靠。一个好的管理信息系统，不但要有强大的功能，能处理用户提出的各类问题，而且所有的功能必须是可靠的。也就是说，程序应能准确地取得预期的效果。在系统正常运行状态下，只要输入与操作无误，就应该有正确的结果。这就要求模块程序能完整、正确地表达数据加工的模型，充分考虑到各种可能出现的情况，并且一定要经过反复的调试，以保证程序的正确性和功能的可靠性。

（2）操作简单，使用方便。系统的运行是通过操作者的操作实现的，操作简便与否是衡量系统性能的一个重要指标。程序运行过程中应提供"菜单"、问答与信息提示等对话方式，并注意屏幕显示格式和风格上的统一，使用户有一种轻松自如的感觉。

（3）较好的容错性能。人们在操作过程中出现一些错误是难免的，程序应该对错误或不合理的操作有适当的处理能力。例如对输入进行检验、设置出错陷阱和封锁键盘按钮等都是经常采用的措施。

（4）足够快的响应速度。从接受操作者的命令到输出结果所需的时间称为系统对该项操作的响应时间，这段时间应该越短越好。响应时间主要取决于数据的组织和算法的优劣。程序设计时要特别注意循环结构的运用，避免因为不合理的循环体构成或多余的循环次数而影响数据处理的效率。

(5) 维护方便。任何一个管理信息系统的程序在投入使用之后，维护总是难免的。这不仅因为程序可能有不完善之处，而且管理系统由于情况的变化也会经常提出新的要求。这里所说的程序维护，主要是对程序模块的增加、删除和修改。为了使维护工作简单易行，提高程序的可读性，提倡模块化、结构化编程以及采用软件重用技术是非常必要的。

(6) 对数据的安全保护。程序是对数据的加工处理，也是防止用户直接在数据存储文件上进行直接操作的有效手段。为了保证数据的安全性和保密性，程序中必须采用各种软件措施，例如操作员资格审查，输入数据校验，设置文件读写权限和数据备份措施等。

(7) 有效地利用设备。程序要尽可能地发挥设备的能力，尤其是微机磁盘存储空间和网络共享设备的有效利用等都是程序设计中要加以考虑的问题。

2. 程序设计的步骤

保证顺利完成每个程序的设计，应该遵循以下步骤：

(1) 明确条件和要求。设计人员接到一项程序设计任务时，首先要根据系统设计及其他有关资料，弄清楚该程序设计的条件和设计要求，如硬件、软件的状况和采用的语言、编码、输入、输出、文件设置、数据处理等方面的要求，以及和其他各项程序的关系等。只有明确这些方面的情况后，才能进一步考虑程序的设计。

(2) 分析数据。数据是加工处理的对象。要设计好一项程序，必须对要处理的数据进行仔细分析，弄清数据的详细内容和特点，才能进一步按照要求确定数据的数量和层次结构，安排输入、输出、存储、加工处理的步骤，以及一些具体的计算方法等。

(3) 确定流程。确定流程是为完成规定的任务给计算机安排的具体操作步骤，一般用统一规定的符号，把数据的输入、输出、存储加工运算等处理过程，绘成程序流程图，简称框图，作为编写程序的依据。

(4) 编写程序。编写程序采用一种程序设计语言，按其规定的语法规则把确定的流程描写出来。在程序的编写过程中，必须仔细考虑处理过程中的每个细小环节，严格遵守语法规则，准确地使用各种语句，才能编写符合要求的程序，稍有疏忽大意就会影响计算机的正常运行，就不能取得预期的结果。

(5) 检查和调试。程序编好以后，还要经过反复仔细的检查。检查内容包括程序结构安排是否得当，语句的选用和组织是否合理，语法是否符合规定，语义是否准确等。发现问题，应及时进行修改。一项程序往往要经过反复多次的检查、调试、修改后，才能通过。

(6) 编写程序使用说明书。说明执行该程序需要使用的设备，输入、输出的安排，操作的步骤，以及出现意外情况时应采取的应变措施等，以便程序运行有条不紊地进行。

要设计出功能正确、结构良好、层次分明的程序，正确的设计思想和良好的方法学指导是非常重要的。传统的结构化程序设计思想、面向对象程序设计方法，是管理信息系统程序设计的有效方法。此外，程序的通用性设计技术、可重用技术等，都是管理信息系统程序设计中经常运用的方法。

3. 程序设计语言的选择

程序设计语言品种繁多，但它们基本上可以分为面向机器语言和高级语言两大类。

面向机器语言包括机器语言和汇编语言，其特点是依赖于相应的机器结构，其语句和计算机硬件操作相对应。每种汇编语言都是支持该语言的系列计算机所独有的，因此，其指令系统因机器而异，难学难用。从软件工程学观点来看，生产率低，容易出错，维护困难，所以现在的软件开发一般不会使用汇编语言。但它的优点是易于系统接口，编码译成机器语言效率高，因而在某些使用高级语言不能满足用户需要的个别情况下，可以使用汇编语言编码。

高级语言的出现大大提高了软件生产率。高级语言使用的概念和符号与人们通常使用的概念和符号比较接近，它的一个语句往往对应若干条机器指令，一般说来，高级语言的特性不依赖于实现这种语言的计算机，通用性强。

程序设计首先是程序设计语言的选择。在选择与评价语言时，首先要从问题入手，确定它的要求是什么，这些要求的相对重要性如何，再根据这些要求和相对重要性来衡量能采用的语言。无论使用哪种语言，在实际的管理信息系统开发过程中，设计语言的选择主要考虑的因素有，管理系统所处理问题的性质，计算机的软硬件环境和所选语言在相应机器上所能实现的功能，系统的可维护性和可移植性。

4. 编程风格

编程（coding）就是为各个模块编写程序。为了提高编程实现的质量，不仅需要有良好的编程风格，而且需要大家一致遵守编程规范。

良好的程序设计风格，能使程序员进行"无私程序设计"，避免程序员与其产生的程序代码之间的关系过分密切，提高程序代码的规范化程度，使程序代码易读、易懂、易修改，实现程序员之间相互进行程序测试和维护的目的。程序设计风格的内容包括：规范化的程序内部文档、数据结构的详细说明、清晰的语句结构、遵守某一编程规范。编程规范的内容包括：命名规范、界面规范、提示及帮助规范、热键定义等。

编程实现时，程序员要遵守的要求是，依照所确定的规范进行程序设计；模块本身要高内聚，模块之间要低耦合；对于程序模块中较独立的程序块，可提炼成为一个函数；尽可能为程序块加上明确的注释。

在界面设计时，要遵从的原则是，界面简洁朴素，控件（窗口、画面、图像、按钮等）摆放整齐，颜色风格一致，照顾用户习惯。

帮助信息分为在线帮助和提示信息两部分。程序代码与在线帮助的关系采用间接调用方式处理。在帮助菜单或按钮中，先调用帮助关键字，再根据关键字查找帮助主题。这样可使程序代码开发和帮助书写工作分离，便于开发过程中整体工作的协调安排。提示信息分为引导性提示信息、错误性提示信息、状态性提示信息、位置性提示信息等，应正确规定提示信息显示的时机、位置等。

阅读 8-2　程序设计语言分类与选择

8.2.2　程序设计方法

程序设计是依据系统设计中对模块的功能描述，程序员运用统一的程序语言工具具体编制程序，实现各项功能的活动。程序设计方法包括结构化程序设计、可视化程序设计、面向对象方法程序设计等。

1. 结构化程序设计

结构化程序可以用自上而下逐步细化的方式编写，易于阅读和修改，结构化程序便于多人并行编程，可以提高工作效率；也易于验证其正确性。结构化方法中的每种基本结构只有单一入口和单一出口，任何一个程序模块的详细执行过程可按自顶向下逐步细化的方法确定，编出的程序结构十分清晰。

结构化程序设计采用自上而下的设计步骤。系统总目标的实现是靠系统各功能模块的实现而实现的，各功能模块的实现又是靠它们的子功能模块的实现而实现的。因此，系统模块的实现是一个功能一个功能地实现的。结构化程序设计通常是根据模块之间的功能关系，自上而下一个模块一个模块进行的。一个模块实现一个具体的功能。程序设计按功能的模块化使程序构成积木化，使一个复杂的系统得到分解简化，便于程序的设计和调试工作的进行和程序功能的扩展。

程序逻辑组织的模块化在结构化程序设计中具体表现在功能模块化上。结构化应用程序按其功能分解成若干功能模块，以功能模块为单位，将整个结构化程序组成一个有层次的树状结构。在这种结构中，主控模块只有一个，它的下层模块是它的例行程序。每个模块中只有一个入口，而出口可能有多个，表示模块在不同条件下的转换方向，各模块间没有交叉。

结构化方法设计程序，任何程序逻辑都可用顺序、选择和循环三种基本结构表示。三种结构有一个共同的特性，即每种结构都严格地只有一个入口和一个出口。

顺序结构是按语句在程序中出现的顺序执行的一种程序结构。

选择结构是指在一个程序中要按不同的情况分别执行不同的功能时，首先判断条件，然后根据不同的条件走不同的路径，执行不同功能的一种程序结构。

循环结构是指在程序中需要反复执行某个功能而设置的一种程序结构。它由循环体中的条件，判断继续执行某个功能还是退出循环。根据判断条件，循环结构又可细分为先判断后执行的循环结构和先执行后判断的循环结构两种形式。

采用结构化程序设计方法使程序的编写趋向标准化，提高了程序编写的效率，缩短了程序的调试时间，提高了程序的清晰度，增强了程序的可读性、可修改性、可维护性和可扩展性。

2. 可视化程序设计

可视化方法就是在可视化开发工具提供的图形用户界面上，通过操作界面元素，如菜单、按钮、对话框、编辑框、单选框、复选框、列表框、滚动条等，由可视化开发工具自动生成应用软件。

可视化开发工具应提供两大类服务：一类是生成图形用户界面及相关的消息响应函数；另一类是为各种具体的子应用的各个常规执行步骤提供规范窗口，它包括对话框、菜单、列表框、组合框、按钮和编辑框等，以供用户挑选。可视化方法只适用于相当成熟的应用领域，如数据库应用系统的开发。可视化方法是管理信息系统开发方法的一次革命，是实现最终用户计算的途径之一。

可视化程序设计是一种能够让程序设计人员利用软件本身所提供的各种控件，像搭积木式地构造应用程序的各种界面的一种程序设计方法。其最大的优点是设计人员可以不用编写或只需编写很少的程序代码，就能完成应用程序的设计，这样就能极大地提高设计人员的工作效率。

3. 面向对象程序设计

众多的面向对象语言基本上形成了两大类，一类是纯面向对象的语言，如 Smalltalk 和

Eiffel 等语言；另一类是混合型的面向对象语言，也就是在过程语言的基础上增加面向对象的机制，如 C＋＋语言。一般来说，纯面向对象语言着重支持面向对象方法的研究和快速原型化的实现，而混合型面向对象语言的目标则是提高运行速度和使传统程序员容易接受面向对象思想。

面向对象语言的特点表现在：支持类和对象的概念，实现整体和部分结构的机制，实现一般和特殊结构的机制，实现属性和服务的机制，类型检查，实用的类库，运行效率，持久保存对象，参数化类，开发环境等。成熟的面向对象语言通常都提供丰富的类库和强有力的开发环境。

采用面向对象方法开发软件的基本目的和主要优点是通过复用提高软件生产率，因此，应该优先选用能够最完整、最准确地表达问题域语义的面向对象语言。决定可复用性的因素不仅仅是面向对象程序语言本身，开发环境和类库也是非常重要的因素。事实上，语言、开发环境和类库这三个因素综合起来，共同决定了可复用性。考虑类库不仅应该考虑是否提供了类库，还应该考虑类库中提供了哪些有价值的类。

软件工具和软件工程环境对软件生产率有很大影响。由于面向对象程序中继承关系和动态联编等概念的引入，增加了语言处理的复杂性。因此，面向对象语言所提供的软件工具或开发环境就显得尤其重要。至少应该包括重要的软件工具，如编辑程序、编译程序或解释程序、浏览工具、调试器等。

在开发大型系统的时候，需要有系统构造工具和版本控制工具。因此，应该考虑语言本身是否提供了这种工具，或者该语言能否与现有的这类工具很好地集成起来。

8.2.3　程序建构

程序编写完成后，在推出前要进行反复建构，建构是软件推出的重要环节。

1. 程序建构的定义

完整意义上的程序建构由编译（Compile）和建构（Build）两部分组成。单个程序写好后，产生执行码的动作称为编译；众多不同程序依一定结构关系组合成软件的动作称为建构。程序建构，就是将大大小小的程序整合成管理信息系统能够执行的软件，建构产生的结果才是真正可执行的具有一定结构的完整软件。

所有开发工具都提供系统建构工具，即编译器或工程工具，将程序代码转换成目标码，但各种开发工具的建构方式有所不同。原则上，被调用的程序或函数库要先建构，最后建构主程序。程序只有建构成软件才能交付使用。

2. 系统建构的策略与意义

要使系统中的各个程序相互配合就需要经常建构，这不仅要在开发过程中经常地、定期地建构软件，而且要尽可能建构每一开发阶段最完整又最正确的软件。定期建构软件不仅是程序的建构，而且包括安装程序和线上求助部分的建构。对于复杂的程序要为之拟定适当的构建策略，用最短时间间隔建构软件。

经常而公开地建构软件，可以反映出系统开发人员彼此之间的默契程度，提升团队意识；程序建构还可以暴露设计所存在的问题，促使系统开发人员设法解决这些问题；程序构建可以使系统开发人员随时了解系统开发的实际状况，及时调整系统开发策略，密切合作，保证系统开发的顺利进行。

8.3 系 统 测 试

为了将一切可能发生的问题和错误尽量排除在系统正式运行之前，保证新系统正确性和有效地运行，需要进行系统测试。系统测试包括通信网络测试、中心设施测试、软件测试等。下面着重讨论的是软件测试。

8.3.1 软件测试概述

软件是由人编写开发的，是一种逻辑思维的产品，尽管现在软件开发者采取了一系列有效措施，不断地提高软件开发质量，但仍然无法完全避免软件（产品）会存在各种各样的缺陷与错误。软件中存在的缺陷与错误有时会造成相当严重的损失和灾难。

软件测试是为了发现程序的缺陷与错误而执行程序的过程。

1. 软件测试的目的

软件测试就是在软件投入运行之前，尽可能多地发现软件中的错误。实现这个目的关键是如何合理地设计测试用例，在设计测试用例时，要着重考虑那些易于发现程序错误的方法策略与具体数据。

对于软件测试目的，美国著名软件测试工程师 Grenford J. Myers 提出以下观点：软件测试是为了发现错误而执行程序的过程；测试是为了证明程序有错，而不是证明程序无错；一个好的测试用例在于它能发现至今未发现的错误；一个成功的测试是发现了至今未发现的错误的测试。

这些观点可以提醒人们测试要以查找错误为中心，而不是为了演示软件的正确功能。但是仅凭字面意思理解这些观点可能会产生误导，认为发现错误是软件测试的唯一目的，查找不出错误的测试就是没有价值的，然而事实并非如此。首先，测试并不仅仅是为了要找出错误。通过分析错误产生的原因和错误的分布特征，可以帮助系统项目管理者发现当前所采用的软件过程的缺陷，以便改进。同时，通过分析也有助于设计出有针对性的检测方法，改善测试的有效性。其次，没有发现错误的测试也是有价值的，完整的测试是评定测试质量的一种方法。

2. 软件测试的原则

软件测试从不同的角度出发会有不同的测试原则。从用户角度出发，就是希望通过测试能充分暴露软件中存在的问题和缺陷，从而考虑是否可以接受该产品；从开发者的角度出发，就是希望测试能表明软件产品已经正确实现了用户的需求，确立人们对软件质量的信心。

根据测试目的，软件测试应遵循以下原则。

（1）尽早地和不断地进行软件测试。由于原始问题的复杂性、软件的复杂性和抽象性、软件开发各个阶段工作的多样性，以及开发过程中各种层次的人员之间工作的配合关系等因素，使得开发的每个环节都可能产生错误。所以不应把软件测试仅仅看作软件开发的一个独立阶段，而应当把它贯穿到软件开发的各个阶段中，坚持在软件开发的各个阶段进行技术评审，这样才能在开发过程中尽早发现和预防错误，杜绝某些隐患，提高软件质量。

（2）正确选择测试用例。测试用例（Test Case）应由测试输入数据和与之对应的预期输出结果这两部分组成。在进行测试之前应当根据测试的要求选择测试用例。测试用例主要用来检验程序员编制的程序，因此不但需要测试的输入数据，而且需要针对这些输入数据的预期输出结果。如果对测试输入数据没有给出预期的程序输出结果，那么就缺少了检验实测结果的基准，就有可能把一个似是而非的错误结果当成正确结果。

（3）程序员应避免检查自己的程序。测试工作需要严谨的作风、客观的态度和冷静的情绪。人们常常由于各种原因而产生一种不愿否定自己的工作心理，认为揭露自己程序中的问题不是一件愉快的事。这一心理状态就成为测试自己编写的程序的障碍。另外，程序员对软件规格说明理解错误而引入的错误则更难发现。如果由别人来测试程序员编写的程序，可能会更客观、更有效，并更容易取得成功。要注意的是，这点不能与程序的调试（debuging）相混淆，调试由程序员自己来做可能更有效。

（4）测试用例应当包括合理的输入条件和不合理的输入条件。合理的输入条件是指能验证程序正确性的输入条件，而不合理的输入条件是指异常的、临界的、可能引起问题异变的输入条件。在测试程序时，人们常常倾向于过多地考虑合法的和期望的输入条件，以检查程序是否做了它应该做的事情，而忽视了不合法的和预想不到的输入条件。事实上，软件在投入运行以后，用户的使用往往不遵循事先的约定，使用了一些意外的输入，如用户在键盘上按错了键或输入了非法的命令。如果软件对这种情况不能做出适当的反应，给出相应的信息，那么就容易产生故障，轻则给出错误的结果，重则导致软件失效。因此，软件系统处理非法命令的能力也必须在测试时受到检验。用不合理的输入条件测试程序时，往往比用合理的输入条件进行测试更能发现错误。

（5）充分注意测试中的群集现象。测试时不要以为找到了几个错误问题就不需要继续测试了。经验表明，测试后程序中残存的错误数目与该程序中已发现的错误数目或检错率成正比。根据这个规律，应当对错误群集的程序段进行重点测试，以提高测试投资的效益。

在所测程序段中，若发现错误数目较多，则残存错误数目也比较多。这种错误群集性现象已被许多程序的测试实践所证实。例如，美国 IBM 公司的 OS/370 操作系统中，47% 的错误仅与该系统的 4% 的程序模块有关。如果发现某一程序模块似乎比其他程序模块有更多的错误倾向，则应当花费较多的时间和代价测试这个程序模块。

（6）严格执行测试计划。测试计划应包括所测软件的功能、输入和输出、测试内容、各项测试的进度安排、资源要求、测试资料、测试工具、测试用例的选择、测试的控制方式和过程、系统组装方式、跟踪规程、总体流程图调试规程、回归测试的规定以及评价标准等。对于测试计划，要明确规定，不要随意更改。

（7）应当对每一个测试结果做全面检查。有些错误的征兆在输出实测结果时已经明显地出现了，但是如果不仔细、全面地检查测试结果，就会使这些错误被遗漏掉。所以，必须对预期的输出结果明确定义，对实测的结果仔细分析检查，抓住征候，暴露错误。

（8）妥善保存测试数据。妥善保存测试计划、测试用例、出错统计和最终分析报告，为系统维护提供方便。

3. 软件测试的管理

测试的管理包括过程管理、配置管理和评审工作。

（1）过程管理。过程管理包括测试活动管理和测试资源管理。软件测试应由相对独立的人员进行。根据软件项目的规模、完整性级别和测试类别，软件测试可由不同机构组织实施。一般情况下，软件测试人员应包括测试项目负责人、测试分析员、测试设计员、测试程序员、测试员、测试系统管理员和配置管理员等。

开始软件测试工作，一般应具备准入条件：具有测试合同（或项目计划）；具有软件测试所需的各种文档；所提交的被测软件已受控；软件源代码已正确通过编译或汇编。结束软件测试工作，一般应达到准出条件：已按要求完成了合同（或项目计划）所规定的软件测试任务；实际测试过程遵循了原定的软件测试计划和软件测试说明；客观、详细地记录了软件测试过程和软件测试中发现的所有问题；软件测试文档齐全，符合规范；软件测试的全过程自始至终在控制下进行；软件测试中的问题或异常有合理解释或正确有效的处理；软件测试工作通过了测试评审；全部测试工具、被测软件、测试支持软件和评审结果已纳入配置管理。

（2）配置管理。应按照软件配置管理的要求，将测试过程中产生的各种工作产品纳入配置管理。由开发组织实施的软件测试，应将测试工作产品纳入软件项目的配置管理；由独立测试组织实施的软件测试，应建立配置管理库，将被测试对象和测试工作产品纳入配置管理。

（3）评审。测试过程中的评审包括测试就绪评审和测试评审。测试就绪评审是指在测试执行前对测试计划和测试说明等进行评审，评审测试计划的合理性和测试用例的正确性、完整性和覆盖充分性，以及测试组织、测试环境和设备、工具是否齐全并符合技术要求等；测试评审是指在测试完成后，评审测试过程和测试结果的有效性，确定是否达到测试目的，主要对测试记录和测试报告进行评审。

8.3.2 软件测试的分类

软件测试的方法很多，可以按照程序是否运行、软件测试技术、软件测试实施主体、测试内容等方式进行分类。

1. 按程序是否运行分类

按照程序是否运行，可以将软件测试分为静态测试和动态测试。

（1）静态测试。静态测试不实际运行软件，主要是对软件的编程格式、结构等方面进行评估。静态测试包括代码检查、静态结构分析、代码质量度量等。它可以由人工进行，也可以借助软件工具自动进行。静态方法常常称为"分析"，静态测试是对被测程序进行特性分析方法的总称。

代码检查包括代码走查、桌面检查、代码审查等，主要检查代码和设计的一致性，代码对标准的遵循、可读性，代码的逻辑表达的正确性，代码结构的合理性等方面。代码检查的具体内容包括变量检查、命名和类型审查、程序逻辑审查、程序语法检查和程序结构检查等。

静态结构分析主要是以图形的方式表现程序的内部结构。例如函数调用关系图、函数内部控制流图。其中，函数调用关系图以直观的图形方式描述一个应用程序中各个函数的调用和被调用关系；控制流图显示一个函数的逻辑结构，由许多节点组成，一个节点代表一条语句或数条语句，连接结点的叫边，边表示节点间的控制流向。

软件质量包括六个方面，即功能性、可靠性、易用性、效率、可维护性和可移植性。软件的质量是软件属性的各种标准度量的组合。针对软件的可维护性，目前业界主要存在三种软件质量的度量参数，即 Line 复杂度、Halstead 复杂度和 McCabe 复杂度。其中 Line 复杂度以代码的行数作为计算的基准；Halstead 以程序中使用到的运算符与运算元数量作为计数目标（直接测量指标），然后可以据以计算出程序容量、工作量等；McCabe 复杂度一般称为圈复杂度，它将软件的流程图转化为有向图，然后以图论来衡量软件的质量。

静态测试可以完成的工作有，发现程序的错误，如错用局部变量和全局变量；未定义的变量、不匹配的参数；不适当的循环嵌套或分支嵌套、死循环、不允许的递归；调用不存在的子程序，遗漏标号或代码。找出问题的根源：从未使用过的变量；不会执行到的代码、从未使用过的标号；潜在的死循环。提供程序缺陷的间接信息：所用变量和常量的交叉应用表；是否违背编码规则；标识符的使用方法和过程的调用层次。为进一步查找做好准备。选择测试用例。进行符号测试。

（2）动态测试。动态测试是软件测试中使用最为普遍的方法，通过运行程序发现错误，通过观察代码运行过程来获取系统行为、变量实时结果、内存、堆栈、线程以及测试覆盖率等各方面的信息，从而判断系统是否存在问题，或者通过有效的测试用例、对应的输入输出关系来分析被测程序的运行情况，从中发现缺陷。

动态测试包括功能确认与接口测试、覆盖率分析、性能分析、内存分析等。

动态测试可以把程序看成一个函数，它描述了输入和输出之间的关系。输入的全体叫做程序的定义域，输出的全体叫做程序的值域。一个动态测试过程可分为如下步骤：选取在定义域中的有效值或定义域外的无效值；对已选的值决定其预期的结果；用选取的值执行程序；观察程序的行为，并获取其结果；将结果与预期的结果相比较，如果不吻合，则证明程序存在错误。

2．按测试技术分类

按照软件测试技术可以将测试划分为白盒测试、黑盒测试和灰盒测试。

（1）白盒测试。白盒测试又称结构测试或逻辑驱动测试。它按照程序内部的结构测试程序，检测产品内部动作是否按照软件设计说明书的规定正常进行，检验程序中的每条通路是否都能按预定要求正确工作。

白盒测试通过对程序内部结构的分析、检测来发现系统代码中存在的问题。可以将程序看成一个打开的盒子，测试人员依据程序内部逻辑结构的相关信息，设计或选择测试用例，对程序的所有逻辑路径进行测试，检查所有的结构与路径是否正确，检查软件内部动作是否按照软件设计说明书的规定正常进行。

（2）黑盒测试。黑盒测试又称功能测试或数据驱动测试。它主要是检测每个功能是否能正常使用。在测试过程中，将程序看作一个不能打开的黑盒子，在完全不考虑程序内部结构的情况下，主要检查程序的功能是否按照软件需求规格说明书的规定正常使用，程序是否能正确地接收所输入的数据，并产生正确的输出信息。黑盒测试只关注程序的外部特性，不考虑程序内部的逻辑结构，主要针对软件界面和软件功能等方面进行测试。

（3）灰盒测试。这是介于白盒测试与黑盒测试之间的测试。它关注输出对于输入的正确性，同时也关注内部表现，但这种关注不像白盒测试那样详细、完整，只是通过一些表征性的现象、事件、标志来判断内部的运行状态。

灰盒测试结合了白盒测试和黑盒测试的要素。进行灰盒测试时，要综合考虑用户端、特定的系统知识和操作环境，要在系统组件的协同环境中评价应用软件的设计。

3. 按实施主体分类

按照测试实施不同的主体进行分类，测试包括开发方测试、用户测试、第三方测试。

（1）开发方测试。开发方测试又称"验证测试"或"Alpba 测试"。开发方通过检测和提供客观证据，证实软件的实现能满足规定的需求。验证测试是在软件开发环境下，由开发者检测与证实软件的实现是否满足软件设计说明或软件需求说明的要求。主要是指在软件开发完成以后，开发方将要提交的软件进行全面的自检与验证。目的是评价软件产品的功能、可使用性、可靠性、性能等。

（2）用户测试。用户测试又称"Beta 测试"，是用户在真实的应用环境下，通过运行和使用软件，检测与核查软件是否符合自己预期的要求。通常情况下用户测试不是指用户的"验收测试"，而是指用户的使用性测试，由用户找出软件在应用过程中发现的软件缺陷与问题，并对使用质量进行评价。此方法主要是把软件产品有计划地免费分发到目标市场，让用户大量使用，并评价、检查软件。

（3）第三方测试。第三方测试是介于软件开发方和用户方之间的测试组织所做的测试，又称为独立测试。软件第三方测试也就是由在技术、管理和财务上与开发方和用户方相对独立的组织进行的软件测试。一般在真实应用环境下或者模拟用户真实应用环境下进行软件确认或验收测试。

4. 按测试内容分类

按照软件测试的内容可划分为功能性能测试、可靠性测试、易用性测试、资源利用性测试、可移植性测试和文档测试等。

（1）功能性能测试。功能性能测试应该从适合性、准确性、互操作性、安全性、功能依从性等方面进行考查。

在测试过程中，适合性测试是检验系统是否提供了满足需求的功能，以及系统所提供的功能对需求的适合程度的测试工作。准确性测试是检验系统处理数据是否准确以及处理数据的精度是否符合需求的测试工作。互操作性是检查系统的相关功能与其他特定系统之间交互能力的测试工作。安全性测试是检验系统的安全性、防止对系统及数据非授权的故意或意外访问、防止重要数据丢失等方面的测试工作。功能依从性测试是检验软件产品的功能是否遵循有关的标准、约定、法规等的测试工作。

（2）可靠性测试。可靠性测试应该从成熟性、容错性、易恢复性等方面进行考查。

在测试过程中，成熟性测试是检验软件系统故障导致失效的可能程度的测试工作。容错性测试是检验软件系统在出现故障或违反指定接口的情况下，是否能维持规定的性能水平的测试工作。易恢复性测试主要检验软件失效后，重建其直接受影响的数据，以及为达此目的所需的时间和相关工作的软件属性。

（3）易用性测试。易用性测试是测量软件能被理解、学习和操作，能吸引用户，以及遵循易用性法规和指南的程度。易用性测试应该从易理解性、易学习性、易操作性几个方面进行考查。

在测试过程中，易理解性测试主要是检查用户为认识系统的逻辑概念及系统的应用所实施的相关工作的软件属性。易学性测试主要检查用户为学习软件的输入、输出、计算、控制等应用所实施相关工作的软件属性。易操作性测试是检查系统中用户为操作和运行控制所付出努力的有关软件测试工作。

（4）资源利用性测试。在测试过程中，资源利用性测试主要是检测系统的设备效率与网络效率。设备效率测试主要指对系统 CPU 占用率、内存占用率等相关参数进行测试，包括软件在不工作状态下对于硬件资源的占用情况和进行业务处理过程中对于硬件资源的占用情况，包括数据库服务器、应用服务器和客户端的资源占用情况等。网络效率测试主要指网络吞吐量、网络的使用频度与带宽占用情况等。

资源利用性测试可以通过单用户效率测试、系统并发性能测试、疲劳强度测试等方式进行。

（5）可移植性测试。可移植性测试是指测试软件是否可以被成功移植到指定的硬件或软件平台上。主要是从适应性、易安装性、共存性、易替换性几方面进行考查。

在测试过程中，适应性测试是检测系统软件无须特殊准备就可适应不同的规定环境的软件测试工作。易安装性测试主要是检测软件系统在指定环境下的安装过程中所需的相关工作。共存性测试主要考查软件系统在与指定的其他软件共同存于指定环境下时是否可以正常使用，是否会出现异常错误或者软件系统功能失效的情况。易替换性测试主要是检验软件系统在该软件环境中用于替代指定的其他软件的机会和所付出的努力大小。

（6）文档测试。文档测试包括文档完整性、文档正确性、文档一致性与文档易理解性检查。

文档完整性测试是检查开发文档、管理文档等相关文档是否按照实际系统的全部功能提供了相关信息说明。文档正确性测试是检查开发文档、管理文档等相关文档的描述信息是否与实际系统的全部功能一一对应，并且准确无误。文档一致性测试考查包括文档与文档的一致性、文档与系统的一致性两部分。文档与系统的一致性包括用户手册（或软件需求说明书）与生产系统的一致性，以及数据库设计文档与生产系统数据结构的一致性两部分。文档的易理解性测试不仅要检查系统文档应具有易理解性，避免不必要的描述和表达形式，避免产生歧义，同时检查系统文档中是否对关键、重要的操作提供了直观、明了的文字或图表说明等。文档的易理解性测试可以与文档一致性测试紧密配合，加强检查系统文档中各个要素的质量，重点检查文档内容是否具有易理解性，对于容易产生歧义的部分是否进行了详细说明，对于关键、重要的操作是否进行了图文并茂的详细说明等。

8.3.3　测试用例设计

如何以最少的人力、资源投入，在最短的时间内完成测试，发现软件系统的缺陷，保证软件的优良品质，是软件测试工作追求的目标。影响软件测试的因素很多，例如软件本身的复杂程度、开发人员（包括分析、设计、编程和测试的人员）的素质、测试方法和技术的运用等等。测试用例的设计和编制是软件测试中最重要的活动。测试用例是测试工作的指导，是软件测试的必须遵守的准则，更是软件测试质量稳定的根本保障。

设计和编制测试用例的方法有两种方法，若知道软件内部工作过程，可以通过测试来检验其内部动作是否按规格说明书的规定正常动作进行；若已经知道软件应该具有的功能，可以通过测试来检验是否每个功能都能正常使用。前一种方法称为白盒测试，后一种方法称为黑盒测试。

1. 白盒测试用例设计

白盒测试（White-Box Testing）指把测试对象看成一个打开的盒子，测试人员需了解程序的内部结构和处理过程，以检查处理过程的细节为基础，对程序中尽可能多的逻辑路径进行测试，检验内部控制结构和数据结构是否有错，实际的运行状态与预期的状态是否一致。

白盒测试是对软件的过程性细节进行检查，因此，可以通过对程序内部结构和逻辑的分析来设计测试用例。白盒测试用例的最常用的设计方法是逻辑覆盖法。

所谓逻辑覆盖，就是以程序内部的逻辑结构为基础的测试技术，其主要思想就是，通过程序执行测试数据，反映出数据覆盖其内部的逻辑程度。一般，总希望覆盖程度越高越好。这样，就可以测试到对应程序内部的大部分乃至全部。根据具体的覆盖情况的不同，逻辑覆盖可分为语句覆盖、判断覆盖、条件覆盖、判断/条件覆盖、条件组合覆盖和路径覆盖等。

语句覆盖是通过设计若干测试用例，使程序中的每条语句至少被执行一次。判断覆盖使程序中的每个判断的取真和取假分支均至少被执行一次。条件覆盖指利用若干测试用例，使被测试的程序中，对应每个判断中每个条件的所有可能情形均至少执行一次。判定/条件覆盖指设计的若干测试用例，可以使程序中每个判断的取真和取假分支至少被执行一次，且每个条件的所有可能情况均至少被执行一次。条件组合覆盖指设计足够多的测试用例，使每个判断条件中各种条件组合均至少被执行一次。路径覆盖指设计足够多的测试用例，使程序中的所有可能路径均至少被执行一次。

上述方法仅讨论了语句、分支、条件及它们的组合，而对于程序或算法而言，循环也是重要的基本结构之一，因此，也应该进行测试。而对循环的测试，主要检查其结构的有效性。一般，可将循环分为简单循环、串联循环、嵌套循环和非结构循环等类型，测试时可以根据不同的结构，设计不同的测试用例进行。

不同的覆盖技术需要的测试用例是不同的，越严格的测试要求测试用例也多，在实际应用中应注意权衡。

例如，某商场在节日期间，顾客购物时收费有 4 种情况：普通顾客一次购物累计少于 100 元，按 A 类标准收费（不打折），一次购物累计多于或等于 100 元，按 B 类标准收费（打 9 折）；会员顾客一次购物累计少于 1 000 元，按 C 类标准收费（打 8 折），一次购物累计等于或多于 1 000 元，按 D 类标准收费（打 7 折）。测试对象是按以上要求计算顾客收费模块，按照路径覆盖法设计测试用例。

被测模块的程序流程图如图 8-1 所示。

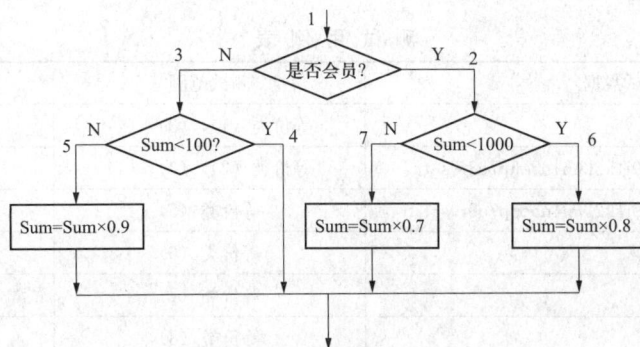

图 8-1 被测模块的程序流程图

按照路径覆盖法设计测试用例如下：

是会员，累计消费 900 元，覆盖路径 126；

是会员，累计消费 2 000 元，覆盖路径 127；

不是会员，累计消费 80 元，覆盖路径 134；

不是会员，累计消费 300 元，覆盖路径 135。

2. 黑盒测试用例测试

黑盒测试（Black-Box Testing）指把测试对象看成一个黑盒子，测试人员完全不考虑程序的内部结构和处理过程，只在软件的接口处进行测试，依据需求规格说明书，检查程序是否满足功能要求，又称为功能测试或数据驱动测试。

黑盒测试测试用例的设计，应针对系统功能进行。常用的有等价类划分法、边界值分析法等。

等价类划分的主要思想是程序的输入数据都可以按照程序说明划分为若干个等价类，每一个等价类对于输入条件也可以分为有效的输入和无效的输入两种。因此，可以对每一个有效的或无效的等价类设计测试用例。如果用某个等价类的一组测试数据进行测试时，不产生错误，则说明对于同一类的其他数据也不会出错；反之，则肯定出错。因而，测试时只需从每个类中任取一种输入数据进行测试即可。

例如，变量的命名规则一般规定如下：变量名的长度不多于 40 个字符，第一个字符必须为英文字母，其他字符可以英文字母、数字以及下划线的任意组合。用等价分类法设计测试用例，划分等价类如表 8-1 所示，设计的测试用例如表 8-2 所示。

表 8-1　　　　　　　　　　　　　　　等 价 类 划 分 表

输入条件	合理等价类	不合理等价类
长度	(1) 小于 40 个字符 (2) 等于 40 个字符	(5) 大于 40 个字符
第一个字符	(3) 英文字母	(6) 非英文字母
其他字符	(4) 英文字母、数字或下划线的任意组合	(7) 空格 (8) 标点符号 (9) 运算符号 (10) 其他可显示字符

表 8-2　　　　　　　　　　　　　　　测 试 用 例 表

测试数据	测试范围	期望结果
(1) s_name12	等价类 (1)，(3)，(4)	有效
(2) a1b2c3d4e5f6g7h8i9j1k2l3m4n5o6p7q8r9s_tr	等价类 (2)，(3)，(4)	有效
(3) a1b2c3d4e5f6g7h8i9j1k2l3m4n5o6p7q8r9s_trff	等价类 (5)	无效
(4) 234name	等价类 (6)	无效
(5) ab gh	等价类 (7)	无效
(6) ab! 2f	等价类 (8)	无效
(7) fg＋ghh	等价类 (9)	无效
(8) H@gh	等价类 (10)	无效

边界值分析是等价类划分的一种补充。通常，程序在处理边界时容易发生错误，而等价类划分技术是在某一等价类中任取一组数据进行测试，不一定代表边界状态。因此，在测试过程中以刚好等于、小于及大于边界值的数据作为测试数据，容易发现程序中的错误。例如，某模块的有效值是 0~100，则可以取 -0.1、0.1、99.9、100.1 作为测试数据。

3. 测试策略

不同的测试方案设计的方法各有所长，用某种方法设计出的测试方案可能最容易检测出某种类型的错误，但对于其他类型的错误则可能无法检测出来。可以利用每种测试方法设计出有用的测试方案，但没有一种方法能设计出全部测试方案。

因此，在对信息系统进行测试时，应该联合使用各种设计测试方案的方法，形成一种综合策略。通常的做法是：用黑盒测试法设计基本的测试方案，再用白盒测试法补充一些必要的测试方案。

在进行测试方案设计时，将逻辑覆盖、等价类划分和边界值分析等方法综合运用，使测试用例既能检测设计的内部要求，又可以检测设计的接口要求。一般说来，可以根据具体情况用等价类划分法补充测试方案，必要时再用错误推测法等其他方法补充测试方案，并对照程序逻辑，检查已经设计出的测试方案。可以根据对程序可靠性的要求采用不同的逻辑覆盖标准，如果现有方案未达到规定的覆盖标准，则应再补充测试方案。

在对大型复杂系统进行测试时，一般不做全面的测试，而采用抽样测试或重点测试的方式，有针对性地选择具有代表性的测试用例，或将测试重点放在容易出错的位置及重要模块进行测试，以减少测试费用，提高测试效率。

8.3.4 软件测试的步骤

软件测试是包括测试设计、测试执行以及测试结果比较等。测试设计根据软件开发各阶段的文档资料和程序的内部结构，利用各种设计测试用例技术精心设计测试用例。测试执行利用这些测试用例执行程序，得到测试结果。将预期的结果与实际测试结果进行比较，如果二者不符合，对于出现的错误进行纠错，并修改相应文档。修改后的程序还要进行再次测试，直到满意为止。

软件测试过程一般分为单元测试、集成测试、确认测试和系统测试等。

1. 单元测试

单元测试也称为模块测试或程序测试，其主要目标是检查各个模块是否正确实现规定功能，发现模块在编码中或算法中的错误。单元测试集中于单个模块的功能和结构检验，主要包括模块接口、局部数据结构、重要的执行路径、错误处理和边界测试。

单元测试通常要经过人工测试和计算机测试两种类型的测试。测试工作由编写者本人和审查小组进行。审查之前，小组成员应该先研究设计说明书，力求理解这个设计。为了帮助理解，可以先由设计者扼要地介绍设计。在审查会上由程序的编写者解释怎样用程序代码实现这个设计，小组其他成员仔细倾听他的讲解，并力图发现其中的错误。审查会上还可以对照程序设计常见错误清单，分析审查程序，并记录发现错误。审查小组的任务是发现错误而不是改正错误。

人工测试和计算机测试是互相补充、相辅相成的，缺少任何一种方法都会使查找错误的效率降低。

模块并不是一个独立的程序，因此必须为每个单元测试开发驱动软件和存根软件。通常驱动软件也就是一个"主程序"，它接收测试数据，把这些数据传送给被测试的模块。存根软件也称为"虚拟子程序"，用来代替被测试的模块所调用的模块。它使用被它代替的模块的接口，可能做最少量的数据操作，得出对入口的检验或操作结果，并且，把控制归还给调用它的模块。

2. 集成测试

集成测试也称为组合测试或子系统测试，其主要目标是检查与设计相关的软件体系结构的有关问题。集成测试集中于模块组合的功能和软件结构检验，主要包括模块组装中可能出现的问题，即数据穿过接口可能丢失、一个模块可能破坏另一个模块的内容、子功能组装可能不等于主功能、全程数据结构问题、误差累积问题。

集成测试有两种方法。一种方法是先分别测试每个模块，再把所有模块按设计要求放在一起结合成所要的程序，这种方法称为非渐增式测试方法；另一种方法是把下一个要测试的模块同已经测试好的那些模块结合起来进行测试，测试完后再把下一个应该测试的模块结合进来测试。这种每次增加一个模块的方法称为渐增式测试，这种方法实际上同时完成单元测试和集成测试。

在实际测试一个软件系统时，没有必要机械地按照上述某一种方法进行。如果大部分模块可以用简单的测试软件充分测试，则可以先测试好这些模块，再用渐增的（或接近渐增的）方式把它们逐渐结合到软件系统中。当把一个已经充分测试过的模块结合进来时，可以只着重测试模块之间的接口；当一个没有充分测试过的模块结合进来时，则需要利用已被测试过的模块对其进行充分测试。

3. 确认测试

确认测试即验收测试，其主要目标是检查已实现的软件是否满足系统分析确定的各种需求。确认测试必须有用户积极参与，或者以用户为主进行。用户应该参加设计测试方案，使用用户接口输入测试数据，并且分析评价测试的输出结果。

确认测试要仔细设计测试计划和测试过程，测试计划包括进行测试的种类和进度安排，测试过程规定用来检验软件是否与需求一致的测试方案。通过测试要保证软件能满足所有功能要求，能达到每个性能要求，文档资料是准确而完整的，此外，还应该保证软件能满足其他预定的要求，如可移植性、兼容性和可维护性等。在确认测试阶段发现的问题往往和需求分析阶段的差错有关，涉及的面比较广，因此解决起来也比较困难。为了确定解决确认测试过程中发现的软件缺陷或错误的策略，通常需要和用户充分协商。

确认测试的另一个重要内容是复查软件配置。复查的目的是保证软件配置的所有成分都齐全，各方面的质量都符合要求，文档与程序一致，具有维护阶段所必需的细节，而且编排好目录。

在确认测试的过程中应该严格遵循用户指南以及其他操作程序，以便检验这些使用手册的完整性和正确性。必须仔细记录发现的遗漏或错误，并且适当地补充和改正。

4. 系统测试

系统测试是对整体性能的测试，主要解决各子系统之间的数据通信和数据共享问题以及检测系统是否达到用户的实际要求。这种测试不只对软件进行，而是对构成系统的软、硬件同时进行，即在系统的整个范围内进行。系统测试的依据是系统分析报告。

除了常规测试外，有时根据系统需求还可进行一些特殊测试。如：峰值负载测试、容量测试、响应时间测试、恢复能力测试等。另外，交付使用之前，还可进行实况测试，以考察系统在实际运行环境下的运行合理性与可靠性。

8.3.5　特定环境及应用的测试

针对管理信息系统基于客户-服务器（浏览器-服务器）体系结构等环境，还需要对特定的环境和应用程序进行测试。

1. 系统体系结构的测试

在实际工作过程中，针对客户-服务器（浏览器-服务器）的系统体系结构进行测试是一项非常重要的工作。常用的测试有：客户端应用程序功能测试；服务器的协调功能、数据管理功能及服务器性能测试；数据库的精确性和完整性测试，检验数据是否被正确地存储、更新和检索；网络通信测试，测试网络节点间的通信是否正确进行，消息传递和网络安全是否存在隐藏错误。

针对客户-服务器（浏览器-服务器）的分布式性能、事务处理的相关性能、网络通信的复杂性，其体系结构的软件测试通常从单个客户端开始，逐步集成客户端、服务器和网络进行测试，最后进行系统的整体测试。各个客户端按独立的模式进行测试，不考虑服务器和底层网络的运行；对客户端软件和关联的服务器端应用一同测试，并对完整的体系结构进行测试，包括网络运行和性能测试。

2. 图形用户界面的测试

由于图形用户界面开发环境有可重用的组件，开发用户界面已经成为一项省时高效的工作，但图形用户界面的复杂性增加了测试的难度。下面介绍图形用户界面测试工作中经常需要考虑的测试内容。

（1）下拉式菜单和鼠标操作。主要测试内容有：菜单条、调色板和工具条是否在合适的语境中正常显示和工作；下拉式菜单相关操作是否使用正常，功能是否正确；能否通过鼠标来完成所有的菜单功能；能否通过用其他的文本命令激活每个菜单功能；菜单功能能否随当前的窗口操作加亮或变灰；如果要求多次单击鼠标，或鼠标有多个按钮，能否正确识别；光标、处理指示器和识别指针能否随操作而相应改变。

（2）窗口操作。窗口操作的测试内容包括：窗口能否移动、滚动和改变大小，能否响应相关的输入或菜单命令；窗口中的数据能否用鼠标和键盘操作；显示多个窗口时，窗口的名称能否正确表示，活动窗口是否被加亮；相关的下拉式菜单、工具条、滚动条、对话框、按钮及其他控制是否能够正确显示并完全可用；多次或不正确按鼠标是否会产生无法预料的结果；窗口的声音和颜色提示和窗口的操作顺序是否符合需求；窗口能否被正确关闭。

（3）数据项操作。其主要测试内容有：数据项（数字、字母）能否正确显示并输入；图形方式的数据项（如滚动条）是否能够正常工作；数据输入消息是否得到正确理解，能否识别非法数据。

3. 实时系统的测试

一般来说，实时系统需要将硬件、软件、人力和数据库元素集成起来，以快速产生某种动作响应外部世界。它必须能高速地获得数据，并在严格的时间和可靠性的控制下完成任务。时间是交互的核心，实时软件必须在问题域（由现实世界产生）规定的时间框架内对该问题域做出相应处理，中断处理是实时系统不同于其他任何类型系统的一大特性。

由于受到各种方面的限制，在设计实时软件时要面对诸如中断、多任务并发处理、同步和异步处理、时间约束等各种特殊问题。从总体上，对实时系统的测试可以分为任务测试、行为测试、任务间测试和系统测试 4 种。任务测试是指对每个任务设计白盒测试用例和黑盒测试用例，独立地测试各个任务；行为测试利用一些辅助工具创建软件模式，用以仿真实时系统，并按照外部事件的序列检查其行为；任务间测试是指测试任务间的同步是否有问题；测试那些通过消息队列和数据存储进行通信的任务，以检查数据存储区域大小方面的问题；系统测试完成软件和硬件的集成，作为整体进行系统测试，以发现软件和硬件接口间是否有问题。

阅读 8-3　微软是怎样做测试的

本章提要

系统实施是整个管理信息系统建设的物理实现阶段，其主要工作是程序设计、系统测试，是根据系统设计报告确定的系统物理模型进行系统实现的过程。影响系统实施的因素众多，人员的组织、任务的分解和开发环境的建立是系统实施阶段的关键因素。

程序设计就是按系统设计中规定的系统各模块的功能、要求进行程序的编制工作。其任务是选择合适的程序设计语言和软件开发工具，编制出正确、清晰、容易理解、容易维护、工作效率高的程序源代码。

测试是为了发现程序和系统中的错误而执行程序的过程。软件测试的方法很多，可以按照程序是否运行、软件测试技术、软件测试实施主体、测试内容等方式进行分类。测试用例设计是测试的关键工作，常用白盒测试与黑盒测试方法设计测试用例。

思考与练习

1. 系统实施的基本任务和方法是什么？
2. 系统实施的关键因素有哪些？
3. 程序设计的目标是什么？
4. 程序设计的基本风格有哪些？
5. 什么是白盒测试？什么是黑盒测试？
6. 系统测试过程有哪些步骤？

自测与作业（8）

第9章 系统运行与维护

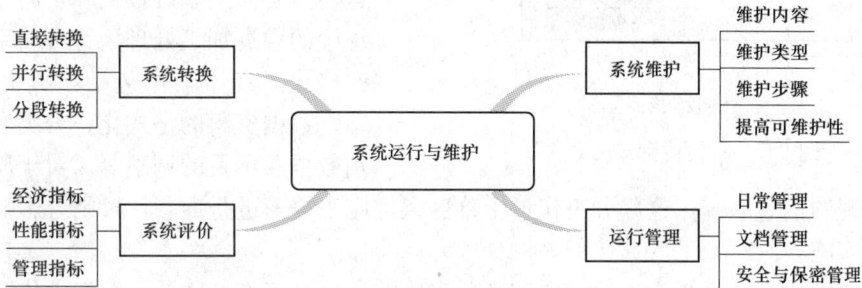

9.1 系 统 转 换

新系统通过系统测试后，必须通过系统转换，才能正式交付使用。系统转换指由原来的系统运行模式过渡为新开发的管理信息系统的过程。

9.1.1 系统转换

系统转换的任务就是完成新老系统的平稳过渡，这个过程需要开发人员、系统操作员、用户单位领导和业务部门的协作，才能顺利交接。

1. 系统转换策略

一般来讲，进行系统转换可以采用直接转换、并行转换、分段转换等方式。

（1）直接转换。指在确认新系统准确无误后，确定一个时刻，停止原系统的运行，并将新系统取代它投入正常运行。这种方式转换过程简单快捷，费用低，但风险很大。一旦因新系统发生严重错误而不能正常运行，将导致业务工作的混乱，造成巨大的损失。因此，必须采取一定的预防性措施，充分做好各种准备，制订严密的转换计划。这种转换方式仅适用于小型管理信息系统的转换。

（2）并行转换。指完成系统测试后，一方面原系统继续运行，另一方面新系统同时投入运行，通过新老系统并行运行一段时间后，再停止原系统的工作，让新系统单独运行。这种方式安全保险，但费用高。转换过程中需要投入两倍的工作量，不过用户可以通过新老系统平行运行的过程，熟悉新系统，确保业务工作平稳有序。适用于银行、财务和某些企业的核心系统的转换过程。

（3）分段转换（试点过渡）。指在新系统投入正常运行前，将新系统分阶段分批逐步代替原系统的各部分，最后完全取代原系统。这种方式实际上是上述两种方式的折中方案，既可以保证转换过程的平稳和安全，减少风险，又可以避免较高的费用，但也存在新老系统对应部分的衔接不平滑的问题。大量的管理信息系统的转换大多采用这种方式。

系统转换的三种方式如图9-1所示。

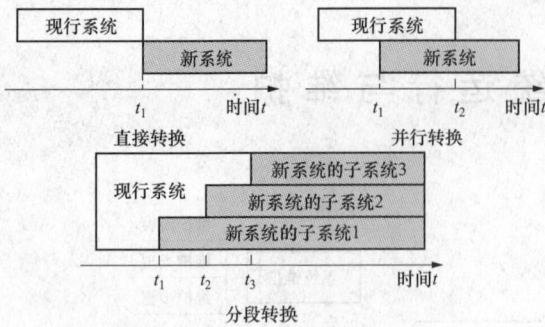

图 9-1 系统转换方式示意图

2. 系统转换的主要工作

系统转换过程中，除了确定系统转换的方式外，数据整理及系统初始化是最基础的工作。

数据整理是从原系统中整理出新系统运行所必需的基础数据和资料，即把原系统中的数据加工处理为符合新系统所要求的格式，具体工作包括：历史数据的整理、数据资料的格式化、分类和编码、个别数据及项目的调整等。对于原来采用人工方式处理的信息系统，这部分工作量十分巨大，应当提前进行准备，否则会影响到系统转换的正常实施。

系统初始化是新系统投入运行之前必须完成的另一个工作。所谓系统初始化，指对系统的运行环境和资源进行设置、系统运行和控制参数设定、数据加载、以及系统与业务工作的同步调整等内容，其中数据加载是工作量最大且时间最紧迫的重要环节。由于需要在运行之前必须将大量的原始数据一次性输入给系统中，另外，正常的业务活动中也要不断产生新的数据信息，它们也必须在新系统正式运行前存入系统，因此，系统初始化过程中的数据加载是新系统启动的先决条件，应突击完成并确保输入数据的正确性。对于原系统的不同基础，若为手工方式，则全部过程均只能人工进行；若为计算机系统，则可通过计算机进行数据格式转换，相对而言工作量少些。

在系统转换过程中，可能又会发现一些系统的错误和功能缺陷。对于这些问题，应对照系统目标决定是否进行系统修改。一般，对于程序的错误和漏洞必须改正，但若是超出系统目标和设计方案的其他问题，应视影响的范围、程度和工作量的大小而定，不可一概而论。在新系统中应允许存在某些不足，可通过在运行过程中的维护和系统更新方式逐步解决。

9.1.2 数据转换与迁移

数据转换和迁移是新旧系统转换交接的主要工作之一。为使数据能平滑迁移到新系统中，在新系统设计阶段就要尽量保留现有系统中合理的数据结构，这样才能尽可能降低数据迁移的工作量和转换难度。但是，由于新系统的引入，数据迁移工作是个必然的过程，现有系统中的数据可以通过定制开发的转换工具软件翻译为新系统可以接受的数据格式。数据转换和迁移工作的原则是数据不丢失。许多无法自动转换的数据，必要时通过手工方式补录进入新系统。数据迁移对系统切换乃至新系统的运行有着十分重要的意义。

数据迁移的质量是新系统成功上线的重要前提，同时也是新系统今后稳定运行的有力保障。如果数据迁移失败，新系统将不能正常启用；如果数据迁移的质量较差，没能屏蔽全部的垃圾数据，对新系统将会造成很大的隐患，新系统一旦访问这些垃圾数据，可能会由这些垃圾数据产生新的错误数据，严重时还会导致系统异常。相反，成功的数据迁移可以有效地保障新系统的顺利运行，而且能够继承珍贵的历史数据。

1. 数据迁移的方法

系统转换时的数据迁移是将需要的历史数据一次或几次转换到新系统，其最主要的特点是需要在短时间内完成大批量数据的抽取、清洗和装载。数据迁移的主要方法大致有三种，分别是系统切换前通过工具迁移、系统切换前采用手工录入和系统切换后通过新系统生成。

（1）系统切换前通过工具迁移。在系统切换前，利用工具把现有系统中的历史数据抽取、转换，并装载到新系统中去。这种方法是数据迁移最主要，也是最快捷的方法。其实施的前提是，历史数据可用并且能够映射到新系统中。这种迁移方式既可一次实现，也可以分次实现。一次迁移的优点是迁移实施的过程短，相对分次迁移，迁移时涉及的问题少，风险相对比较低。其缺点是工作强度比较大，由于实施迁移的人员需要一直监控迁移的过程，如果迁移所需的时间比较长，工作人员会很疲劳。一次迁移的前提是新旧系统数据库差异不大，允许的宕机时间内可以完成所有数据量的迁移；分次迁移可以将任务分开，有效地解决了数据量大和宕机时间短之间的矛盾。但是分次切换导致数据多次合并，增加了出错的概率，同时为了保持整体数据的一致性，分次迁移时需要对先切换的数据进行同步，增加了迁移的复杂度。

（2）系统切换前采用手工录入。在系统切换前，组织相关人员把需要的数据手工录入到新系统中。这种方法消耗的人力、物力比较大，同时出错率也比较高。主要针对新旧系统数据结构存在特定差异的情况，即对于新系统启用时必需的期初数据，无法从现有的历史数据中得到。对于这部分期初数据，就可以在系统切换前通过手工录入。

（3）系统切换后通过新系统生成。在系统切换后，通过新系统的相关功能，或为此专门开发的配套程序生成所需要的数据。通常根据已经迁移到新系统中的原始数据来生成所需要的结果数据。这种方法可以减少迁移的数据量。

2. 数据迁移的实施

数据迁移的实施可以分为三个阶段，分别是数据迁移前的准备、数据转换与迁移和数据迁移后的校验。

（1）数据迁移前的准备工作。由于数据迁移的特点，大量的工作都需要在准备阶段完成，充分而周到的准备工作是完成数据迁移的主要基础。做好以下工作：待迁移数据源的详细说明，包括数据的存放方式、数据量和数据的时间跨度；建立新旧系统数据库的数据字典，对现有系统的历史数据进行质量分析，以及新旧系统数据结构的差异分析；新旧系统代码数据的差异分析；建立新旧系统数据库表的映射关系，对无法映射字段的处理方法；编写数据转换的测试计划和校验程序；制定数据转换的应急措施。

（2）数据转换与迁移。在数据转换与迁移阶段，首先需要制定数据转换的详细实施步骤和流程，准备数据迁移环境。然后要做好业务上的准备，结束未处理完的业务事项，或将其告一段落。使数据转换和迁移涉及的技术都得到充分测试，最后实施数据转换和迁移。

数据转换与迁移程序大致可以分为抽取、转换与装载三个过程。数据抽取、转换是根据新旧系统数据库的映射关系进行的，转换步骤一般还要包含数据清洗的过程，数据清洗主要是针对源数据库中，对出现二义性、重复、不完整、违反业务或逻辑规则等问题的数据进行相应的清洗操作。在清洗之前需要进行数据质量分析，以找出存在问题的数据。数据装载是通过装载工具或自行编写的 SQL 程序将抽取、转换后的结果数据加载到目标数据库中。

（3）数据迁移后的校验。在数据迁移完成后，需要对迁移后的数据进行校验。数据迁移后的校验是对迁移质量的检查，同时数据校验的结果也是判断新系统能否正式启用的重要依据。可以通过数据质量检查工具，或编写有针对性的检查程序，对迁移后的数据进行质量分析。迁移后数据校验的指标主要包括完整性检查、一致性检查、总分平衡检查、记录条数检查和特殊样本数据的检查。通过新旧系统各自的查询工具，对相同指标的数据进行查询，并比较最终的查询结果。先将新系统的数据恢复到现有系统迁移前一天的状态，然后将最后一天发生在现有系统上的业务全部补充到新系统，检查有无异常，并和现有系统比较最终产生的结果。

9.1.3　系统的扩展和集成

随着信息系统的运行和业务的发展，对现有系统进行有效的扩展升级，使其适应当前的应用情况，成为必然的，也是经济的选择。而如果企业有多个应用系统，就需要对这些系统进行集成。

1. 系统扩展

系统的可扩展性是指将新的功能添加到系统中的能力。可扩展性可以分为动态可扩展性和静态可扩展性。动态可扩展性是指在系统运行的过程中，能够添加新的功能，而不会影响系统的其他部分；静态可扩展性是指在添加新的功能时，系统必须停止运行。当新功能添加之后，系统再重新启动。提高系统可扩展性的方法是在系统架构中减少构件之间的耦合。显然，如果在系统规划和设计时充分考虑了可扩展性的因素，在系统架构上进行了预留，则同类型业务的扩展就相对容易些。

一般地，当客户提出需求变更或增加新的功能时，通常采用的方法首先就是对现有系统进行扩展，以满足这种变化。扩展一般包括延伸型扩展和新建型扩展，前者需要在理解扩展点附近的架构及代码的基础上，以原有方式进行功能扩充；后者则可能会完全另起炉灶，在适应系统整体架构的前提下，增加全新的功能。

通过在基本软件基础上，引入第三方软件包并进行二次开发的方式，可以迅速对系统功能进行扩展。例如，引入具有手写签批功能的控件，可以立即得到支持领导手工批阅公文的功能扩展。但这种引入也是双刃剑，需要在引入前进行充分的研究和分析，确保其能满足目前的扩展需求外，还具有适度前瞻的特性。同时，要求引入详细的设计文档甚至是源码，以保证对引入包的可控性，避免过度依赖第三方技术支持，减低实施风险。

2. 扩展与集成的比较

系统扩展和集成分别属于深度维护和广度维护活动，和开发过程类似，都需要经过需求分析、设计、编码、测试和实施的完整流程。需要分析人员、设计人员、编码人员、测试人员和实施人员的参与，需要过程管理人员进行项目管理，系统集成还特别需要组织的高层人员参与协调与沟通。

系统扩展的重点在设计阶段，为达到平滑扩展，需要仔细研究扩展点附近的软件环境，要避免因扩展引起原有系统的动荡，要进行细致的回归测试；系统集成的重点在分析阶段，为达到无缝集成，需要仔细分析业务，尤其是业务关联点。避免过度耦合、深度介入，增加集成复杂度。另外，还需组织的高层领导强势协调，强调全局观念，互相配合，方能顺利进行集成。在系统测试方面，系统扩展和集成的测试要进行全面的回归，不能"改头测头，改脚测脚"，系统集成尤其要重视接口的测试和流程流畅性的测试。

阅读 9-1　某企业开发管理信息系统的经验教训

9.2　管理信息系统的评价

管理信息系统的评价就是对系统在运行一段时间后的技术性能及经济效益等方面的评价。评价的目的是检查系统是否达到预期的目标，技术性能是否达到设计的要求，系统的各种资源是否得到充分的利用，经济效益是否理想，并指出系统的长处与不足，为以后的改进和扩展提出意见。

9.2.1　系统评价概述

系统评价是对一个管理信息系统的性能进行全面的估计、检查、测试分析和评审，包括用实际指标与计划指标进行比较，以求确定目标实现程度，同时对系统建成后产生的效果进行全面评估。严格来说，在信息系统开发的过程中，每当完成一个工作阶段或步骤，都应该进行评价。对新系统的全面评价是在新系统运行了一段时间之后进行的。

1. 系统评价目的及指标

系统评价即试图确定系统的价值，是测量达到或完成系统目标的能力。系统评价必须要有目的，但评价本身不是目的，评价的最终目标是为了决策。系统评价的目的具体为：检查系统目标、功能及各项指标是否达到了设计要求，满足用户要求的程度如何；检查系统的质量是否达到要求；检查系统中各种资源的利用程度，包括人、财、物，以及硬件、软件资源等的使用情况；检查系统的使用效果；检查评审和分析的结果，找出系统的薄弱环节，提出改进意见。

在新系统完成之后，应该进行各种指标的全面评价，而在系统开发的不同阶段，则可根据不同重点进行部分指标的评价。

系统评价的指标是进行系统评价、新旧系统对比分析的依据。对一个管理信息系统来说，有些性能无法用经济效益来衡量，因此评价指标可分为经济指标、性能指标和管理指标三个方面。

（1）经济指标。经济指标包括系统费用，即指系统开发费用与运行费用之总和；系统收益，如工资及劳动费用的减少，生产率的提高，成本的下降，库存资金的减少，对成功的决策影响的估计，管理费用的节约等；投资回收期；系统后备需求的规模与费用。

在进行经济评价时，常采用费用－效益分析的方法，即对费用（或成本）及效益分析进行估计，然后将两者进行比较。

（2）性能指标。系统性能的评价是管理信息系统的各个组成部分有机地结合在一起，并作为一个总体对使用者所表现出来的技术特性。系统性能的评价指标包括：系统的可靠性；系统的效率；系统功能的有效性和实用性；系统的可维护性；系统的可扩充性；系统的可移植性；系统的适应性；系统安全保密性。

（3）管理指标。管理指标主要反映用户对系统的意见，包括系统对国家、地区和民众的公共利益所做出的贡献，不能用货币化指标衡的效益。如，思想观念的转变、技术水平的提高、促进经济社会协调发展、决策科学化、生产力水平的提高、公共信息服务、合理利用资源、改变工作方式等。用户对系统的功能、性能、用户界面的满意程度。通常以人机界面友好、操作方便、容错性强、系统易用性、界面设计清晰合理、帮助系统完整等衡量；系统功能的应用程度，包括系统的目标和功能实现了多少，用户应掌握到什么程度，是否达到预期的目标和技术指标；外部环境对系统的评价；领导、管理人员对系统的态度。

2. 系统评价方法

管理信息系统可以用定性评价与定量评价的方法进行。其中定性评价方法是评价中使用的主要方法。

定性评价方法主要有结果观察法、模拟法、对比法、专家打分法等。结果观察法完全通过观察对系统的效果进行评价；模拟法采用人工或计算机做定性的模拟计算，估计实际的效果；对比法选择与基本相同的系统进行对比，得出大概的结果；专家打分法，采用同行专家评审打分，再加权平均得出评分。

定量方法主要有德尔菲法（Delphi）方法、贝德尔（Beded）方法、卡尼斯（Chames）方法等，但使用比较复杂，实践中较少使用。

3. 系统评价结果

系统评价结果应写出系统评价报告。评价报告一般包括以下几个方面：

（1）系统运行的一般情况。从系统目标及用户接口方面考查系统，包括：系统功能是否达到设计要求；用户付出的资源（人力、物力、时间）是否控制在预定界限内，资源的利用率；用户对系统工作情况的满意程度（响应时间、操作方便性、灵活性等）。

（2）系统的使用效果。从系统提供的信息服务的有效性方面考查系统，包括：用户对所提供信息的满意程度（哪些有用，哪些无用，引用率）；提供信息的及时性；提供信息的准确性、完整性。

（3）系统的性能。系统的性能包括：计算机资源的利用情况（主机运行时间的有效部分的比例；数据传输与处理速度的匹配、外存是否够用，各类外设的利用率）；系统可靠性（平均无故障时间、抵御误操作的能力、故障恢复时间）；系统可扩充性。

（4）系统的经济效益。系统的经济效益包括：系统费用，包括系统的开发费用和各种运行维护费用；系统收益，包括有形效益和无形效益，如库存资金的减少，成本下降，生产率的提高，劳动费用的减少，管理费用的减少，对正确决策影响的估计等；投资效益分析。

（5）建议与意见。指出系统存在的问题，并提出改进意见。

上述五方面的评价内容中，系统的技术性能评价和经济效益评价是整个系统评价的主要内容。

9.2.2　技术性能评价

系统技术性能方面的评价主要是评价现有系统硬件和软件在技术性能上是否能够满足应用系统的要求。

1. 技术性能评价准则

技术性能评价准则包括系统的可靠性、系统效率、可维护性、可扩充性、可移植性、安全保密性，等等。可靠性指系统所涉及硬件系统和软件系统的可靠性；系统效率包括系统完成各项功能所需要的资源，通常以时间衡量，周转时间、响应时间、吞吐量等；可维护性即确定系统中的错误，修改错误所需做出努力的大小，通常以系统的模块化程度、简明性及一致性衡量；可扩充性指系统的处理能力和功能的可扩充程度，分为系统结构、硬件设备、软件功能的可扩充性等；可移植性指系统移至其他硬件环境下所需做出努力的程度；安全保密性即系统抵御硬件设备、软件系统和用户误操作、自然灾害及敌对者采取的窃取或破坏系统的能力，系统采取的安全保密措施等。

2. 技术性能评价内容

系统技术性能方面的主要评价内容有如下几个方面：

（1）对管理信息系统的功能评价。在新系统的开发规划中，已经明确地规定了新系统要实现的功能目标。因此，对新系统的功能评价，就是按照规划来检查新系统的功能实现情况。比如，预期的功能是否已经全部实现，是否能够满足用户的要求，服务质量如何，人员组织和安全及保密措施是否完善等。

（2）系统操作方面的评价。这方面的评价主要是根据输入、出错率、输出的及时性和利用情况等进行评价。例如，是否能够正确地提供输入数据，输出结果是否可用和适用，等等。

（3）对现有硬件和软件的评价。对管理信息系统中现有硬件和软件进行评价的目的是，检查系统内是否有未被充分利用的资源，或者由于某些资源不足与性能不够完善而影响了系统的功能和效率的提高。

对硬/软件系统评价的方法和工具是硬件监控器、软件监控程序、系统运行记录和现场实际观测记录。

利用性能监控器和软件监控程序进行评价。硬件监控器既能收集到 CPU 工作情况的数据，也能收集到外部设备工作情况的数据。软件监控程序可以记录特定程序或程序模块执行情况的数据。因此，利用监控器和监控程序可以对闲置的资源、瓶颈设备以及负荷不均匀情况及时进行检测，从而帮助人们识别系统工作效率过低的各种原因。

根据系统运行记录和现场观测情况进行评价。新系统日常运行记录是进行系统评价的主要参考资料。通过对运行记录的分析，可以检查使用得最多、最频繁的软件设计是否合理、目前效果如何，以及系统的故障率等其他问题。另外，通过对计算机运行情况的现场观测，可以有效地观察系统资源安排是否合理。

9.2.3 经济效益评价

对管理信息系统经济效益评价包括直接的和间接的效益。直接经济效益主要是指可以用货币或定量计算的经济效益；但有些效益无法定量分析，只能定性分析，称其为间接经济效益。评价时，应该做到直接和间接经济效益的统一。

1. 直接经济效益

管理信息系统经济效益的基本指标是年经济效益的变化，主要取决于下列要素，系统正式投入运行后，由于合理地利用现有的生产资源，使产品产量有了增加；因减少工时损失和生产设备停工损失，使劳动生产率提高，缩短了产品生产周期；由于改善了组织管理，减少了物资储备，提高了产品质量，降低了非生产费用；等等。这些因素可由一些综合性指标进行计算，常用的评价指标有：年利润增长额（年节约额）、年经济效益、系统的投资效益系数、投资回收期等。

2. 间接经济效益

管理信息系统同其他先进技术的应用一样，必然会给企业带来一系列的变化，促进管理工作的进一步科学化，这类综合性的经济效益称为系统的间接经济效益，这种效益是无法用具体统计数字计算出来的，只能做定性分析。因此，衡量管理信息系统的间接经济效益应从以下五个方面进行评价：

（1）管理体制是否进一步合理化。任何一个企业都是由技术、生产、经济、组织等多个子系统组成的复杂的整体系统；企业的各个环节都是相互衔接、相互配合和相互制约的。中国现行的企业管理体制和组织机构中还存在着诸多弊端。管理信息系统实行了信息资源的集中管理，应该加强垂直和横向的业务联系，做到纵横结合，使各职能部门在分工的基础上相互协调一致。由于管理信息系统实质上是实现完善的信息管理，它与现行的管理系统是有区别的，管理信息系统在实现信息管理的同时，也对企业的管理体制进一步合理化。

（2）管理方法是否进一步科学化。管理信息系统的建立，应该使企业的经济管理由静态管理变为动态管理。因此，评价时尚需审查管理信息系统是否辅助和加强了以计划和控制为核心的动态管理。

（3）管理基础数据是否进一步科学化。和手工信息处理系统不同，进入管理信息系统的数据应该及时和正确。反过来，管理信息系统的运行，应该促进管理基础数据向统一化、规范化的方向发展。

（4）管理效果是否进一步最佳化。管理信息系统辅助企业管理，应当促使管理人员更多地应用经济数学方法和定量分析技术，如生产计划的方案优化和产品销售的统计预测等，从而由定性决策变为定量决策。对此亦应做出评价。

（5）管理人员的劳动性质是否发生了变化。这方面的评价主要是看管理信息系统建立之后，是否把管理人员真正地从繁杂的数据处理（如记账、汇总）中解脱出来，并且能帮助管理人员去从事更有创造意义的分析与决策活动。

为了对管理信息系统的间接经济效益做出评价，可以采用专家评估或直接调查的方式进行。

阅读 9-2　管理信息系统评价参考体系

9.3　管理信息系统的维护

管理信息系统在投入正常运行后，就进入了系统运行和维护阶段。在系统的整个使用中，都伴随着系统维护工作的进行。系统维护的目的是保证管理信息系统正常而可靠地运行，并能使系统在运行中不断得到改善和提高，以充分发挥作用。因此，系统维护的目的就是保证系统中的各个因素随着环境的变化始终处于良好的、正确的工作状态。维护工作不仅是保证系统正常使用的手段，而且是派生新系统的重要途径。严格地说，没有有效的系统维护就没有管理信息系统本身。

9.3.1　系统维护及其类型

在系统的整个使用中，系统维护工作始终伴随着系统的运行。系统维护的目的是保证管理信息系统正常而可靠地运行，并能使系统在运行中不断得到改善和提高，以适应环境的变化，充分发挥作用。因此，系统维护的目的就是保证系统中的各个因素随着环境的变化始终处于良好的、正确的工作状态。

1. 系统维护的内容

系统维护面向系统中的各种构成因素，按照维护对象的不同，系统维护的内容可分为以下几类。

（1）应用系统的维护。系统的业务处理过程是通过程序的运行而实现的，一旦程序发生问题或业务发生变化，就必然引起程序的修改和调整，因此系统维护的主要活动是对程序进行维护。

（2）数据的维护。业务处理对数据的需求是不断发生变化的，除系统中主体业务数据的定期更新外，还有许多数据需要进行不定期的更新，或随环境、业务的变化而进行调整，以及数据内容的增加、数据结构的调整，数据达到的备份与恢复等，都是数据维护的工作内容。

（3）代码的维护。当系统应用范围扩大和应用环境变化时，系统中的各种代码需要进行一定程度的增加、修改、删除以及设置新的代码。

（4）文档的维护。根据应用系统、数据、代码及其他维护的变化，对相应文档进行修改，并对所进行的维护进行记录。

（5）硬件设备的维护。硬件设备的维护主要指对主机及外设的日常管理和维护，都应由专人负责，定期进行，以保证系统正常、有效的运行。

2. 系统维护的类型

按照软件维护的不同性质，系统维护可划分为正确性维护、适应性维护、完善性维护、预防性维护四种维护类型。

（1）正确性维护。改正在系统开发阶段已发生的而系统测试阶段尚未发现的错误。一般来说，这类故障是由于遇到了以前从未有过的某种输入数据的组合，或者是系统的硬件和软件有了不正确的界面而引起的。在软件交付使用后发生的故障，有些是不太重要，并且可以回避；有些则很重要，甚至影响企业的正常营运，必须制定计划，进行修改，并且要进行复查和控制。

（2）适应性维护。为适应软件的外界环境变化而进行的修改。一方面是适应企业外部环境变化的维护。政府政策法令的变化、竞争对手的变化等，都会引起系统需要修改，如生产率变化、承包方式变化等，使得财务计划、核算都要作相应修改。另一方面是计算机技术发展十分迅速，当采用新设备、新技术可以扩大系统功能、改善系统性能是要进行的维护。例如操作系统版本的变更或计算机的更替引起的软件转换是常见的适应性维护任务。而"数据环境"的变动，如数据库和数据存储介质的变动，新的数据存取方法的增加等等，都需要进行适应性维护。进行适应性维护应该像开发新软件一样，安排计划进行，以利于实施。

（3）完善性维护。为扩充功能和改善性能而进行的修改。这里指对已有的软件系统增加一些在软件需求规范书中没有规定的功能与性能特征，还包括对处理效率和编写程序的改进。例如，有时可将几个小程序合并成一个单一的运行良好的程序，从而提高处理效率；而有时却因系统内存不够，或处于多道程序的设计巧合，又希望把一个占用整个机器容量的一个大程序分成只占小容量内存而且运行时间相同的小程序段，使软件设计优化。总之，完善性维护就是在应用软件系统使用期间，为不断改进和加强系统的功能和性能，以满足用户日益增长的需求所进行的维护工作。

（4）预防性维护。预防性维护主要思想是维护人员不应被动地等待用户提出要求才进行维护工作，而应该选择那些还有较长使用寿命，目前虽能运行但不久就需要作较大变化或加强的系统，进行维护。目的是为减少或避免以后可能需要的前三类维护而对软件配置进行的工作。预防性维护是为了减少以后的维护工作量，维护时间和维护费用。

9.3.2 系统维护的管理

在系统维护的工作中，特别是在进行程序维护、数据维护和代码维护时，由于系统各功能模块之间的耦合关系，可能会出现"牵一发而动全身"的问题。因此，必须加强对系统维护工作的管理。

1. 系统维护的步骤

系统维护应该按照以下步骤进行：

（1）提出维护要求。由系统操作人员或某业务部门的负责人根据系统运行中发现的问题，向系统主管提出具体项目工作的维护申请。系统主管根据系统的运行状况，考虑这种维护是否必要和可行，并做出是否进行维护的明确批复。

（2）分配和实施维护任务。维护工作得到系统主管的批准后，维护负责人向程序员或系统维护人员下达维护任务书，并制订出维护工作的计划，明确要求，完成期限和复审标准等。程序员和系统维护人员按照维护的工作计划和要求，在规定的期限内实施维护工作。

（3）验收维护工作成果。由维护负责人或系统主管对维护部分进行测试和验收。若通过了验收，由验收小组写出验收报告，并将修改后的部分嵌入到系统中，取代原来相应的部分。

（4）记录维护情况。记录维护工作的内容及测试结果，作为新的版本通报用户和系统操作人员，说明新的功能和修改的地方，使他们尽快地熟悉并使用更新后的系统。

2. 提高可维护性的方法

系统的可维护性对于延长系统的生存期具有决定的意义，因此必须考虑如何才能提高系统的可维护性，为此需要从以下几个方面入手：

（1）建立明确的软件质量目标和优先级。一个可维护的程序应是可理解的、可靠的、可测试的、可修改的、可移植的、高效率的、可使用的。要实现这所有的目标，需要付出很大的代价。对管理信息系统而言，更强调可使用性、可靠性和可修改性等目标，同时规定这些目标的优先级。这样有助于提高软件的质量，并对软件生存期的费用产生很大的影响。

（2）使用提高软件质量的技术和工具。模块化是系统开发过程中提高软件质量，降低成本的有效方法之一，也是提高可维护性的有效技术，其优点是要改变某个模块的功能，只会改变这个模块，而不会对其他模块产生大的影响；要增加某些功能时，仅增加完成这些功能的新模块或模块层即可。此外，程序错误也容易定位和纠正。

（3）进行明确的质量保证审查。质量保证审查对于获得和维持系统各阶段的质量，是一个很有用的技术。审查还可以检测系统在开发和维护阶段内发生的质量变化，可对问题及时采取措施加以纠正，以控制不断增长的维护成本，延长系统的有效生命期。

（4）选择可维护的程序设计语言。程序是维护的对象，要做到程序代码本身正确无误，同时要充分重视代码和文档资料的易读性和易理解性。因此，要注意编码规则，编码风格，尽量采用结构化程序设计和通用性高的程序设计语言，把与机器和系统相关的部分减少到最低限度。

（5）改进系统的文档。系统文档是对程序总目标、程序各组成部分之间的关系、程序设计策略、程序实现过程的历史数据等的说明和补充。因此，在开发过程中各阶段产生的文档资料要尽可能采用形式描述语言和自动的文件编辑功能。文档是维护工作的依据，文档的质量对维护有着直接的影响。一个好的文档资料应能正确地描述程序的规格，描述的内容局部化，并且易读、易理解。

完成各项系统维护工作后，应及时提交系统维护报告，就所作的系统维护的具体内容进行总结，并将其加入到系统维护的有关文档。

阅读 9-3 上海消防信息系统运行与维护体系建设

9.4　系统的运行管理

运行管理就是对管理信息系统的运行进行控制，记录其运行状态，进行必要的修改与补充，以便使管理信息系统真正符合管理决策的需要，为管理决策服务。运行管理的目标是使管理信息系统在一个预期的时间内能正常地发挥其应有的作用，产生其应有的效益。管理信息系统的运行管理工作应该由一个专门的管理机构负责，在一套完整的操作规范与管理规范的约束下，靠全体管理与使用系统的人员共同来完成。

9.4.1　系统运行的日常管理

应用管理信息系统之后，企业的业务流程、工作方法、各职能部门之间以及企业与外部环境之间的相互关系都可能发生变化，企业原有的管理制度也会不适应新环境下的管理需求，因此需要制定一系列新的管理制度。

1. 机房安全运行管理

设立机房的主要目的，一是给计算机设备创造一个良好的运行环境，保护计算机设备；二是防止各种非法人员进入机房，保护机房内的设备、机内的程序和数据的安全。机房安全运行是通过制定与贯彻执行机房管理制度来实施的。

机房管理的主要内容包括：进入机房人员的资格审查，机房环境管理，机房内人员的行为管理，机房进出物料管理，等等。

2. 系统运行的监控

管理信息系统的运行制度，还表现为软件、数据、信息等其他要素必须处于监控之中。这些管理制度包括：重要系统软件、应用软件管理制度；数据管理制度，如重要输入数据的审核、输出数据备份保管等制度；权限管理制度，做到密码专管专用，定期更改并在失控后立即报告；网络通信安全管理制度；病毒的防治管理制度，及时检查、清除计算机病毒，并备有检测、清除的记录；人员调离的安全管理制度，如人员调离的同时马上收回钥匙、移交工作、更换口令、取消账号，并向被调离的工作人员申明其保密义务，人员的录用调入必须经过人事组织技术部门的考核和接受相应的安全教育，等等。

3. 系统运行的日常管理

管理信息系统的日常运行管理是为了保证系统能长期有效地正常运转而进行的活动，具体有系统运行情况的记录、系统运行的日常维护等工作。

（1）系统运行情况的记录。从每天工作站点计算机的打开、应用系统的进入、功能项的选择与执行，到下班前的数据备份、存档、关机等，按严格要求来说都要就系统软硬件及数据等的运作情况作记录。运行情况有正常、不正常与无法运行等，后两种情况应将所见的现象、发生的时间及可能的原因作尽量详细的记录。为了避免记录工作流于形式，通常的做法是在系统中设置自动记录功能。另一方面，作为一种责任与制度，一些重要的运行情况及所遇到的问题，例如多人共用或涉及敏感信息的计算机及功能项的使用等仍应作书面记录。

系统运行情况的记录应事先制定尽可能详尽的规章制度，具体工作主要由使用人员完成。系统运行情况无论是自动记录还是由人工记录，都应作为基本的系统文档作长期保管，以备系统维护时参考。

（2）系统运行的日常维护。系统的日常维护包括硬件维护与软件维护。软件维护包括操作维护与程序维护，即利用软件的各种自定义功能来修改软件，以适应企业变化；以及对需要修改程序的各项维护工作。在硬件维护工作中，较大的维护工作一般是由销售厂家进行的。使用单位一般只进行一些小的维护工作，一般通过程序命令或各种软件工具即可满足要求。

对于使用商品化软件的单位，程序维护工作是由销售厂家负责，单位负责操作维护。单位可不配备专职维护员，而由指定的系统操作员兼任。对于自行开发软件的单位一般应配备专职的系统维护员，系统维护员负责系统的硬件设备和软件的维护工作，及时排除故障，确保系统的正常运行，负责日常的各类代码、标准摘要、数据及源程序的改正性维护、适应性维护工作，有时还负责完善性的维护。

（3）数据备份。在数据或信息方面，须日常加以维护的有备份、存档、整理及初始化等。为安全考虑，每天操作完毕后，都要对更动过的或新增加的数据作备份。除正本数据外，至少要求有两个以上的备份，并以单双方式轮流制作，以防刚被损坏的正本数据冲掉上次的备份。数据正本与备份应分别存于不同的磁盘上或其他存储介质上。数据存档或归档是当工作数据积累到一定数量或经过一定时间间隔后转入档案数据库的处理，作为档案存储的数据成为历史数据。为防万一，档案数据也应有两份以上。数据的整理是关于数据文件或数据表的索引、记录顺序的调整等，数据整理可使数据的查询与引用更为快捷与方便，对数据的完整性与正确性也很有好处。在系统正常运行后数据的初始化主要是指以月度或年度为时间企业的数据文件或数据表的切换与结转数等的预置。

9.4.2 系统文档的管理

管理信息系统的文档是系统开发过程的记录，是系统维护人员的指南，是开发人员与用户交流的工具。规范的文档意味着系统是工程化、规范化开发的，意味着信息系统的质量有了程序上的保障。为了建立一个良好的管理信息系统，不仅要充分利用各种现代化信息技术和正确的系统开发方法，同时还要做好文档的管理工作。

1. 系统文档及其分类

管理信息系统文档不是事先一次性形成的，它是在系统开发、运行与维护过程中不断地按阶段依次推进编写、修改、完善与积累而形成的。可以说，如果没有系统文档或没有规范的系统文档，信息系统的开发、运行与维护会处于一种混沌状态，这将严重影响系统的质量，甚至导致系统开发或运行的失败。当系统开发人员发生变动时，问题尤为突出。因此有些专家认为系统文档是管理信息系统的生命线，没有文档就没有管理信息系统。

按照文档产生和使用的范围，系统文档大致可分为 3 类。

（1）开发文档。开发文档是在系统开发过程中，作为系统开发人员前一阶段工作成果的体现和后一阶段工作依据的文档。包括软件需求规格说明、数据要求规格说明、概要设计规格说明、详细设计规格说明、可行性研究报告、项目开发计划。

（2）管理文档。管理文档是在系统开发过程中，由系统开发人员制定的需提交管理人员的一些工作计划或工作报告。使管理人员能够通过这些文档了解软件开发项目安排、进度、资源使用和成果等。包括项目开发计划、测试计划、测试报告、开发进度月报及项目开发总结。

（3）用户文档。用户文档是系统开发人员为用户准备的有关系统使用、操作、维护的资料。包括用户手册、操作手册、维护修改建议、软件需求规格说明。

中国管理信息系统的文档内容与要求基本上已有了较统一的规定。系统文档是相对稳定的，随着系统的运行及情况的变化，它们会有局部的修改与补充，当变化较大时，系统文档将以新的版本提出。

2. 文档质量的度量准则

系统文档质量的度量准则是有以下 6 条：

（1）完备性。所有承担系统开发任务的单位，都必须按照 GB 8567 的规定编制相应的文档，以保证在开发阶段结束时其文档是齐全的。

（2）正确性。在系统开发各个阶段所编写的文档的内容，必须真实地反映阶段的工作且与该阶段的需求相一致。

（3）简明性。在系统开发各个阶段所编写的各种文档的语言表达应该清晰、准确简练，适合各种文档的特定读者。

（4）可追踪性。在系统开发各个阶段所编写的各种文档应该具有良好的可追踪性。文档的可追踪性包括纵向可追踪性和横向可追踪性两个方面。前者是指在不同的文档的相关内容之间相互检索的难易程序；后者是指确定同一文档某一内容在本文档中的范围的难易程度。

（5）自说明性。在系统开发各个阶段所编写的各种文档应该具有较好的自说明性。文档的自说明性是指在系统开发各个阶段中的不同文档能独立表达该系统其相应阶段的阶段产品的能力。

（6）规范性。在系统开发各个阶段所编写的各种文档应该具有良好的规范性。文档的规范性是指文档的封面、大纲、术语的含义以及图示符号等符合有关规范的规定。

3. 文档管理

文档的重要性决定了文档管理的重要性，文档管理是有序地、规范地开发与运行管理信息系统所必须做好的重要工作。系统文档的管理有以下要求：

（1）文档管理的制度化、标准化。文档管理的制度化、标准化主要有文档标准与格式规范的制定；明确文档的制定、修改和审核的权限；制定文档资料管理制度，如文档的收存、保管与借用手续的办理等。

（2）维护文档的一致性和可追踪性。管理信息系统开发建设过程是一个不断变化的动态过程，一旦需要对系统的某一部分进行修改，要及时、准确地修改与之相关的文档，否则将会引起系统开发工作的混乱。而这一过程又必须有相应的制度来保证。

文档的标准与规范要按国家规定并结合具体系统的特点在系统开发前或至少在所产生的阶段前制定，用于指导与督促系统开发人员及系统使用人员及时编写有关的文档资料。为保持文档的一致性与可追踪性，所有文档都要收全，集中统一保管。

9.4.3　安全与保密管理

管理信息系统的安全与保密是两个不同的概念，安全是为防止有意或无意的破坏系统软硬件及信息资源行为的发生，避免企业遭受损失所采取的措施；保密是为防止有意窃取信息资源行为的发生使企业免受损失而采取的措施。

1. 信息系统安全的特点

国际标准化组织（ISO）对信息系统安全提出的定义是："为数据处理系统建立和采取的技术和管理的安全保护。保护计算机硬件、软件、数据不因偶然的或恶意的原因而受到破坏、更改、泄漏"。现代管理信息系统安全具有如下的特点。

（1）开放性。互联网作为一个由全世界众多的计算机和服务器通过有线或无线线路连接起来的开放性的计算机网络，已成为信息传送和应用的重要载体。信息系统安全面临的是一个开放性的外围环境，无论是病毒、反动内容，还是黑客攻击手段，均能在网上以极快的速度和极大的广度传播，但攻击源很难确定。

（2）复杂性。信息系统安全的复杂性主要表现在信息系统本身的组成非常复杂、涉及的领域非常广、涵盖的信息安全属性越来越多。信息系统由软件、硬件、操作人员及系统所承载的信息等组成，软件、硬件种类繁多，信息系统安全涉及领域非常广，信息系统安全涵盖了机密性、完整性、可用性、可控性和不可否认性等信息安全属性，不同的信息系统对各种安全属性有不同的具体要求。而且，随着信息技术和应用的不断发展，新的安全需求和安全属性会继续产生。

（3）相对性。信息系统没有绝对的安全，只有相对的安全。相对性一方面表现在时间和技术上，信息安全的攻防此消彼长，在前一段时间看来是较为安全的问题，随着技术的发展也会暴露出原来未经检测到的漏洞。另一方面表现在投入的相对性，信息系统安全防护投入的人力、物力与信息系统承载的业务、面临的风险相关，总处于一种适度的安全。

2. 信息系统安全架构

信息系统安全的总体目标是物理安全、网络安全、数据安全、信息内容安全、信息基础设备安全与公共信息安全的总和，安全的最终目的是确保信息的机密性、完整性和可用性，以及信息系统主体（包括用户、组织、社会和国家）对于信息资源的控制。从信息系统安全目标来看，其中的网络安全、数据安全、信息内容安全等可通过开放系统互连安全体系系统的安全服务、安全机制及其管理实现，但所获得的这些安全特性只解决了与通信和互连有关的安全问题，而涉及与信息系统构成组件及其运行环境安全有关的其他安全问题（如物理安全、系统安全等）还需要从技术措施和管理措施两方面结合起来，考虑解决方案。为了系统地、完整地构建信息系统的安全体系框架，可以考虑信息系统安全体系由技术体系、组织机构体系和管理体系共同构建。

（1）技术体系。技术体系是全面提供信息系统安全保护的技术保障系统。该体系由两大类构成。

　　一类是物理安全技术，通过物理机械强度标准的控制使信息系统的建筑物、机房条件及硬件设备等条件，满足信息系统的机械防护安全；通过对电力供应设备以及信息系统组件的抗电磁干扰和电磁泄漏性能的选择性措施达到两个安全目的，一是信息系统组件具有抗击外界电磁辐射或噪声干扰能力而保持正常运行，二是控制信息电磁辐射造成的信息泄露，必要时还应从建筑物和机房条件的设计开始就采取必要措施，以使电磁辐射指标符合国家相应的安全等级要求。物理安全技术运用与物理保障环境（含系统组件的物理环境）。

　　另一类是系统安全技术，通过对信息系统安全组件的选择，使信息系统安全组件的软件工作平台达到相应的安全等级，一方面避免操作平台自身的脆弱性和漏洞的风险，另一方面防止任何形式的非授权行为对信息系统安全组件的入侵或接管系统的管理权。

　　（2）组织机构体系。组织机构体系是信息系统的组织保障系统，由机构、岗位和人事三个模块构成，一个机构设置分为：决策层、管理层和执行层。决策层是信息系统用户单位中决定信息系统安全重大事宜的领导机构，由有保密职能的部门负责人及信息系统主要负责人参与组成。管理层是决策层的日常管理机关，根据决策机构的决定，全面规划并协调各方面力量，实施信息系统的安全方案，制定、修改安全策略，处理安全事故，设置安全相关的岗位。执行层是在管理层协调下，具体负责某一个或某几个特定安全事务的一个逻辑群体，这个群体分布在信息系统的各个操作层或岗位上。

　　岗位是信息系统安全管理机关根据系统安全需要设定的负责某一个或某几个安全事务的职位，岗位在系统内部可以是具有垂直领导关系的若干层次的一个序列，一个人可以负责一个或几个安全岗位，但一个人不能同时兼任安全岗位所对应的系统管理或具体业务岗位。因此，岗位不是一个机构，它由管理机构决定，由人事机构管理。

　　人事机构是根据管理机构设定的岗位，对岗位上在职、待职和离职的员工进行素质教育、业绩考核和安全监管的机构。人事机构的全部管理活动在国家有关安全的法律、法规、政策规定范围内依法进行。

　　（3）管理体系。管理是信息系统安全的灵魂。信息系统安全的管理体系由法律管理、制度管理和培训管理三部分组成。

　　法律管理是根据相关的国家法律、法规对信息系统主体及其与外界关联行为的规范与约束。法律管理具有对信息系统主体行为的强制性约束力，并且具有明确的管理层次性。与安全有关的法律法规是信息系统安全的最高行为准则。

　　制度管理是信息系统内部依据必要的安全需求制定的一系列内部规章制度，主要包括：安全管理和执行机构的行为规范；岗位设定及其操作规范；岗位人员的素质要求及行为规范；内部关系与外部关系的行为规范等。制度管理是法律管理的形式化、具体化，是法律、法规与管理对象的接口。

　　培训管理是确保系统安全的前提。培训管理的内容包括：法律法规培训、内部培训制度、岗位操作培训、普遍安全意识和岗位相关的重点安全意识相结合的培训、业务素质与技能技巧培训等。培训的对象几乎包括信息系统有关的所有人员（不仅仅是从事安全管理和业务的人员）。

　　3. 系统安全保密措施

　　为了维护信息系统的安全性与保密性，应该重点地采取措施，做好制度、机制、安全等方面的工作。尤其重要的是要提高安全保密意识，强调自觉、认真的参与，承担各自的责任，从根本上解决信息系统的安全保密问题。

依照国家法规及企业的具体情况，制定严密的信息系统安全与保密制度，作深入的宣传与教育，提高每一位涉及信息系统的人员的安全与保密意识。制定信息系统损害恢复规程，明确在信息系统遇到自然的或人为的破坏而遭受损害时应采取的各种恢复方案与具体步骤。

配备齐全的安全设备，如对关键设备提供不间断电源供电，重要的信息系统还应采用双电源供电；通过防火墙实现办公网络与公众信息网的物理隔离，即在内外网间构筑保护层，以阻止未经授权的访问、入侵和破坏行为。

设置切实可靠的系统访问控制机制，包括系统功能的选用与数据读写的权限、用户身份的确认等。任何进入系统的人员都要进行密码验证，将系统的各功能模块按人员角色授权，具有相应权限者能使用相应模板功能；防止用程序解密，采用 IP 限制方式控制未授权 IP 地址的进入；将原始数据按特定的算法转变成难以辨认的数据信息，即使非法窃取到数据也无法正常使用；应用安全监视技术，采用监视程序对用户登记及存取状况进行自动记录。

完整地制作系统软件和应用软件的备份，并结合系统的日常运行管理与系统维护，做好数据的备份及备份的保管工作。敏感数据尽可能以隔离方式存放，由专人保管。

阅读 9-4　大数据环境下的管理信息系统升级与改造

本章提要

系统转换、评价、维护与运行管理是管理信息系统正确、可靠运行的重要保证。

新系统是在现有系统的基础上开发出来的，系统转换以及数据的迁移是系统成功运行的关键，需要根据系统运行需求合理开展。

系统评价的目的是检查系统是否达到预期的目标，技术性能是否达到设计的要求，系统的各种资源是否得到充分的利用，经济效益是否理想，并指出系统的长处与不足，为以后的改进和扩展提出意见。

在系统的整个使用中，都伴随着系统维护。其目的就是保证系统中的各个因素随着环境的变化始终处于良好的、正确的工作状态。系统维护可划分为正确性维护、适应性维护、完善性维护、预防性维护四种维护类型

管理信息系统的运行管理是保障系统正常运行的基础，通常应当注重系统运行的日常管理、文档管理及安全与保密管理的有关问题。

思考与练习

1. 什么是系统转换？系统转换有哪几种方式？
2. 为什么要进行数据迁移？数据迁移可以采用哪些方法？

3. 系统评价的目标是什么？系统评价有什么指标？

4. 系统维护的重要性是什么？系统维护包括哪些内容？

5. 系统运行管理主要有哪几方面？

6. 管理信息系统的开发过程中的主要文档有哪些？

自测与作业（9）

第 10 章　实验与课程设计

10.1　实　验　及　要　求

为了方便实验，项目选择为学籍管理系统。

10.1.1　实验一　系统调查与可行性分析

【实验目的】

1. 掌握系统调查的内容、调研方法和原则；

2. 掌握可行性研究的步骤；

3. 掌握可行性研究报告的编写方法。

【实验内容与要求】

1. 确定项目规模和目标。了解系统的实际工作过程，了解系统要完成哪些工作，系统完成每项工作的主要步骤、参与人员、得到的结果等。

2. 研究现有系统。收集、分析现有系统的文档资料，实地考察和访问有关人员，描绘系统的流程。

3. 初步分析用户需求。通过对实际工作和现有系统的分析，找出现有系统的不足，提出建议系统的工作流程。

4. 进行可行性研究。根据技术可行性、经济可行性、运行可行性对建议系统进行评估，得出系统可供选择的解决方案，并说明提出该方案的理由。

5. 编写可行性报告。将上述分析结果写成相应文档，即可行性研究报告。

【实验方法和结果】

1. 可组成项目小组，开展调查分析与研究。

2. 实验结果为小组提交的可行性分析报告。

10.1.2　实验二　需求分析

【实验目的】

1. 掌握详细调查的方法，体会与用户沟通的方法；

2. 掌握系统分析的步骤及相关技术；

3. 掌握需求分析报告的编写方法。

【实验内容与要求】

1. 通过进一步熟悉业务，了解所设计系统的背景知识和相关的领域知识。

2. 了解系统的实际工作过程。详细了解系统要完成哪些工作，系统完成每项工作的主要步骤、参与人员、得到的结果等。

3. 通过对实际工作的分析，找出主要的工作过程和业务流程。

4. 通过问卷、访谈等方式收集用户需求，并整理成文档。通过分析用户需求，找出系统要完成的功能，确定是否实现这些功能。

    5. 找出的系统的边界，画出系统顶层数据流图。

    6. 画出系统分层数据流图，写出数据字典，进行必要的处理逻辑描述。

    7. 将上述分析结果写成相应文档，即需求分析报告。

【实验方法和结果】

    1. 可组成项目小组，开展分析与研究。

    2. 实验结果为小组提交的系统需求分析报告。

10.1.3　实验三　系统设计

【实验目的】

    1. 掌握详细调查的方法，体会与用户沟通的方法；

    2. 掌握系统分析的步骤及相关技术；

    3. 掌握需求分析报告的编写方法。

【实验内容与要求】

    1. 对需求分析模型进行详细解读，掌握系统的各项需求，选择系统的架构模式。

    2. 分析数据流图，导出控制结构图。并划分出系统和功能模块。

    3. 设计系统所涉及的代码，并说明设计依据和扩展条件。

    4. 选择开发工具，选择硬件开发环境和发布运行环境。

    5. 完成数据库设计，将实体联系映射成数据库模型。

    6. 设计用户交互界面，选择界面风格，美化设计。

    7. 全面整理设计内容，撰写系统设计报告。

【实验方法和结果】

    1. 可组成项目小组，开展分析与研究。

    2. 实验结果为小组提交的系统设计报告。

10.1.4　实验四　程序设计

【实验目的】

    1. 了解程序设计的相关概念，熟悉程序设计风格；

    2. 掌握编程步骤，了解编程环境。

【实验内容与要求】

    1. 充分理解系统设计的文档，把握系统的软件功能、模块间的逻辑关系、算法的详细方案以及输入输出条件。

    2. 根据设计要求和软硬件环境条件，选定程序设计语言。

    3. 编写程序代码。

    4. 对程序进行检查、编译与调试。

【实验方法和结果】

    1. 可组成项目小组，开展分析与研究。

    2. 实验结果为小组提交的系统设计报告。

10.1.5　实验五　系统测试

【实验目的】

1. 了解软件测试的相关概念，熟悉软件测试的步骤；

2. 掌握测试用例的设计方法。

【实验内容与要求】

1. 充分了解用户需求和系统功能。

2. 编写测试用例，确定系统测试工具。

3. 对系统进行单元测试、集成测试、系统测试和验收测试。

4. 对系统测试结果进行总结，编写相应文档，即系统测试报告。

【实验方法和结果】

1. 可组成项目小组，开展分析与研究。

2. 实验结果为小组提交的系统测试报告。

阅读 10-1　系统开发实例——选课信息系统

10.2　课　程　设　计

课程设计是管理信息系统课程教学过程中重要的实践环节。它是培养学生综合运用理论知识分析和解决实际问题的能力的有效的途径，是对前期理论与学习效果的检验，也是对学生综合分析能力与独立工作能力的培养过程。

10.2.1　课程设计的基本要求

1. 课程设计要求

（1）充分认识课程设计的重要性，认真做好设计前的各项准备工作。

（2）既要虚心接受老师的指导，又要充分发挥主观能动性。结合课题，独立思考，努力钻研，勤于实践，勇于创新。

（3）独立按时完成规定的工作任务，不弄虚作假，不抄袭他人内容。

（4）严格遵守学校和所在单位的学习和劳动纪律、规章制度。

（5）在设计过程中，要严格要求自己，树立严肃、严密、严谨的科学态度，按时、按质、按量完成课程设计。

（6）小组成员之间，分工明确，但要保持联系畅通，密切合作，培养良好的互相帮助和团队协作精神。

2. 课程设计的主要内容

（1）调查一个实际单位或部门的管理信息系统，或者选择一个课程设计参考课题。

（2）在调查或了解课题的基础上，进行系统分析与设计。

（3）根据系统分析与设计，尽可能完成系统的程序设计与测试。

（4）模拟系统实施。

3．课程设计报告

课程设计报告的参考内容：

（1）项目说明。问题定义、使用环境、开发方法、设计思路等。

（2）系统调查。新系统目标、系统状况、系统逻辑模型、系统目标、关键算法、开发计划等。

（3）系统分析。数据流图、数据字典、定义新系统逻辑模型。

（4）系统设计。I/O 设计、人机界面、数据库设计、网络环境、提出最佳方案、结构设计、功能设计。

（5）程序设计。选择语言、编程、调试、设计测试数据。

（6）系统测试。测试方法、测试用例、测试结果等。

（7）设计小结。总结课程设计的过程、体会及建议。

（8）其他。参考文献、致谢等。

阅读 10-2　系统开发实例分析

10.2.2　课程设计步骤与方法

1．初步调查与可行性分析

初步调查可采用的方法有：询问、发调查表、开会、实习、查资料等。调查内容包括：

（1）企业总貌。组织概况、企业目标、现行系统情况、简单历史、企业产品、产值、利税、体制及改革情况、人员基本情况、面临的问题、中长期计划及主要困难等。

（2）企业信息需求情况。了解各职能机构所要处理的数据，估计各机构发生的数据及频度，调查内、外部环境的信息及信息源。

根据初步调查的情况，从技术上、经济上、管理运行上进行开发的可能性和必要性分析，并写出分析报告。

2．详细调查与系统分析

详细了解以下情况并绘制组织结构图和业务流程图：

（1）现行系统的组织机构及管理职能和人员分工。

（2）各项管理业务的主要处理过程、模型和算法。

（3）各项管理信息的分类、分层和定义。

（4）管理信息的收集、输入、传递、存储以及输出的形式。

（5）管理信息处理的速度、频度、准确性、安全性及共享性情况。

（6）管理信息处理的方式与方法。

（7）现行代码体系状况。

（8）现已开发的计算机应用项目的主要功能、应用范围、结构及有待改进的地方。

（9）各部门管理人员对信息系统分析与设计的要求。

根据详细调查情况绘制业务流程图，并进行功能数据分析，绘制新系统的数据流程图、编制数据字典和复杂的处理逻辑说明。

3．系统设计

完成下列任务：

（1）划分子系统，绘制功能结构图。

（2）进行代码设计。

（3）进行输入、输出设计。

（4）进行文件及数据库设计。

（5）编写程序设计说明书。

4．系统实施

（1）组建局域网，设置数据服务器和应用服务器。

（2）安装数据库管理系统，并建立数据库。可选用 SQL Server 或 Access 作为数据库管理系统。

（3）编写程序。先设计程序流程图，再应用 VB、Java 等开发应用程序，并上机调试，最后制成发布文件。如果采用 B/S 模式，要制作动态网站，并传送至 Web 服务器。

阅读 10-3　课程设计参考题目

参 考 文 献

［1］常晋义. 管理信息系统——原理、方法与应用［M］. 3 版. 北京：高等教育出版社，2016.

［2］黄梯云. 管理信息系统［M］. 4 版. 北京：高等教育出版社，2009.

［3］薛华成. 管理信息系统［M］. 6 版. 北京：清华大学出版社，2011.

［4］肯尼斯 C. 劳顿（Kenneth C. Laudon），简 P. 劳顿（Jane P. Laudon）. 管理信息系统［M］. 11 版. 薛华成，译. 北京：机械工业出版社，2011.

［5］严建援. 信息时代的管理信息系统［M］. 北京：机械工业出版社，2011.

［6］张友生. 系统分析师教程［M］. 北京：清华大学出版社，2010.

［7］李爱萍. 系统分析与设计［M］. 北京：人民邮电出版社，2015.

［8］陈佳. 信息系统开发方法教程［M］. 北京：清华大学出版社，2009.

［9］杨懋. 管理信息系统［M］. 北京：清华大学出版社，2016.

［10］曹济，温丽. 信息系统项目管理师考试辅导［M］. 北京：清华大学出版社，2011.

［11］普雷斯曼（Roger S. Pressman）. 软件工程：实践者的研究方法［M］. 郑人杰，译. 7 版. 北京：机械工业出版社，2011.

［12］褚华. 软件设计师教程［M］. 4 版. 北京：清华大学出版社，2014.

［13］杜文洁，白萍. 实用软件工程与实训［M］. 2 版. 北京：清华大学出版社，2013.